赤裸裸的经济学

［美］查尔斯·惠伦（Charles Wheelan） 著

王晋 译

全新修订版
Naked Economics
Undressing The Dismal Science

中信出版集团｜北京

图书在版编目（CIP）数据

赤裸裸的经济学 /（美）查尔斯·惠伦著；王晋译.
2版. -- 北京：中信出版社，2025.6. -- ISBN 978-7
-5217-7580-8

Ⅰ. F0-49

中国国家版本馆 CIP 数据核字第20259Z2J72号

Naked Economics: Undressing the Dismal Science（fully revised and updated）
Copyright ©2002, 2010 by Charles Wheelan
Foreword copyright (C) 2002 by Burton G. Malkiel
Simplified Chinese translation edition copyright © 2025 by CITIC Press Corporation.
Published by arrangement with Janklow & Nesbit Associates through Bardon- Chinese Media Agency
All Rights Reserved.
本书仅限中国大陆地区发行销售

赤裸裸的经济学

著者：　　（美）查尔斯·惠伦
译者：　　王晋
出版发行：中信出版集团股份有限公司
　　　　　（北京市朝阳区东三环北路27号嘉铭中心　邮编 100020）
承印者：　河北鹏润印刷有限公司

开本：787mm×1092mm 1/16　　印张：21　　　　字数：280千字
版次：2025年6月第2版　　　　　印次：2025年6月第1次印刷
京权图字：01-2025-2585　　　　　书号：ISBN 978-7-5217-7580-8

定价：79.00元

版权所有·侵权必究
如有印刷、装订问题，本公司负责调换。
服务热线：400-600-8099
投稿邮箱：author@citicpub.com

目录　　　序 V
　　　　　引言 001

1　市场的力量 011
谁养活了巴黎？

2　激励很重要 036
为什么割掉鼻子可能会保住脸面（如果你是黑犀牛）？

3　政府与经济（一）058
政府是你的朋友（为所有律师鼓掌）

4　政府与经济（二）082
军队能以 500 美元的价格买到那把螺丝刀实属幸运

5　信息经济学 103
麦当劳并没有做出更好的汉堡

6 生产力与人力资本 123
为什么比尔·盖茨比你富有得多？

7 金融市场 143
经济学关于快速致富（和减肥）的启示

8 利益团体的力量 169
经济学对政治的启示

9 比比看 183
谁的经济体更大？

10 美联储 207
为什么你兜里的钱不仅仅是纸张？

11 国际经济学 229
冰岛这么好的国家怎么会破产呢？

12 贸易与全球化 252
亚洲血汗工厂的福音

13 发展经济学 274
国家的贫富

后记　2050 年生活的 8 个问题　294

致谢　302

注释　304

序

Naked Economics
Undressing The Dismal Science

人们普遍认为，100多年前，苏格兰人托马斯·卡莱尔将经济学称为"沉闷的科学"，因为它看起来枯燥乏味，毫无趣味且模棱两可，经济学中充斥着"一方面……另一方面"的字眼。据说，哈里·杜鲁门曾经说过，为了避免含混不清，他想要能够提供明确意见的"独臂经济学家"。事实上，卡莱尔的想法与此截然不同。卡莱尔想要提醒我们，稀缺性无处不在——我们必须在相互竞争的满足感之间、在今天的困境和明天的困境之间、在相互冲突的价值观和目标之间做出选择。最重要的是，这个严厉的苏格兰人强调，凡事都有代价，不付出劳动和牺牲就不会有任何成果。

诚然，许多人都认为经济学和经济学家是沉闷的，也可以说是异常无趣的。有这样一个定义写道："经济学家拥有处理数字的优秀能力，但不具备成为会计师的个性。"经济学家的形象之所以受损，在很大程度上是因为他们喜欢隐晦难懂的文字、高深莫测的图表，而且过度使用数学知识。此外，当碰到自己不知道的事情时，他们常常不愿承认。

为什么那么多笑话把经济学当作笑柄？为什么学生们在面对经济学这门学科的学习时常常会变得目光呆滞？在我看来，症结在于经济学家普遍不以文笔见长，加上大多数经济学教材过于依赖代数运算和复杂的图表。此外，鲜有经济学家能成功地传达出经济学分析的魅力，或能充分揭示其与现实生活的紧密联系。查尔斯·惠伦的这本书颠覆了这一切。惠伦拥有一种与点石成金相反的能力，他倘若触碰金子，会使其生机盎然。

这本书独树一帜，书中没有方程，没有难以理解的行话，也没有高深莫测的图表。虽然经济学理论的基石很可能就是方程与图表，但惠伦认为我们完全可以将方程和图表化繁为简，并以平实易懂的语言阐述它们。他提炼出了经济学最本质的内容，有力证明了"思路清晰的经济学家"并非矛盾之词。

在这本书中，我们会看到对经济学家的诸多批评未必公正。经济分析是一项艰深而复杂的课题，在很多情况下，它比物理学更为复杂。物理学可以巧妙地解释简单的孤立系统，比如行星绕太阳公转或电子围绕原子核运动。但即便是物理学，在理解自然界现象方面也存在困难。天气预报就是一个很好的例子。气象学家尽管拥有复杂的卫星观测系统和精密的天气预报模型，也常常无法改进诸如"明天的天气会和今天完全一样"这种非常简单的预报模型。可以肯定的是，此类惯性模型会遗漏所有转折点，但总体上保持着出色的表现。当被问及如何对全球变暖等问题进行长期预测时，预报员给出的预测范围之广会反衬出经济预测的相对精确性。

经济学比自然科学更难，因为经济学家通常无法进行可控的实验室实验，而且人们的行为并不总是可预测的。行为经济学作为一个全新的分支，结合了心理学家和经济学家的洞见，因此备受瞩目，但经济学家仍然无法精确地预测个人行为。但是，未能无所不知并不意味着经济学家一无所知。经济学家确实知道个人行为深受激励因素的影响。经济学家也确实知道有许多逻辑规律，而且经济学家的知识也在不断积累。经济学家明确知道，有卖就有买，而且明显的获利机会很少被忽视——这正是支撑证券市场高度有效理论的基本观点。

尽管经济学可能并不精确，但它对人们的生活有直接的影响，而且在政府决策中发挥着至关重要的作用。经济学家影响着政府的各个部门。长期以来，促进经济增长，提高就业率，同时遏制通货膨胀一直被视为政府经济学家的任务。还记得比尔·克林顿在1992年美国总统竞选中最成功的竞选口号吗？"笨蛋，关键是经济！"以美国为例，从促进竞争、抑制垄断（美国司法部）到控制污染（美国国家环境保护局），再到提供医疗服务（美国卫生与公众服务部），各政府机构的主要职能无不蕴含着关键的经济考量。事实上，你很难想象任何关乎社会、税收与财政支出、国际关系、农业或国家安全的政治决策，不会产生经济后果。无论政治家如何质疑经济学家在处理这些问题上的能力，经济学家的建言始终不会被忽视。约翰·梅纳德·凯恩斯曾经写道："许多实干家自以为不受任何学理的影响，却往往是某个已故经济学家的奴隶。而那些当权狂人信奉的其实也不过是若干年前末流文人狂妄思想的零碎。"

经济学家对商界和金融领域的影响力在逐渐扩大。富达投资集团麦哲伦共同基金的前基金经理彼得·林奇曾说，如果你与经济学家交谈14分钟，你就会浪费12分钟的时间。也许具有讽刺意味的是，现在人们经常根据金融经济学家开发的技术来评估专业共同基金经理的投资业绩。不仅如此，经济学家还影响着无数其他商业决策。他们为通用汽车和宝洁等各类公司预测产品需求。他们大量受雇于以战略规划、库存控制为主营业务的咨询公司。他们通过经济分析对预期收益和风险进行权衡，从而帮助投资公司建立证券投资组合。他们就股息政策和负债对公司普通股价值的影响向公司首席财务官提供建议。在金融市场上，各大期权交易所的交易员手持装有经济模型的电脑，模型会给出看跌期权和看涨期权的交易价格。无可否认，经济分析对投资者、生产者和政策制定者都具有极高的实用价值。

普通消费者还会发现，经济学可以阐明许多令人困惑的日常问题。为什么个人购买医疗保险如此困难？为什么许多店铺做的汉堡可能更好，但人们依然会在公路边的麦当劳前停车？为什么许多院校教学质量与"名牌"大学相当且学费低廉，但许多人依然在申请"名牌"大学？你有没有想过，"逆向选择"、"公共物品"和"囚徒困境"这些常见术语与日常生活有什么关联？这些都是这本精彩的书所讨论的主题。

人们常说，如果你问10位经济学家同一个问题，就会得到10个不同的答案。但我敢打赌，如果你问10位经济学家为什么纽约市会出现出租车和公寓短缺的情况，他们就会异口同声地告诉你，限制出租车牌照数量和实施租金管制是制约这些商品和服务供应的原因。当然，在许多领域，经济学家的观点几乎是一致的。绝大多数经济学家认为，国际自由贸易可以提高贸易国人民的生活水平，而征收关税和进口配额限制则有损整体福祉。经济学家普遍认为，租金管制会降低住房的供应量和质量。几乎所有经济学家都预测2001年9月11日的恐怖袭击将导致经济收缩。我自己在美国政府工作的经验表明，经济学家（无论是保守派共和党人还是自由派民主党人）之间的分歧，远远小于经济学家与其他学科专家之间的分歧。政见截然不同的经济学家在大多数问题上意见一致。两党内的多数经济学家很可能联合起来，与各自政党内部的政治家阵营形成对立。

我认为，原因在于经济学家审视世界和思考如何解决问题的独特方式。经济学家在思考时，会结合供求等简化模型进行一连串的演绎推理，其中涉及在特定约束条件下权衡取舍。他们以放弃另一种选择的潜在收益来衡量当前选择的成本。他们以效率最大化为目标，即从有限的资源中获得最大的收益。他们采用边际主义或增量主义的方法。他们会问，付出额外成本能带来多少额外收益。他们认识到资源有多种用途，不同资源可以相互替代，以实现预期的结果。此外，经济学家倾向于认为，赋予个体自主选择权有利于增加福祉，并认为竞争性市场是体现个体选择的高效机制。虽然所有经济问题都涉及规范性问题（关于应该如何的观点），但经济学家通常采用一种分析方法，该方法通常会对"价值"问题进行抽象化处理或至少淡化处理。

这本书堪称一部均衡且极其全面的巨著。它肯定了自由市场在改善人们生活方面发挥的积极作用，并阐述了为何计划经济难以提升公民的生活水平。与此同时，这本书明确指出政府在构建法律框架以确保市场机制正常运作，以及在提供公共物品方面肩负的关键职责。作者深谙政府在矫正自由市场造成的环境污染等不良外部效应，以及在私人市场无法生产本国公民所需的某些商品方面发挥的作用。

你是否想过，为什么马海毛生产者能数十年如一日地从美国联邦政府获取补贴？惠伦解释了催生此种现象的政治和经济原因。你是否真的明白为什么本·伯南克经常被誉为美国第二有权势的人？惠伦会为你揭开货币政策对经济活动影响的神秘面纱。你是否觉得，自己从未完全理解电影《颠倒乾坤》的最后一幕，即坏人在大宗商品期货市场被彻底击败的情节？惠伦将以通俗易懂的方式向你解释供求理论。你是否曾思忖，那些反对全球化的人是否言之有理，经济一体化程度降低，是否会对发达国家或发展中国家更有利？惠伦会把这些问题解释得清清楚楚。当你在报纸上读到有关当前经济问题的争论时，你是否常常对各方针锋相对的观点感到困惑和沮丧？惠伦抽丝剥茧，剖析术语，穿透政治，揭露问题本质。在这一过程中，他成功地将这门"沉闷的科学"转化为经济学与政治学在国家话语与政策结构之中的生动交织。

惠伦撰写了一本可读性极强的经济学指南。通过揭露经济学的核心要义，他引导读者成为更明智，能够更好地理解当今重大经济问题的公民。他让我们看到，经济学可以不用图表和方程式来解释。他证实了经济分析完全可以趣味盎然。这本书可以作为大学和高中经济学基础课程的有益补充。更重要的是，它本身就可以作为经济学的入门读物，改变那些认为经济学研究枯燥乏味、毫无乐趣的人的既有看法。我屡次萌生撰写一本经济学入门图书的念头，却总被其他事务牵绊。倘若我付诸实践，这本书正是我心中的理想模样。

伯顿·G. 马尔基尔
新泽西州普林斯顿
2010 年 1 月

引　言

Naked Economics
Undressing The Dismal Science

下面这个场景再令人熟悉不过了。在美国一所规模较大的大学里，一名研究生站在宽敞的报告厅前面，手持粉笔在黑板上画着图表，写着方程。他可能说一口流利的英语，也可能没有。学习内容十分枯燥，主要和数学有关。等到考试来临，学生可能需要推导需求曲线或者用微积分求总成本函数。这就是经济学基础课程课堂的样子。

学生竟然很少被问到这些问题：为什么从基础经济学角度看苏联解体不可避免（从长远来看，在没有价格体系的情况下资源分配异常困难）？吸烟者会给不吸烟者带来什么经济利益（吸烟者死得更早，为其他人留下了更多的社会保障基金和养老金）？为什么强制公司提供更慷慨的产假福利实际上可能对女性不利（雇主在招聘时可能会歧视年轻女性）？

有些学生能坚持学习，最终得以窥见这门课程的全貌，但绝大多数人未能如此。事实上，大多数怀揣求知热忱的聪颖大学生痛苦地学完这门课程，认为通过考试已是万幸，考完就与这门学科说再见了。经济学与微积分学、化学一同被列入了那类需要大量记忆且与现实生活关联甚微的严苛学科之列。当然，很多聪明的学生一开始就避开了这门课程。这无疑成了双重遗憾。

首先，许多求知欲强的人错过了一门极具启发性、影响巨大且几乎与人们生活各个维度高度相关的学科。从器官捐赠到平权法案，经济学为政策议题提供了深刻见解。这门学科有时直白易懂，有时又因违反直觉而令人耳目一新。经济学领域有诸多伟大的思想家。其中如亚当·斯密和米尔顿·弗里德曼等人已经获得主流社会的关注。然而，像加里·贝克尔和乔治·阿克洛夫这样的学者却没有在学界之外获得应有的认可。很多人愿意惬意地捧读一本关于南北战争的书或塞缪尔·约翰逊的传记，但是对本应平易近人、引人入胜的经济学望而却步。

其次，许多最聪明的人对经济学知识一无所知。媒体铺天盖地报道美联储有多强大，如何在美国政府应对全球金融危机中扮演了举足轻重的角色。然而，有多少人能解释清楚美联储到底是做什么的。就连美国的许多政治领袖也需要学习一下经济学基础课程。唐纳德·特朗普总统曾多次断言，外包和全球化正在"窃取"美国人的工作，使美国人更加贫穷，更容易失业。国际贸易与任何一种市场竞争一样，确实会造就一些失败者。但是，将国际贸易视为整体状况恶化的根源，这种观点是错误的。事实上，这种说法从经济角度来看，无异于警示美国海军面临驶出世界尽头的危险。在我有生之年，发表过最为生动的类似言论的人是"奇才"罗斯·佩罗。他在1992年作为第三方独立候选人参加美国总统大选，彼时主流候选人是比尔·克林顿与乔治·赫伯特·沃克·布什。佩罗在大选辩论中强调，《北美自由贸易协定》将产生"巨大的吮吸声"，把美国的就业岗位"吸"到墨西哥。这句话虽然令人难忘，但从经济学角度看是错误的，实际情况也并非如此。

佩罗的竞选活动以失败告终，但这并不意味着那些成功当选的国家领导人就有扎实的经济学基础。2000年，法国政府实施了一项计划，旨在解决长期以来高达两位数的失业率问题，该政策在经济上看似有益，实则无益。法国社会党领导的政府将每周最长工作时间从39小时降至35小时。

其假定的逻辑是，如果所有工人都减少工作时间，就会有剩余的工作留给失业者。这项政策确实有一定的直观吸引力，但这与用水蛭吸出人体内的毒素别无二致。遗憾的是，从长远来看，无论是使用水蛭还是缩短工作时长，都只有坏处，没有好处。

法国政府推行的政策建立在一个错误的观念基础上，即经济体系中就业岗位的数量是不变的，因此需要进行分配。这完全是无稽之谈。过去40年间，美国经济体系中诞生了数百万个与互联网相关的新工作岗位，这些岗位在1980年尚不存在，甚至超出了当时人们的想象范围。在这一过程中，政府并未对工作时间进行分配。

2008年，尼古拉·萨科齐领导的法国政府通过立法，允许公司和工人协商取消每周35小时工作制，这在很大程度上是因为该政策在解决失业问题上毫无效果。任何理智的经济学家都会认为这项政策不管用，但这并不一定意味着政界人士（以及支持他们的选民）愿意听取经济学家的建议。

上述例子并非想说明美国没有自己的经济问题需要解决。1999年，反全球化抗议者首次走上西雅图的街头，他们砸碎窗户，掀翻汽车，抗议世界贸易组织举办的会议。这些抗议者做得对吗？全球化和蓬勃发展的世界贸易是否会破坏环境、剥削发展中国家的工人、促使麦当劳遍布世界上的每个角落？还是说《纽约时报》专栏作家托马斯·弗里德曼的观点更接近事实？他将这些抗议者描述为"一群在挪亚方舟上的地平论者、保护主义工会成员和怀念20世纪60年代风潮的雅皮士"。[1]

2016年美国总统大选期间，唐纳德·特朗普抨击了一些贸易协定，比如《跨太平洋伙伴关系协定》和《北美自由贸易协定》。特朗普的抨击是出于合理的经济考量，还是纯粹的政治手段？（希拉里·克林顿在奥巴马政府担任国务卿期间曾支持《跨太平洋伙伴关系协定》，而《北美自由贸易协定》是在她的丈夫比尔·克林顿担任美国总统期间通过的。）读完

第 12 章之后，你可以自己做出判断。

收入不平等已经成为当今时代的标志性问题之一。个人电脑、互联网、人工智能及其他各种技术正从根本上改变经济，造就胜利者和失败者。其背后的经济学原理并没有改变——劳动力市场始终青睐能够带来经济效益的技能，无论是以每小时 101 英里①的速度投出棒球，还是经营一家跨国公司。然而，技术进步和全球化正在加剧高技能劳动者（新技术往往能大幅提升他们的生产效率）与低技能劳动者（他们更容易被机器取代）之间的薪资鸿沟。第 6 章探讨了经济学（以及许多政治斗争）的核心议题：为什么有人能赚数亿美元，有人赚的钱却不足以使自己摆脱贫困？

就本书而言，我只有一个承诺，那就是书中不会出现图表和方程。这些工具在经济学中占据重要地位。的确，数学可以用一种简单甚至优雅的方式来描述世界，就好比告诉别人外面有 22 摄氏度，而不必描述感受是暖和还是凉爽。但归根结底，经济学中最重要的思想都是直观的。它们的力量来自将逻辑性和严谨性应用于日常生活中的实际问题。不妨看看波士顿大学理论经济学家格伦·劳里提出的一个思考练习。假设有十个求职者竞争一个职位，其中九个是白人，一个是黑人。招聘公司遵循了一项平权法案政策，规定当少数族裔和非少数族裔应聘者能力相当时，优先录用少数族裔应聘者。

进一步设想，有两个最为出色的应聘者脱颖而出，一个是白人，另一个是黑人。公司按照政策聘用了黑人应聘者。劳里（他本人是黑人）就此提出了一个微妙而直白的观点：白人应聘者中只有一个人受到了平权法案的影响，其他 8 人原本也无法获得这个职位，然而，所有九个白人应聘者都愤怒地离开了，他们都觉得自己受到了不公平的对待。劳里并不一定是

---

① 1 英里 ≈ 1.61 千米。——编者注

平权法案的反对者，他只是在常规讨论中增加了微妙的细节。平权法案可能会损害它试图改善的种族关系。

审视一下一项定期开展的运动，即强制要求保险公司承担分娩妇女在医院留宿两晚而非一晚的费用。比尔·克林顿总统认为这个问题非常重要，因此他在1998年的国情咨文中庄严承诺要终止"路过式分娩"。但是，这样的计划必然涉及成本问题，这一点应该被明确指出。在大多数情况下，在医院多住一晚从医学角度看并无必要，但费用很高，这就是新生儿父母不会自己支付在医院多住一晚的费用，而保险公司也不愿支付在医院多住一晚的费用的原因。如果强制保险公司提供这项福利（或其他任何法定新增福利），保险公司就会为了弥补由此产生的额外支出而上调保费。而当保费上涨时，一些边缘人群将负担不起任何医疗保险。因此，真正的政策考量在于：人们是否愿意通过一项能让许多分娩妇女享受更优护理的法律，即使这意味着很少一部分男性和女性将失去基本的医疗保险？

在美国医疗改革议题引发广泛讨论之际，这个看似狭隘的问题背后的权衡引发了巨大的共鸣。医保提供的福利越丰厚，其成本就越高。无论该体系是否由政府运营，情况都是如此。事实上，医疗改革当中最重要的问题往往得不到关注：昂贵的医疗技术层出不穷，其中既有疗效显著的，亦不乏效果不尽如人意的。面对这种情况，相关人员如何设计一套机制，既能实施那些成本合理的治疗方案，又能否决那些不合理的治疗方案呢？

经济学与美国共和党的政治主张更契合吗？不完全是。即使是诺贝尔经济学奖得主、以倡导自由市场经济著称的米尔顿·弗里德曼也承认，放任自由的市场可能会导致种种令人诟病的结果。想想人们对汽车的热衷吧。问题并非在于我们有多喜欢汽车，而在于我们不必支付驾驶汽车涉及的全部成本。诚然，我们购买汽车，并为此付出维修费、保险费和燃油费。但是，我们不必为驾驶汽车带来的其他一系列重大成本（比如排放的废气、造成的拥堵、公共道路的磨损、给小型车辆司机造成的危险）买单。这种情况犹如拿着父亲的信用卡在城里潇洒过一晚：我们做了很多如果自己付钱就绝对不会做的事情。我们开着宽敞的汽车，不乘坐公共交通，我们搬到偏远的郊区，然后长途通勤。

个人不会为此类行为买单，但社会要承担相应的后果，比如空气污染、全球变暖、交通拥堵和城市扩张问题。针对这一日趋严峻的问题，最佳方法并非保守派通常提倡的自由放任原则，而应对汽油和汽车征收更高的税。正如我将在第 3 章探讨的那样，只有采取这些措施，驾驶小轿车或大型 SUV（运动型多功能汽车）的成本才能真实反映其对整个社会造成的影响。同样，加大对公共交通的补贴力度，这对那些选择不开车出行，从而造福他人的通勤者而言，是一种正当激励。

与此同时，经济学家在诸如歧视等社会问题上做出了不少实质性的贡献。交响乐团历史上是否存在对女性的歧视？哈佛大学经济学家克劳迪娅·戈尔丁和普林斯顿大学经济学家塞西莉娅·劳斯创新性地采用了一种方法探寻真相。20 世纪 50 年代，美国交响乐团开始实施盲选，即有志于加入交响乐团的演奏者在幕布后演奏，评委不知道演奏者的身份或性别。在这种盲选制度下，女性演奏者的通过比例是否相较于评审知道其性别时有所提升呢？答案是肯定的。当试奏变为匿名形式后，顺利通过初试的女性比例提升了约 50%，而通过最终一轮选拔的比例更是提高了数倍。[2]

经济学为人们提供了一套强大但不一定复杂的分析工具。这套工具可用于回顾过去，解释事件发展的原因；也可用于观察当前形势，深刻理解世界运行的规律；还可用于展望未来，预测重大政策变动可能带来的影响。经济学就如同重力，你如果对它置若罔闻，就难免遭遇种种预料之外的冲击。

2008 年 9 月 15 日，投资银行雷曼兄弟宣布破产，金融危机由此爆发。这场危机后来常常被形容为自大萧条以来最严重的经济衰退。这场金融危机是如何发生的？为何大量消费者本应理性地了解自身的福祉，却最终栽倒在房地产"泡沫"之中？又是哪些傻瓜给他们提供了如此巨额的贷款？华尔街为何要创造担保债务凭证和信用违约互换等产品，这些产品为何会对金融体系造成如此严重的破坏？

第 2 章表明，考虑到系统内部的激励机制，引发金融危机的大多数轻率行径是可预见的。抵押贷款经纪人为什么会不计后果地发放如此多的贷款？因为那不是他们自己的钱！他们从发放贷款的银行那里领取佣金。发放的抵押贷款越多，他们的佣金收入越多；贷款额度越大，他们的佣金数额就越大。

那么，银行为何甘愿将这么多资金置于风险之中呢（特别是考虑到为其带来客户的抵押贷款经纪人背后的激励机制）？原因在于，银行通常会"出售"大部分抵押贷款，也就是说，银行可以从第三方投资者那里获得一笔一次性现金，作为回报，第三方投资者则将获得未来一系列的抵押贷款还款。现在，你可能会把这种情况理解为一个放大版的"烫手山芋"：只要能够在贷款违约之前将其转给他人，银行根本不在乎贷款本身的质量究竟如何。

那么，谁会购入这些贷款？对于这一问题，第 2 章将给出详尽的解释。此刻我可以透露的是，华尔街在其中扮演了重要角色，而最终的结果并不理想。

写到这里，我必须承认，经济学界正在进行一些反思。尽管金融危机在事后看来是显而易见的，但在其爆发前，鲜有经济学家成功地预见它会到来（当然，也有个别例外）。几乎没有人预料到这场危机带来的严重的后果。2005 年秋天，几名著名经济学家在一份权威期刊上发文称："截至 2004 年底，依据我们的分析，尚未发现可以证实房地产市场存在泡沫的证据。"[3]

大错特错。实际上，这篇文章比判断错误更糟糕，因为其意图在于反驳当时许多非专业人士已然察觉到的泡沫迹象。此举犹如消防队抵达一间浓烟滚滚而出的房屋前，却断言"不，没有发生火情"，然而，在短短20分钟后，熊熊烈火便从阁楼蹿出。显然，泡沫确实存在。将心理学和经济学结合起来，可以更好地解释这一现象：个体易于误判，倾向于将当前状况视为未来最可能发生的情况。

经济学同其他学科一样，处于不断演进与发展之中。行为经济学堪称其中最为有趣且成果丰硕的研究分支之一，它专注于探究个人如何做出决定，而这些决定有时并不像经济学传统理论认为的那样理性。人们时常会低估某些风险（比如肥胖），高估另外一些风险（比如乘坐飞机）；情绪因素会左右人们的判断；人们对利好消息与不利消息均会反应过度（比如房价上涨后下跌）。

莎士比亚早就明白这些道理，但主流经济学对此的认识相对较新。正如《纽约时报》专栏作家戴维·布鲁克斯指出的那样："经济行为可以通过精妙的模型准确预测。这种观点可以解释很多问题，但无法解释当前的金融危机——为何会有这么多人同时如此愚昧、无能和具有自我毁灭性。这场危机给了古典经济学一记重击，也让一系列原本处于公共政策思想边缘的心理学研究成果走到了中心位置。"[4] 理查德·塞勒因揭示人类决策过程中普遍存在的与传统经济理论相悖的倾向而获得了2017年诺贝尔经济学奖。他强调，当人们认识到人类如何以及为何会做出错误的决定时，人们就能制定更好的政策。

当然，大多数传统观点仍至关重要。在金融危机期间担任美联储主席的本·伯南克获任前，曾在普林斯顿大学从事有关大萧条的研究。第10章将详细阐述伯南克在美联储推行的一系列富有创新性和积极性的干预措施，其中许多策略直接吸取了20世纪30年代大萧条时期的教训，这些举措有效阻止了经济形势进一步恶化。

本书介绍了经济学中一些至关重要的概念，同时简化或省略了某些复杂的经济学构成要素。每章所探讨的主题都足以写一本书。事实上，每章都有一些知识点开启并支撑了某些学者的学术生涯。我略过或跳过了许多构建经济学大厦的专业技术架构，而这恰恰是本书的一大特色：人们不需要知道承重墙的具体位置，也能欣赏建筑师弗兰克·劳埃德·赖特的建筑艺术。这本书不是给傻瓜看的，而是给那些从未学过（或只是模糊记得学过）经济学的聪明人看的。剥光复杂的外衣，经济学中的大多数伟大思想都是直观的。这就是赤裸裸的经济学。

经济学不应只有专业学者才能理解，这些思想既重要又充满趣味。事实上，赤裸裸的经济学甚至能令人着迷。

1

市场的力量

谁养活了巴黎？

1989 年，柏林墙即将倒塌之际，可口可乐公司欧洲区负责人道格拉斯·艾维斯特（后来成为可口可乐公司首席执行官）当机立断。他派销售团队前往柏林，指示他们开始分发可口可乐。注意，是免费赠送。在某些情况下，可口可乐公司的销售人员直接通过柏林墙上的缝隙，将可乐传递到墙的那一边。艾维斯特回忆说，在那个动荡时期，他在柏林东部的亚历山大广场来回走动，试图判断当地民众对可口可乐品牌的认知度。"我们每到一处都会询问大家平时喝什么饮料，是否喜欢可口可乐。但我们甚至不需要说出'可口可乐'这几个字，只用手摆出瓶子的形状，人们就能明白我们的意图。我们决定尽快、尽可能多地将可口可乐送到人们手中——即便那时我们还不知道如何收回成本。"[1]

可口可乐公司迅速在民主德国开展业务，向那些开始储备"正宗可口可乐"的商家免费赠送冰柜。从短期来看，这是一个赔钱的做法。对世界其他国家和地区来说，民主德国的货币仍是一文不值的废纸。然而，这是可口可乐公司一次颇具远见卓识的商业抉择，其实施速度之快令任何政府机构都望尘莫及。到 1995 年，原属民主德国地区的可口可乐人均消费量追平了市场已然强劲的原属联邦德国地区。

从某种意义上说，是亚当·斯密笔下的"看不见的手"将可口可乐送过了柏林墙。可口可乐公司的销售人员将饮料递给民主德国民众时，并非出于崇高的人道主义，也不是在对共产主义的未来发表大胆的声明。他们只是在做生意——开拓全球市场，提高利润，力求让股东满意。而这正是市场经济的核心所在：市场校准激励机制，使得追求自身最大利益的个人行为——比如分发可口可乐、花费数载光阴攻读研究生学位、种植大豆、研发一款能在沐浴时使用的收音机——能够让社会上大多数人（尽管并非所有人）的生活水平不断提升。

经济学家有时会问"谁养活了巴黎？"，这是一种巧妙的提问方式，旨在让人们注意到，为了让现代经济运转起来，每时每刻都有无数的事情在世界各地悄然上演。数量恰到好处的新鲜金枪鱼从南太平洋的渔船上运到巴黎里沃利大街的餐厅。从咖啡到新鲜木瓜，社区的水果摊贩每天早上都能准确提供顾客所需的各种商品，尽管这些产品可能来自 10～15 个不同的国家。简言之，一个复杂的经济体中每天会有数十亿笔交易，其中绝大多数都是在没有政府直接参与的情况下自然发生的。不仅如此，在此过程中，人们的生活水平不断提高。如今，我们可以随时在家选购电视，这无疑是令人惊讶的进步。同样令人惊讶的是，在美国，1971年，购买一台25英寸[①]的彩电要花费一个普通工人174个小时的工资。现在购买一台品质更优、频道更多、画质更佳的25英寸彩电只需花费普通工人不到10个小时的工资。

如果你认为一台性能更好、价格更低的电视不是衡量社会进步的最佳标准（我承认这是一个合理的观点），那么也许下面这些事实会让你有所触动：在20世纪，美国人的预期寿命从47岁上升到77岁，美国婴儿死

---

① 1英寸≈2.54厘米。——编者注

亡率下降了93%，消灭或有效控制了小儿麻痹症、结核病、伤寒和百日咳等疾病。[2]

这一进步在很大程度上归功于市场经济。有一个冷战时期的老故事，讲述了一个苏联官员参观美国药房的经历。在灯火通明的过道两旁，陈列着成千上万种治疗口臭、脚气等各种疾病的药物。他说："真令人惊叹！但你们如何确保每家药店都能备全所有这些药品呢？"这个故事饶有趣味，因为它说明这个苏联官员完全不了解市场经济是如何运作的。美国没有像苏联那样的中央权力机构来指导商店进货。商店出售人们想要购买的商品，而公司生产商店想要采购的商品。苏联经济之所以失败，在很大程度上是因为政府官僚系统指挥了一切，从伊尔库茨克一家工厂生产的肥皂数量，到在莫斯科学习电子工程的大学生名额。最终，这项任务因过于庞大复杂而难以被完成。

当然，习惯了市场经济的人对共产主义体制下的中央计划也同样缺乏了解。我曾作为伊利诺伊州代表团的一员访问古巴。由于这次访问得到了美国政府的许可，代表团的每位成员都可以带回价值100美元的古巴商品，包括雪茄。我和其他成员都是在折扣店文化背景下长大的，为了充分发挥100美元的效用，我和其他成员开始寻找性价比最高的高希霸雪茄。然而，历经数小时徒劳无果的寻找后，我和其他成员体会到了共产主义经济体系的全部意义：不管在哪个地方，雪茄的价格都是一样的。商店之间没有竞争，因为我和其他成员熟悉的利润并不存在。每家商店都按照规定出售雪茄和其他任何产品。每个售卖雪茄的店主都从政府领取工资，其工资水平与他们卖出多少雪茄无关。

1992年荣获诺贝尔奖的芝加哥大学经济学家加里·贝克尔指出（援引萧伯纳的名言）："经济是充分利用生活的艺术。"经济学研究的就是人们如何做到这一点。所有值得拥有的东西都是有限的：石油、椰子汁、健康完美的身躯、清洁水源、能解决复印机卡纸问题的技术人员等。人们如何分配这些资源？为什么比尔·盖茨拥有私人飞机，而你没有？你可能会说，他很有钱。但他为什么有钱？为什么他对世界上有限的资源拥有比其他人更多的支配权？此外，在美国这样一个富裕的国家，职业棒球运动员克莱顿·克肖能够拥有高达 3 300 万美元的年薪，可仍有 1/5 的孩子生活贫困，甚至有些成年人不得不在垃圾桶里翻找食物。这种差距又是如何产生的呢？在芝加哥我的住所附近，"三只狗面包店"售卖专供狗狗享用的蛋糕和点心。富有的专业人士不惜花费 16 美元为他们的宠物买生日蛋糕。与此同时，芝加哥无家可归者联盟的统计数据显示，在这座城市的任何一个夜晚，都有大约 1.5 万人无家可归。

当我们将视线转向美国之外的世界时，这些差距越发凸显。在非洲国家乍得，有一半人口无法获取清洁的饮用水，更不用说为宠物准备糕点了。世界银行估计，2017 年，在全球范围内，每天生活费用低于 1.9 美元的人口超过了 7.5 亿。那么，这样的体系究竟是如何运转的，或者说，在某些情况下，又是如何失效的？

经济学始于一个非常重要的假设：每个人都致力于让自己过得更好。用专业术语来说，个体追求的是自身效用最大化，效用这个概念类似于幸福感，只是范围更广。我从接种伤寒疫苗和履行纳税义务中获得了效用。做这两件事虽然并不会让我特别快乐，但能让我不至于死于伤寒或锒铛入狱。从长远来看，这些行为会让我过得更好。经济学家没有特别关注是什么赋予了人们效用，他们只是接受了一个事实，那就是每个人都有自己的"偏好"。我喜欢咖啡、老房子、经典电影、狗、骑自行车以及其他很多事物。世界上的其他人也都有自己的偏好，这些偏好与我的偏好可能相似，也可能大相径庭。

事实上，不同的人有不同的偏好，这个道理看似简单，但有时老练精明的决策者也未能领会。举例来说，富人与穷人的偏好不同。同样，随着个体（希望）变得越来越富裕，个体的偏好也会在生命的不同阶段发生变化。对经济学家来说,"奢侈品"一词实际上蕴含着专门的意义,它是指那些随着人们的财富增加,购买量增长的商品,比如跑车和法国葡萄酒。对环境的重视也是一种奢侈品,这一点并不那么显而易见。相较于较为拮据的美国人,富裕的美国人更愿意投入资金来保护环境,毕竟这些资金只是他们收入的一小部分。这种关系在全球范围内同样适用,富裕国家相较于贫困国家在环保方面投入的资源更多。原因很简单,富人之所以关心孟加拉虎的命运,是因为富人有这种能力。富人有房子,有工作,有干净的水,还能为狗狗买生日蛋糕。

这里有一个棘手的政策问题:生活条件优渥的人,把自己的偏好强加给发展中国家的个体,这公平吗?经济学家认为此举并不公平,但美国人一直在这样做。当我在《纽约时报》(周日版)上读到一篇关于南美洲村民砍伐原始雨林、破坏珍贵生态系统的报道时,我既震惊又愤怒,差点儿把我的星巴克拿铁打翻在地。然而,我终究不是他们,我的孩子不必忍受饥饿,也不会有死于疟疾的风险。如果我的孩子面临这样的境地,如果砍伐珍贵的野生动物栖息地的树木能让我养活我的家人、买上蚊帐,那么我会磨利斧头,开始砍伐。我不在乎会有多少蝴蝶或斑点鼬因此死亡。这并不是说发展中国家的环境不重要,它很重要。事实上,有很多事实证明,环境退化从长远来看会使贫困国家更加贫困。滥伐森林对其他人也不利,因为这是二氧化碳排放量上升的一个主要原因。(经济学家通常认为,富裕国家应该向贫困国家支付相应费用,将其用于保护具有全球价值的自然资源。)

显然,如果发达国家更加慷慨,巴西村民可能就不必为了购买蚊帐而破坏热带雨林。现在,我要强调的一点更为根本:把富人的偏好强加给与富人的生活水准大相径庭的个体,实属糟糕的经济学。这一点在本书后面探讨全球化与世界贸易时很重要。

在此,我还想就个人偏好提出另一个重要观点:效用最大化并不等同于自私自利。1999 年,《纽约时报》刊登了奥塞拉·麦卡蒂的讣告,她在美国密西西比州哈蒂斯堡做了一辈子洗衣女工,享年 91 岁。她孤身一人,居所狭小,陈设简陋,只有一台仅能收看一个频道的黑白电视。麦卡蒂女士之所以与众不同,是因为她并不贫穷。事实上,在她去世前 4 年,她给自己从未就读过的南密西西比大学捐赠了 15 万美元,用来资助该校贫困学生。

奥塞拉·麦卡蒂的行为是否颠覆了经济学?诺贝尔奖是否将被召回斯德哥尔摩?答案是否定的。选择把钱存起来并最终捐出去,而非把钱花在购买大屏幕电视或高级公寓上,这对麦卡蒂而言效用更大。

麦卡蒂的例子涉及的还只是金钱。那么韦斯利·奥特里呢?他是纽约市一名建筑工人。2007 年 1 月,奥特里带着两个年幼的女儿在曼哈顿上城等地铁。突然,旁边的一个陌生人开始抽搐,继而跌落站台,倒在铁轨上。更糟糕的是,不远处 1 号地铁列车正在驶近车站。

奥特里跃下铁轨,在 5 节车厢疾驰而过时用自己的身体护住了那个人。列车与奥特里擦身而过,在他的帽子上留下了一抹机油。列车停下后,他在车底大声喊道:"我们在下面没事,但我的两个女儿在站台上,请告诉她们我一切都好。"[3] 奥特里这样做,目的竟是救助一个素昧平生的陌生人。

脑科学研究使科学家得以洞察人类在做决定时的大脑活动,为人们理解利他主义提供了崭新的视角。为什么人们会做那些没有明显益处,甚至有可能危及自身安全的行为(比如跳下铁轨救人)?《经济学人》杂志曾解释说:"根据神经科学的研究,答案在于这种行为会带来良好的内心体验。"善待他人,包括陌生人,就像性爱、金钱、巧克力和毒品一样会激活大脑的奖励中枢。[4]

进化生物学提供了更深层次的解答。利他主义有助于人类相互合作,而合作有助于物种延续。因此,利他行为并非单独看来那般缺乏理性。大脑在进化过程中逐渐形成了一种机制，会激励那些有利于促进群体成功的行为。2016年，美国加州大学洛杉矶分校塞梅尔神经科学与人类行为研究所的一位科学家指出："我们的利他主义倾向可能比先前认为的更根深蒂固。"[5]

所有人都会经常做出利他的决定，尽管这些行为往往微不足道。我们可能会多花几美分购买标注"海豚安全"的金枪鱼，给心仪的慈善机构捐款，或者自愿参军。所有这些事情都能给我们带来效用，没有一件事会被视为自私之举。美国人每年向各类慈善组织捐款超过2 000亿美元。我们为陌生人敞开大门，我们表现出非凡的勇气和慷慨。这一切都与个人追求自身效用最大化的基本假设并不冲突，无论其以何种方式被界定。这一假设也并不意味着我们总能做出最优决定，甚至不能保证我们做出的每个决定都是正确的。这一点，我们做不到。但在当时所能获取的信息下，我们每个人都会竭力做出最佳决策。

因此，基于以上短短几页信息，我们为一个古老而深刻的哲学问题找到了答案：鸡为何要过马路？答案是为了实现效用的最大化。

要知道，效用最大化并不是一个简单的命题。生活很复杂，而且充满了不确定性。在任何时候，我们都可以去做无数的事情。事实上，我们所做的每一个决定都涉及某种权衡。我们可能会在现在的效用与未来的效用之间进行权衡。例如，在公司的年度户外聚会上，如果你用船桨猛击老板的头部，那么你可能会获得一些满足感。但这一瞬间的正面效用可能会被在监狱中度过漫长时间的负面效用所抵消。（但这只是我的偏好。）更严肃地说，我们的许多重要决定都涉及平衡当前消费的价值与未来消费的价值。我们可能会在数年的研究生阶段靠吃方便面度日，因为获得研究生学位会大大提高我们未来的生活水平。反之，我们可能今天用信用卡购买一台大屏幕电视，即便由此产生的利息会减少我们未来可以用来消费的钱。

同样，我们要在工作和休闲之间取得平衡。投资银行家每周辛勤工作90个小时能得到丰厚的收入，但他们享受用这些收入购置的物品的时间也大大减少了。我的弟弟在职业生涯初期是一名管理顾问，他的工资至少比我目前的工资多一位数。然而，他的工作时间很长，而且有时工作时间还不灵活。有一年秋天，我们俩兴致勃勃地报名参加了罗杰·伊伯特教授主讲的晚间电影课程。整整13周，他一次课都没有上。

无论我们的工资是多少，我们都可以用它购买各种商品和服务。你买下这本书，就意味着你决定不把这笔钱用在其他地方。（即使你在书店里偷了这本书，你也本可以选择在夹克里塞一本斯蒂芬·金的小说，这在某种程度上对我而言是一种恭维。）同时，时间是我们最稀缺的资源之一。此时此刻，你在读这本书，而不是在工作，与狗玩耍，申请法学院，买菜或做爱。生活充满了权衡，经济学也是如此。

简言之，早晨起床并着手准备早餐涉及的决策过程，其复杂性甚至超过了常规的国际象棋对弈。（吃这个煎蛋会不会在28年后导致我死亡？）那么，我们究竟是如何做决定的呢？答案是，我们每个人都会暗中权衡每件事的成本与收益。经济学家会说，我们试图根据可支配资源实现效用最大化；我的父亲则会说，我们试图花最少的钱获得最大的收益。请注意，能够带给我们效用的不局限于物质产品。如果你比较两份工作，教中学数学或推销骆驼牌香烟，那么几乎可以肯定后者提供的薪水更高，但前者能带来更大的"精神收益"——如果不用这么花哨的说法，其实就是在一天结束时，你因为自己从事的工作而很有成就感。这是一种完全正当的利益考量，可以用来平衡较低的薪水。最终，有的人会选择教数学，而有的人会选择推销香烟。

同样，"成本"的概念远比你在收银台支付的金钱更丰富（恕我直言）。获取某物的实际成本等于你为此必须舍弃的一切，而舍弃这些的代价往往不只是金钱。如果你必须冒雨排队6个小时才能领到一张音乐会门票，这张门票就不能说是"免费"的了。如果你要和一个情绪易怒的客户开会并即将迟到，一旦延误可能导致对方取消价值5万美元的合作项目，那么选择花 2.75 美元乘坐公交车，可能并不比支付 15 美元打车划算。尽管在折扣店购物可以省钱，但它往往会消耗更多的时间。我是一名作家，我的收入取决于我的产出。我可以选择驱车 90 英里前往威斯康星州基诺沙的一家折扣店买一双新皮鞋，为此节省 50 美元；也可以选择步入密歇根大道的诺德斯特龙百货商场，在午餐间隙买一双鞋。在通常情况下，我会选择后者，总花费是 225 美元、15 分钟，还要忍受母亲的唠叨。她肯定会问我："为什么不开车去基诺沙？"

人类行为的方方面面都会以某种方式对成本做出反应。当某种东西的成本下降时，它对我们的吸引力就会增加。要证明这一点，你可以推导需求曲线，也可以观察圣诞节第二天的购物潮——届时，人们会抢购那些几天前他们因为价格过高而不愿意购买的东西。相反，当某种东西的成本上升时，我们对其的使用频率会相应降低。生活中的任何事物都是如此，就连香烟和可卡因也不例外。经济学家计算过，美国可卡因的街头价格每下降 10%，成年使用者的数量便会增长大约 10%。同样，研究人员估算，如果烟草业与美国各州之间的首次和解提案得以实施（1998 年被美国参议院否决），那么香烟价格将上涨 34%。同时，香烟价格上涨会使青少年吸烟人数减少 1/4，从而使当时 17 岁或更年轻的美国人中，因吸烟导致的过早死亡人数减少 130 万。[6] 当然，社会已经通过一些与香烟价格无关的方式提高了吸烟成本。在室外温度仅为 –8 摄氏度的情况下，站在办公楼外吸烟已经成为在工作日吸烟所需承担的一部分成本。

这种宽泛的成本概念可以解释一些重大的社会现象，其中之一便是发达国家生育率的显著下滑。与 50 年前相比，如今养育孩子的成本更高。然而，这并不是因为使家里新添的小家伙吃饱穿暖会增加多少开销。实际上，食品、衣物等基本消费品的生产能力已大幅提升，此类支出的实际成本已有所下降。如今抚养孩子的主要成本体现在父母一方（通常是母亲）为了在家照顾孩子而不得不放弃工作或大幅削减工作时间造成的收入损失。由于现代女性比以往任何时候都拥有更好的就业机会，其离开职场的成本也越来越高。我的邻居曾是一位神经科医生，但在她的第二个孩子出生时，她做出了离职回归家庭的选择。舍弃神经科医生的工作的代价是很高的。

与此同时，在发达国家，拥有一个大家庭带来的经济效益已然大大减小。如今，孩子不再帮忙干农活，也不再补贴家用（尽管父母可以从小教他们如何从冰箱里拿啤酒）。人们不再需要生很多孩子来确保其中有几个能长大成人，或者确保有足够的子孙后代为人们的老年生活提供保障。即使是最理性的经济学家也会承认，人们可以从生育子女中获得极大的乐趣。但问题是，现在养11个孩子的成本比过去高很多。统计数据有力地证明了这一点：1905年，美国女性平均生育3.77个孩子，而目前这一数字已降至2.07，降幅约为45%。[7]

支撑经济学的第二个强有力的假设是：无论是卖热狗的小贩，还是大型跨国公司，其目标都是实现利润最大化（利润等于销售产品获得的收入减去生产成本）。简言之，个人或企业都力图尽可能赚更多的钱。因此，我们可以回答人生中另一个亟待解答的问题：企业家为什么要过马路？因为他可以在另一边赚到更多的钱。

公司通过整合诸如土地、钢材、知识、棒球场之类的资源投入，创造附加值。这一过程可以很简单，就像下雨时在纽约市的繁华街角售卖廉价雨伞（这些人是从哪儿来的？），也可以很复杂，就像波音公司组装一架787梦想客机（单是设计，就需要用克雷超级计算机工作80万个小时）。一家赢利的公司好比一位厨师，他会购买价值30美元的食材，随后烹饪出价值80美元的佳肴。他凭借专业技艺创造出的东西，其价值远远超过了投入的成本。然而，要做到这一点并非易事。公司必须决定生产什么产品，采取何种生产方式，在何处进行生产，产量多少以及产品的最终定价。这一切决策都要面对各种不确定性，与消费者面临的别无二致。

如何做出这些决策呢？它们可都是极为复杂的决策。市场经济的一大特征是，它会将资源用在最具生产效率的用途上。瑞恩·高斯林为什么不去卖汽车保险？因为这会极大地浪费他的独特才华。诚然，充满魅力的他可能会比普通销售人员卖出更多的保险。然而，他也是全球屈指可数的能够"扛票房"的影星之一，这意味着全世界有数百万人会因为高斯林的出演而去看一部电影。这对风险极高的好莱坞电影业来说就像存在银行里的钱一样安全可靠，因此电影制作公司愿意支付高昂片酬聘请高斯林担任主演，每部电影的片酬约为 3 000 万美元。保险机构也愿意为高斯林的魅力买单，但最多出 5 万美元。高斯林自然会选择报酬最高的领域。在好莱坞，他将获得最高的报酬，因为在这里他能创造最大的价值。

价格犹如巨大的霓虹灯广告牌，闪烁着重要的信息。在本章开头，我曾提到，巴黎里沃利大街的餐厅大多数晚上都能储备适量的金枪鱼。这是为什么呢？一切都与价格有关。当顾客对生鱼片开胃菜的需求增多时，餐厅经营者便会提高向鱼类批发商的采购量。如果金枪鱼在其他餐厅也越来越受欢迎，金枪鱼批发价就会上涨，这意味着太平洋某处的渔民在捕捞金枪鱼时得到的报酬会比以前更多。一些渔民认识到金枪鱼当下比其他鱼类溢价更高，就会开始捕捞金枪鱼而非鲑鱼。与此同时，一些捕捞金枪鱼的渔民会延长船只的海上作业时间，或者改用更昂贵、高效的捕捞技术，因为捕获的金枪鱼现在可以卖出更高的价钱。他们并不在乎巴黎的高档餐厅，他们在乎的是鱼的批发价格。

金钱很重要。制药公司为什么要深入雨林寻找具有罕见疗效的植物？因为制药公司的药物研发师可能研发的重磅药品可以赚取巨额利润。此外，一些其他类型的创业活动，虽然规模较小，但同样令人印象深刻。有几个夏天，我在芝加哥犯罪较为盛行的卡布里尼-格林附近执教，担任美国少年棒球联盟一支球队的教练。那时，我们球队的一个习惯就是定期出去吃比萨。我们最喜欢的一个去处是切斯特餐厅，它是一个面积较小的棚屋，位于迪威臣街和塞奇威克街的街角，可谓创业者毅力与智慧的生动写照。（后来，这家餐厅在卡布里尼-格林积极的城市改造中被拆除，餐厅原址处修建了一个新的公园。）切斯特餐厅的比萨做得不错，生意总是很红火。因此，这里基本上就像是一个等着被抢劫的地方。即便如此，餐厅管理层并未退缩。他们只是安装了与银行免下车服务窗一样的防弹玻璃。顾客把钱放在一个小转盘上，将钱通过防弹玻璃的缝隙旋转进去，随后比萨会从另一个方向传递出来。

即使需要安装防弹玻璃，获利机会也会像血吸引鲨鱼一样吸引公司。我们寻找新颖而大胆的赚钱方式（打造首个真人秀节目）；如果这条路走不通，我们就想进入那些已为他人创造丰厚利润的行业（从而打造20个越来越差劲的真人秀节目）。在此过程中，我们用价格来衡量消费者的需求。当然，并不是每个市场都容易进入。当勒布朗·詹姆斯与洛杉矶湖人队签下一份为期4年、价值1.53亿美元的合约时，我不禁遐想："我要为湖人队效力。"给我支付9 800万美元就行。或者，如果再压缩一下，9.8万美元也行。然而，有几个因素让我无法进入这个市场：（1）我的身高不足1.8米；（2）我的速度很慢；（3）在压力下投篮时，我可能连篮板都难以击中。为什么勒布朗·詹姆斯能够拥有接近4 000万美元的年薪？因为无人能够复制他的赛场表现。他独特的天赋为其他人进入这一市场设置了门槛。此外，勒布朗·詹姆斯还是芝加哥大学劳动经济学家舍温·罗森所说的"超级明星"现象的受益者。当一个市场变得非常庞大时，比如职业篮球市场，天赋上的微小差异往往会被放大，转化为薪资待遇上的显著鸿沟。一个人只需在竞争中略胜一筹，便足以在市场中占据相当大的份额（和利润）。

事实上，勒布朗的薪水与昔日的脱口秀主持人拉什·林堡相比，简直是九牛一毛。拉什曾与美国清晰频道通信公司签订了一份为期8年、价值4亿美元的合同，该公司负责在全国各地播出他的广播节目。拉什要比其他愿意发表意见的政治评论员优秀得多吗？不必如此。他的节目只需要比同一时段第二受欢迎的广播节目有趣一点点，就能吸引大批听众——每天2 000万听众。没有人会去收听自己第二喜欢的电台，所以对听众和愿意花大价钱吸引听众的广告商而言，这是一场赢家通吃的游戏。

无论生产某种产品的利润有多高，许多市场都存在壁垒，阻碍新的公司进入。有时，进入市场会遇到自然壁垒。松露的价格高达每磅[①]500美元，因为它们无法人工培育，只能在野外生长，由猪或狗帮忙寻得。有时，进入市场会遇到法律壁垒。不要试图在街角贩卖枸橼酸西地那非，否则你可能会有牢狱之灾。它不是可以吸食或注射的毒品，也并不违法。不过，它可是万艾可，俗称"伟哥"，由辉瑞公司持有专利权，辉瑞公司的专利权是一种经美国政府授权的合法垄断权益。（辉瑞公司的万艾可专利于2020年4月到期。）虽然经济学家可能会对专利的持有时间或何种创新可以申请专利等问题争论不休，但其中大多数都会同意，专利制度创造的准入壁垒是激励公司对研发新产品进行投资的重要因素。此外，政治程序也会以可能并不合理的理由设置市场进入壁垒。20世纪80年代，当美国汽车业面临日本汽车制造商的激烈竞争时，美国车企有两个基本选择：（1）制造出消费者可能愿意购买的更好、更便宜、更省油的汽车；（2）大力支持游说团队，促使美国国会设定关税和进口配额，将日本汽车挡在美国市场之外。

有些进入壁垒则更微妙。美国航空业的竞争远不像表面看上去那么激烈。在美国，你和几位大学同窗可以相对容易地创办一家新的航空公司，但问题是你们的飞机无处降落。大多数机场的登机口有限，而且往往被业界巨头所掌控。芝加哥奥黑尔国际机场是世界上最大且最繁忙的机场之

---

① 1磅≈0.45千克。——编者注

一,美国航空公司和美国联合航空公司控制了大约80%的登机口。[8]或者我们再看一个例子,在互联网时代越发凸显的一种进入壁垒是网络效应。网络效应的大概意思是,某些商品的价值会随着使用人数的增加而上升。你能通过创造一个脸书的替代品而变得像马克·扎克伯格那样富有吗?也许不能。脸书有近20亿用户。脸书是如此受欢迎,以至于它的地位很难被撼动。只要世界上大多数人都在使用脸书,一个人就很难推出与之匹敌的社交网站,无论其技术功能有多出色。

与此同时,公司不仅要选择生产何种产品或服务,还要选择如何生产。我永远不会忘记在尼泊尔加德满都下飞机后看到的场面。首先映入眼帘的是一群弓着腰的人,他们挥舞着镰刀修剪机场的草坪。尼泊尔的劳动力成本低廉,而割草机的价格高昂。美国的情况恰恰相反,所以美国人很少看到使用镰刀的劳动者。这也是为什么美国有自动取款机、自助加油站,以及令人讨厌的电话树系统("如果您情绪激动到要动用暴力的地步,请按#号键")。所有这些都是公司将过去由人工完成的工作自动化的例子。毕竟,提高利润的一种途径就是降低生产成本。这可能意味着解雇两万名工人,或者在越南(而不是美国科罗拉多州)建立工厂。

公司和消费者一样,面临着大量复杂的选择,但指导原则也一样相对简单:从长远来看,哪种选择能为公司带来最大收益?

所有这些都将我们引向生产者与消费者相遇的环节。你打算花多少钱买橱窗里的那只小狗?经济学入门课程给出了一个非常简单的答案:市场价格。这就是供求关系那一套。当市场上出售的小狗数量恰好与消费者想要购买的小狗数量相当时,小狗的价格就会稳定下来。如果潜在的宠物主人数量超过了待售小狗的数量,小狗的价格就会上涨。部分消费者会转而决定购买雪貂,一些宠物店也会在更高利润的诱惑下增加小狗的供应量。最终,小狗的供应将与需求相匹配。值得注意的是,有些市场确实是这样运行的。如果我选择在纳斯达克证券交易所出售100股微软公司的股票,我别无选择，只能接受"市场价格"，这个价格就是在交易所待售的微软公司的股票数量刚好满足投资者买入需求时形成的价格。

不过，大多数市场并不像教科书描述的那样。盖璞运动衫的"市场价格"并不会根据价格合理的运动衫的供求关系而随时变化。相反，盖璞公司和其他大多数公司一样，拥有一定程度的市场支配力，简单地说，就是盖璞公司可以自行决定产品的售价。盖璞公司可以选择将运动衫定价为9.99美元，每件只赚取微薄的利润。盖璞公司也可以将价格设定为29.99美元，尽管销量会减少，但单件利润会显著提高。如果你现在有兴趣做微积分，或者我有意撰写这方面的文章，我们俩现在就能算出实现利润最大化的价格。我敢肯定，我在某一次期末考试做过相应的题目。关键在于，盖璞公司会为运动衫选择一个价格，相应的销量能使其获得最大利润。不管使用哪种定价方法，盖璞公司营销主管都可能会犯错：要么商品定价过低，导致商品迅速售罄；要么商品定价过高，致使仓库里堆满运动衫。

其实，还有一种选择。公司可以尝试对于同样的商品向不同消费者收取不同的价格（也就是所谓的"价格歧视"）。你在下次乘坐飞机时，不妨做个实验：问问你旁边的人买机票花了多少钱。他和你支付的价格可能不一样，甚至可能差得很远。尽管你们坐在同一架飞机上，前往同一个目的地，吃同样的飞机餐，但你和邻座旅客支付的票价可能连位数都不一样。

航空业面临的基本挑战是如何将愿意支付较高票价的商务旅客与预算有限的休闲旅客区分开来。航空公司如果以统一的价格售卖每一张机票，那么不论设定何种价位，都无法实现利益最大化。一个商务旅客可能愿意花1 800美元从芝加哥往返旧金山；而一个去参加表弟欧文婚礼的旅客最多只愿意花250美元。航空公司如果收取高价，就会失去所有休闲旅客；航空公司如果收取低价，就会失去商务旅客贡献的所有利润。怎么办呢？学会区分商务旅客和休闲旅客，然后向他们收取不同的票价。

航空公司在这方面做得很好。为什么一张可以灵活改签的机票通常要比一张在改签时需支付高昂费用的机票贵呢？因为商务旅客通常比休闲旅客需要更多的灵活性，所以他们愿意预先支付更高的费用以确保能够在最后一刻更改航班。同样，提前两周购买机票通常比在航班起飞前 11 分钟购买机票便宜得多。出去度假的人会提前规划行程，而商务旅客（和富人）往往在最后一刻买票。航空公司是价格歧视最明显的例子。不过，如果环顾四周，你会发现价格歧视无处不在。小艾伯特·阿诺德·戈尔在 2000 年美国总统竞选期间抱怨说，他的母亲和宠物狗正在服用相同的治疗关节炎的药物，但他的母亲为处方支付了更高的费用。尽管这是他在读过人类与犬类用药定价差异的报道后编造的故事，这个例子还是十分合适。同样的药，在卖给人类和动物时价格不同，这并不奇怪。这就像航空公司给机票定价一样。人类愿意为自己使用的药物支付的价格往往高于为宠物使用的药物支付的价格。因此，为了实现利润最大化，商家采取的策略是对人类患者设定一个价格，而对于动物"患者"设定另一个价格。

随着科技的日新月异，公司可以搜集更多关于客户的信息，价格歧视将会变得更普遍。举例来说，公司现在会根据客户是通过互联网订购还是通过电话订购，设定不同的价格标准。此外，公司还可以依据网购客户过往的购买模式，向客户收取不同的费用。Priceline 网站为消费者竞价购买旅游服务提供了平台。类似公司背后的逻辑是，每个客户都可能为机票或酒店房间支付不同的价格。《华尔街日报》在一篇题为《技术如何定制价格标签》的文章中指出："杂货店似乎是为所有客户提供统一价格的典范。但在今天，杂货店也会贴一个价格标签，然后允许愿意使用优惠券的购物者以另一种价格支付，遇到持有会员卡的购物者则再变换一种价格——会员卡可以让商店搜集有关顾客购买习惯的详细数据。"[9]

我们可以据此推断出什么呢？消费者竭尽所能地追求更好的生活，公司则不遗余力地追求利润最大化。这些概念尽管看似简单，却向我们揭示了世界运转的奥秘。

市场经济是一股强大的力量，让我们的生活变得更加美好。公司营利的唯一途径就是提供满足消费者购买需求的商品。公司不断开发新产品，从保温咖啡杯到救命的抗生素，无所不包。公司还会优化现有产品，使它们更便宜、更优质。这种竞争对消费者来说极为有利。1900年，从纽约到芝加哥的三分钟长途电话需花费5.45美元，这相当于今天的约140美元。现在，如果你办理了不限通话时长的手机话费套餐，那么同样的通话基本上是免费的。即使在高等教育、艺术和医学等领域，利润也激励着相关人员开展一些最伟大的工作。

同时，市场无关道德。不是不道德，只是无关道德。市场奖励稀缺性，而稀缺性与价值并无内在联系。一克拉钻石价值数千美元，而水（如果你敢直接喝自来水）几乎是免费的。如果地球上没有钻石，那么我们会受到一定影响；如果水资源全部消失，那么我们会失去生命。市场提供的不是消费者需要的商品，而是消费者想要购买的商品。这是一个至关重要的区别。美国的医疗系统不为穷人提供医疗保险。为什么呢？因为穷人支付不起费用。美国最优秀的医生确实会为好莱坞明星提供丰胸和整容手术。为什么呢？因为好莱坞明星付得起费用。与此同时，有些公司在发不义之财。为什么欧洲犯罪集团会在东欧绑架少女，然后把她们卖到富裕国家从事卖淫活动？因为有利可图。

事实上，犯罪分子展现了极高的创新能力。贩毒分子将可卡因从生产地点（南美洲丛林）运到消费市场（美国各地的城镇），从中牟取暴利。这当然是非法的。美国政府投入了大量资源来拦截这类毒品，不让它们到达潜在的消费者手中。与其他市场一样，找到巧妙方法躲避美国政府追捕的毒品贩子会攫取巨额利润。

海关人员在侦测（在许多情况下通过使用嗅觉）大量跨境走私毒品方面极为熟练，这使得毒贩意识到，避开边境口岸，利用小型船只将违禁品偷运至美国更加容易。当美国海岸警卫队开始追踪渔船时，毒贩转而购买速度更胜一筹的快艇。当美国执法部门用雷达和直升机追捕快艇时,毒贩再次创新,制造出类似于魔术贴或苹果手机的贩毒工具——自制潜艇。2006 年,美国海岸警卫队意外发现了一艘 49 英尺①长的潜水艇。这艘潜水艇在哥伦比亚丛林中制造,能够承载 4 名船员和 3 吨可卡因,且雷达难以探测其行踪。2000 年,哥伦比亚警方突袭了一个仓库,发现一艘正在建造的 100 英尺长的潜艇,它可以运载 200 吨可卡因。美国海岸警卫队少将约瑟夫·尼米奇告诉《纽约时报》:"这就像任何生意一样,当产品损失越来越多时,你就会设法寻找新的出路。"[10] 比如隧道。2011 年,美国警方发现了一条 400 码②长的隧道,这条隧道将墨西哥蒂华纳和美国圣迭戈南部的一个仓库连接起来。[11] 美国边境巡逻队已经开始使用机器人在边境搜索此类隧道。[12] 2012 年,毒贩使用气动炮将装满大麻的罐子越过边境发射到亚利桑那州。[13] 如此等等。

　　市场在不断进化,有异常强大的力量,其能量来自对敏捷、强壮和聪明个体的奖励。尽管如此,我们还是应该记住,地球上适应能力最强的两个物种是老鼠和蟑螂。

　　经济体系通过价格来分配稀缺资源。由于所有值得拥有的东西都是有限的,因此任何经济体系最基本的功能就是决定谁能得到什么。谁能获得超级碗的门票?那些愿意支付最高价格的人。在苏联,如果莫斯科的屠夫收到一批新的猪肉,那么他会按照国家官方价格标价。如果这个价格足够低,顾客的数量超过了猪排的供应量,那么他也不会提高价格来增加收入。他只会把猪排卖给排在队伍前面的人。排在最后面的人就没有那么幸运了。市场经济和计划经济都对商品进行配给。美国通过价格分配,苏联人则通过排队。(当然,苏联也有很多黑市,屠夫很有可能从商店后门非

---

① 1 英尺 ≈ 30.48 厘米。——编者注
② 1 码 ≈ 91.44 厘米。——编者注

法出售多余的猪排。)

　　由于**市场依据价格分配商品，大多数市场能够实现自我调节**。石油输出国组织成员国的石油部长定期在异国他乡聚首，商定限制全球石油产量。紧随其后的是一系列连锁反应：（1）石油与天然气价格开始上涨；（2）政界人士竭力为干预石油市场出谋划策，其中大部分方案并不明智。不过，高油价就像发烧一样，既是症状，也是潜在的治疗方法。当政界人士在政府机构吞云吐雾、激烈辩论之际，一系列实质性的变化在悄然发生。我们开始减少驾车。在收到取暖费账单后，我们决定对阁楼进行隔热处理。我们前往福特汽车展厅，放弃大排量的探险者，走到更为节能实惠的福睿斯面前。

　　2008年，在油价逼近每加仑①4美元时，美国消费者的迅速反应甚至使经济学家感到惊讶。美国民众开始选购小型汽车（SUV销量骤降，而超小型汽车销量上升）。美国的总行车里程出现了30年来的首次月度负增长。此外，越来越多的美国人选择乘坐公共交通工具出行，很多美国人甚至是首次乘坐公交车或火车出行。2008年，美国公交系统的乘客数量达到了前所未有的水平，是自50年前州际公路系统成立以来的峰值。[14]

　　并非所有这些行为变化都是积极有益的。许多美国消费者从驾驶汽车改为骑摩托车。骑摩托车虽然更省油，但也更危险。美国因骑摩托车死亡的人数在持续下降多年后，于20世纪90年代中期开始上升，而此时油价也开始攀升。在《美国公共卫生期刊》发表的一项研究估计，汽油价格每上涨1美元，每年因骑摩托车死亡的人数就会增加1 500人。[15]

　　高油价在供给端也会引发相应变化。没有加入石油输出国组织的产油国往往会选择在油价高涨时加大开采力度，试图借此契机获利。实际上，

---

① 1加仑（美制）≈3.79升。——编者注

在这样的背景下，即便是石油输出国组织的成员国，也时常难以坚守各自的生产限额，开始出现超产现象。同时，美国国内的石油企业开始着手开发那些在低油价时期经济效益不明显的油井资源。很多聪明的人此时加倍努力，积极探索并推动各类替代能源的研发及市场化进程。随着供应的增加和需求的减少，石油和汽油的价格开始逐渐回落。

在市场体系中，如果设定固定价格，私营企业就会寻求其他竞争方式。美国消费者常常怀念"过去"的飞行体验，那时餐食优质，座位宽敞，乘客着装考究。这并非单纯的怀旧，现在坐经济舱航空旅行的品质已经急剧下降。不过，机票价格下降得更快。1978年以前，机票的价格由美国政府设定。从丹佛到芝加哥，每个航班的票价都一样。即便如此，美国航空公司和美国联合航空公司仍在争夺客户。它们通过服务质量凸显自己。当航空业解除管制后，价格成为竞争的主要优势，这大概是因为消费者更关心价格。自此以后，尽管与飞行相关的种种体验已大不如前，但机票平均价格下降了约50%（在考虑通胀的前提下）。

1995年，我在南非旅行时，沿途加油站的优质服务给我留下了深刻印象。工作人员身着笔挺的制服，通常还打着领结。他们总会迅速跑上前为顾客加油，同时还会检查机油，并擦拭挡风玻璃。加油站的卫生间一尘不染，这与我在美国开车时经历过的不尽如人意的情况大相径庭。南非有什么特殊的加油站经营理念吗？没有。汽油价格由南非政府统一规定。因此，当时还是私营企业的加油站就用优质的服务和干净的卫生间来吸引顾客。

每一笔市场交易都会使各方受益。公司的行为符合自身的最大利益，消费者的行为也是如此。这个简单的想法蕴含着巨大的力量。让我们看看下面这个可能会引起争议的例子：亚洲血汗工厂的问题在于数量不足。成年工人自愿在这些环境糟糕、工资低廉的制造工厂工作。（我这里不涉及强迫劳动或雇佣童工，两者属于不同的情况。）因此，下面两种情况中必然有一种属实：工人之所以在血汗工厂从事艰苦的工作，是因为这是他们拥有的最佳就业选择；亚洲血汗工厂的工人智力低下，他们有很多更有吸引力的工作机会，却选择在血汗工厂工作。

大多数反对全球化的论点都暗示第二种情况是对的。反全球化的抗议者常常试图论证，如果减少国际贸易，关闭那些专门为发达国家生产鞋子和包包的血汗工厂，发展中国家的工人就会过得更好。但问题是，这怎么会让贫困国家的工人过得更好呢？这样做并不会创造任何新的就业机会。唯一可能改善社会福利的方式是，被血汗工厂解雇的工人找到了更好的新工作——他们之前选择去血汗工厂工作时可能忽略了这些机会。试问，上次美国工厂倒闭被视作对工人的好消息是什么时候？

按照西方的标准，血汗工厂的环境十分恶劣。诚然，有人可能会主张，耐克公司应该出于纯粹的利他主义，给外国工人提供更优厚的薪资待遇。但血汗工厂只是贫穷的表象，而非根源。在耐克公司开设的越南工厂中，普通工人每年的工资约为600美元。这笔钱虽然少得可怜，却是当地工人平均年收入的两倍。[16] 事实上，血汗工厂在韩国和中国台湾等地的发展中扮演了重要角色，我将在第12章说明这一点。

鉴于经济学建立在这样一个假设之上，即人类始终以让自己过得更好的方式行事，那么人们不禁会问：我们真的那么理性吗？事实证明，人们并非总是如此理性。对"严格理性"这一概念最猛烈的抨击之一来自一次看似没有意义的观察。我之前提到的2017年诺贝尔经济学奖得主理查德·塞勒多年前举办了一场晚宴。他在餐前端上了一碗腰果。他注意到客人飞快地吃着腰果，而这可能会影响他们吃晚餐时的胃口。于是，塞勒端走了那碗腰果，结果客人纷纷向他表示感谢。[17]

不管你信不信，这个小插曲暴露了微观经济学基本原理中的一个缺陷，并为塞勒后续的研究指明了方向：从理论上讲，剥夺理性个体的某些选择，不可能让他们过得更好。不想吃太多腰果的人应该自己停下来。然而,他们并没有这样做。这一发现的意义不仅适用于吃腰果这一具体情境。例如,如果人们缺乏自律性,无法去做那些从长远来看有益于健康的事情(比如减肥、戒烟或提前为退休存钱),那么可以想象,社会可以通过提供帮助(或采取强制性手段)促使他们做那些他们原本不愿或无力做的事情——这就类似于公共政策中的拿走腰果——从而让他们过得更好。"我们人类容易分心,体重超标,行事拖延,而且出了名地过于自信。"塞勒在诺贝尔奖颁奖晚宴上发表演讲时说,"当然,我们依旧需要传统的经济理论。但是,为了做出准确的预测,我们需要借助其他社会科学领域的洞见来丰富这些理论。"[18]

行为经济学融合了心理学与经济学,深入剖析了人类在现实生活中如何做出决定。普林斯顿大学心理学和公共事务教授丹尼尔·卡尼曼因研究不确定性背景下的决策,特别是"人类决策如何系统性地偏离标准经济学理论的预测",于2002年获得诺贝尔经济学奖。[19]

卡尼曼等人进一步推动了"有限理性"概念的发展,该概念认为大多数人依据直觉或经验法则做决定,就好比依赖天空阴晴来判断降雨的可能性,而非耗费数小时仔细研究天气预报。大多数时候,这种方法确实奏效,有时却行不通。行为经济学家研究此类经验法则,探究它们如何引导人们做出从长远来看会降低效用的事情。

举例来说,人们对风险和概率的认知并非始终精确无误。最近,在新罕布什尔州(该州未规定骑摩托车时必须佩戴头盔)的经历使我对此有了深刻理解。当时,我正驻足欣赏一辆停放在人行道上的硕大的哈雷-戴维森摩托车,车主走过来询问:"你想买吗?"我回答说,我觉得骑摩托车有点儿太危险了,他大声说道:"你还愿意坐飞机呢!"

实际上,每行驶1 000米,骑摩托车的危险性比乘飞机高2 000倍。这种比较并不完全公平,因为骑摩托车出行的距离通常要短得多。然而,不论行程长短,骑摩托车出行的死亡概率仍比乘飞机高14倍。传统经济学明确指出，有些人之所以会选择骑摩托车（戴或不戴头盔），是因为他们从骑这种两轮交通工具疾驰中获得的效用，超过了他们在此过程中承担的风险。这是完全理性的。但是，如果做出这个决定的人不了解其中涉及的真正风险，这种权衡就并不理性。

行为经济学系统地梳理了这种潜在偏误，其中许多偏误在日常生活中颇为常见。很多人并不具备自己希望拥有的自控力。80%的美国吸烟者表示他们想戒烟，但大多数人并没有付诸行动。数十年来，一些顶尖的经济学家，包括一位诺贝尔经济学奖得主，坚称"理性成瘾"存在。这意味着，人们在购买第一包骆驼牌香烟时，会考虑到上瘾的可能性以及未来的所有成本。然而，麻省理工学院的经济学家乔纳森·格鲁伯认为，这是无稽之谈。格鲁伯对吸烟行为做过广泛研究。他认为，消费者不会像标准经济模型假设的那样，理性权衡吸烟带来的快感和未来的健康风险及其他成本。格鲁伯写道："该模型基于对吸烟决策的描述，这一描述与实验室证据、吸烟者的行为、计量经济学（统计）分析和常识相悖。"[20]

此外，在某些情况下，人们可能还缺乏做出明智决定所需的基本知识。乔治·华盛顿大学商学院的安娜玛利亚·卢萨尔迪和宾夕法尼亚大学沃顿商学院的奥利维亚·米切尔针对50岁以上的美国人做了大量抽样调查，以评估他们在财务方面的知识水平。其中，只有1/3的人会做简单的利率计算，大多数人不懂什么是分散投资。（你如果也不知道这个概念，等读完第7章就明白了。）卢萨尔迪教授根据研究得出，"财务文盲"普遍存在。[21]

这些有趣的事实并不仅仅是叼着烟斗的学者们在教师休息室里侃侃而谈的高深话题。错误的决策可能会导致糟糕的结果，无人能够幸免。可以说，全球金融危机的根源就在于非理性行为。作为人类，我们的典型行为倾向就是从随机事件中捕捉"规律"，这是我们的行为"经验法则"之一。因此，我们认为当前发生的事情在未来会持续，即使数据、概率或基本分析表明截然相反的情况。一个人抛硬币，连续4次抛出正面，我们会说这个人"很幸运"；一名篮球运动员连续3次投篮命中，我们会说这个人"手感好"。

一个认知心理学家团队推翻了篮球比赛中的"热手效应"，为该领域做出了不朽的贡献。他们采用NBA（美国职业篮球联赛）数据，同时针对康奈尔大学男子和女子篮球队做了实验。（这篇学术论文十分罕见，因为其中包含了与费城76人队的采访。）91%的球迷认为："与连续两三次丢球相比，球员连续进球后再次投球的命中率更高。"事实上，没有任何证据表明，球员进球后的投球命中率会更高——无论是费城76人队的投篮命中率，或是波士顿凯尔特人队的罚球命中率，还是康奈尔大学篮球队在对照实验中的投篮命中率。[22]

对这一结论，球迷惊讶不已，就像2006年房价不再上涨时许多美国房主备感惊讶一样。此前，很多人以为房价会持续上涨，所以大举借贷。结果，这引发了取消抵押品赎回权的浪潮，在全球经济中产生了毁灭性的连锁反应——这可比上文提到的食用过多腰果的后果严重得多。在第3章，我们将会讨论公共政策应该如何应对人们的非理性倾向。

约翰·肯尼迪有句名言："生活并不公平。"资本主义在某些重要方面也是如此。资本主义制度好吗？

我会说，市场经济之于经济学，就如同民主之于政府。在众多糟糕的选项中，它是一个最佳的选项，尽管存在缺陷。市场与我们对个人自由的看法是一致的。我们可能会对政府是否应该强制规定骑摩托车时必须戴头盔持不同意见，但我们中的大多数一致认同，国家不应干涉我们选择住在哪里、如何谋生或如何消费。诚然，如果同样的钱本可以用来为几个非洲孩子接种疫苗，我把钱花在给狗狗买生日蛋糕上就并不合理。但是，任何迫使我把钱花在疫苗而非狗狗的生日蛋糕上的制度，都只能通过压迫来维持。

市场符合人类的本性，因此它极为有效地激发了人类潜能。我写这本书，是因为我热爱写作。我写这本书，是因为我相信经济学能让普通读者感兴趣。我写这本书，是因为我的两个孩子马上要上大学了。当我们能从工作中直接受益时，我们就会更加努力工作，而这种努力往往会产生巨大的社会效益。

最后也是最重要的一点，我们完全有能力并且应当运用政府的力量，以各种方式避免市场经济的恶果。对于政府应在何时、以何种方式介入市场经济，以及我们应为那些未被市场经济善待的人提供何种安全保障，理性的人之间可能存在尖锐的分歧。21世纪的经济较量将围绕市场的自由度展开。

2

激励很重要

为什么割掉鼻子可能会保住脸面（如果你是黑犀牛）？

黑犀牛是地球上的濒危物种之一。在非洲南部，黑犀牛的数量从1970年的大约6.5万头锐减至约5 000头。一场生态灾难正在酝酿之中。采用基础经济学的视角，我们可以洞察为何这一物种遭遇了如此巨大的生存挑战，甚至能够得知应该如何应对。

人们为什么要猎杀黑犀牛？其动机与贩卖毒品或偷税漏税一样。尽管面临被抓捕的风险，但猎杀黑犀牛的人可以赚很多钱。在许多亚洲国家，人们认为黑犀牛的角具有显著的壮阳及退热功效。此外，它还被用来制造传统也门弯刀的手柄。因此，在黑市上，一只犀牛角可以卖到3万美元，这在人均年收入仅为约1 000美元且这一数字还在不断下降的国家，无疑是一笔不菲的收入。换句话说，在贫困的非洲南部地区，死后的黑犀牛的价值对人们来说远超其活着的时候。

遗憾的是，这个市场不会自动进行自我矫正。与汽车或个人电脑不同的是，当公司看到黑犀牛的供应量不断减少时，公司无法生产新的黑犀牛。事实上，恰恰相反的力量在发挥作用。随着黑犀牛越来越濒临灭绝，犀牛角在黑市上的价格水涨船高，这进一步刺激了偷猎者猎杀剩余黑犀牛的欲望。这一恶性循环由于另一个普遍存在于众多环保挑战中的情况而变得更错综复杂：大多数黑犀牛是公有财产，而非私有财产。这听起来似乎很好。然而，这带来的保护难题远远超过其解决的问题。试想一下，所有黑犀牛都归一个贪婪的牧场主所有，他毫不犹豫地把犀牛角用于制造也门弯刀。这个牧场主没有一点儿环保意识。事实上，他自私卑鄙，有时还会踢自家的狗，只是因为这样做会让他高兴。这样一个恶魔般的牧场主会让他的犀牛在50年内从6.5万头减少到5 000头吗？绝对不会。他会饲养并保护黑犀牛，这样他就能一直有大量的犀牛角运往市场，就像他管理的牛群一样。这与利他主义没有丝毫关系，而是与稀缺资源价值最大化息息相关。

此外，共有资源也带来了一些独特的问题。首先，生活在这些庞大动物栖息地附近的村民往往难以从它们身上获得利益。相反，犀牛和大象等大型动物会严重损害农作物。如果站在当地村民的角度设想一下，非洲人民突然对北美褐鼠的未来产生了浓厚的兴趣，而保护策略的核心就是允许这些动物在你的居所内繁衍生息。再设想一下，有个偷猎者前来，愿意付钱给你，只为获知那些老鼠在你家地下室的具体藏身之处。大家可以设身处地地想一想。的确，全世界有数百万人从保护黑犀牛或山地大猩猩等物种中受益。但事实上，这也暴露了一个症结所在：人们很容易成为"搭便车者"，坐享他人或其他团体为此付出努力的成果。试问，去年你为保护濒危物种投入了多少时间和金钱呢？

旅游行业从业者及野生动物园经营者通过带领富人观赏珍稀野生动物赚了不少钱。不过，他们同样面临类似的"搭便车"问题。如果一家旅游公司在保护生态环境方面投入巨资，那么未做出类似投资的旅游公司也可以享受犀牛获救带来的所有好处。因此，花钱保护犀牛的公司实际上在市场上处于成本劣势地位。这些公司为了平衡在犀牛保护上的支出，在提供旅游服务时可能不得不提高定价（或者不得不接受更低的利润率）。显然，政府在这种情况下可以发挥作用。然而，在撒哈拉以南非洲地区，政府部门要么缺乏资源，要么饱受腐败和效能低下的困扰。与此同时，偷猎者则有明确且强烈的动机——他们猎杀尚存的犀牛，残忍地锯下犀牛角，借此获取不菲的收益。

这些事实令人颇为沮丧，但经济学至少为我们提供了一些启示，告诉我们如何拯救黑犀牛和其他濒危物种。有效的保护策略必须妥善协调那些生活在黑犀牛自然栖息地及其周边的人群的利益。也就是说，让当地人有理由希望这些动物存活而非消亡。这是新兴生态旅游业发展的前提。如果游客愿意支付高昂的费用去观看并拍摄黑犀牛，更为重要的是，如果当地居民能够以某种形式共享旅游产业创造的利润，当地居民就会有很大的动力确保这些动物存活下去。这样的实践已在哥斯达黎加等地取得成效，哥斯达黎加将超过25%的国土划为国家公园，以保护其热带雨林和其他生态资源。目前，旅游业每年为哥斯达黎加创造超过10亿美元的收入，占其国民收入的11%。[1]

不幸的是，在山地大猩猩这一同样严重濒危的物种上，这种策略却未能发挥效用，这一物种因戴安·弗西的著作《迷雾中的大猩猩》而广为人知。据估计，东非茂密的丛林中只剩下620只山地大猩猩。但是，这片区域内的国家——包括乌干达、卢旺达、布隆迪——相继陷入了一系列内战，旅游业遭受重创。过去，当地居民之所以保护山地大猩猩的栖息地，并非出于对山地大猩猩本身的敬畏，而是因为接待来访游客的收入远远超过砍伐大猩猩栖息的森林获得的木材收益。随着地区冲突的加剧，这种情况已经发生了变化。一个当地人告诉《纽约时报》："只要大猩猩能吸引游客，它们就有价值。一旦没了游客，它们就不再重要。如果游客不来，我们就去森林里碰碰运气。在此之前，我们可是很好的伐木工。"[2]

与此同时，非洲南部国家政府的自然保护官员正在尝试另一种做法，这种做法反映了经济学的基本原则。黑犀牛之所以被猎杀，是因为它们的角能卖出高价。如果它们没有角，人们就没有理由偷猎黑犀牛了。因此，一些官员开始捕捉黑犀牛，锯掉它们的角，然后把它们放回野外。尽管此举使得黑犀牛相较于自然界的掠食者生存能力稍有下降，但至少降低了它们被最致命的敌人——人类猎杀的可能性。这种方法奏效了吗？证据是模棱两可的。在某些情况下，偷猎者出于各种可能的原因继续猎杀没有角的黑犀牛。杀死无角黑犀牛意味着偷猎者无须耗费时间再次追踪同一目标。此外，即使是牛角的残余部分，也可以卖钱。可悲的是，每一只被杀害的黑犀牛，即便是无角黑犀牛，都会进一步加剧该物种的濒危程度，进而推高现存犀牛角的价值。

纳米比亚的做法十分令人意外，为了保护犀牛，该国竟然允许狩猎者射杀犀牛。这个想法并不像听起来那么荒谬（尽管颇具争议）。每年，纳米比亚政府都会拍卖 5 张黑犀牛的狩猎许可证，中标者通常需要为猎杀每头犀牛支付高达 35 万美元左右的费用。所有款项会用于各项保护措施，包括建设社区保护区，在野生黑犀牛的角上植入发射器，以追踪其动向和健康状况，以及加大对偷猎行为的打击力度。拿到狩猎许可证的猎手只能猎杀超过正常繁殖年龄的雄性黑犀牛。正如一位支持者指出的："合法狩猎一头老年黑犀牛可能会使许多其他黑犀牛免遭屠戮。"[3]

所有这些措施只考虑了供求方，忽略了需求方。应该允许濒危物种制品的贸易吗？大多数人会持反对意见。美国等国家将犀牛角匕首列为非法物品，这会降低总体需求，从而减少偷猎者猎杀动物的动机。不过，有一种反对意见也较为可信。政府的一些自然保护官员认为，出售少量已经合法拥有的犀牛角（或象牙）会带来两个好处。首先，这会筹集必要的资金，帮助财政紧张的政府承担反盗猎活动的成本；其次，这会降低此类非法商品的市场价格，从而减少驱动偷猎行为的经济诱因。

与任何复杂的政策问题一样，没有绝对正确的答案，但有些解决问题的方法比其他方法更有成效。问题的关键在于，保护黑犀牛至少既与经济学有关，也与科学有关。我们已经掌握了黑犀牛的繁殖习性、食物来源及生活环境等方面的知识。我们需要弄清楚的是如何阻止某些人射杀它们。这就要求我们了解人类的行为方式，而不是黑犀牛的行为方式。

激励很重要。如果我们拿的是佣金，我们就会更努力地工作；如果油价上涨，我们就会减少驾车出行；如果我给学生布置阅读测验，他们就会更愿意投身于阅读之中。这一观察源自亚当·斯密在《国富论》中提出的见解："我们的晚餐不是来自屠夫、酿酒商人或面包师的仁慈之心，而是来自他们的自利之心。"比尔·盖茨从哈佛大学辍学并不是为了参加美国和平队，而是为了创办微软公司。此举不仅使他成为世界上最富有的人之一，更引发了一场个人计算机革命，从而改善了全人类的生活品质。自利推动世界运转，这一点似乎再明显不过了，却往往被人们忽视。"各尽所能，各取所需"这句古老的口号仿佛一首美妙的民谣，但作为一种经济制度，它却导致了从效率低下到大规模饥荒等一切后果。在任何不依赖市场的制度中，个人激励通常与生产力脱节。公司和员工不会因为创新和辛勤工作得到奖励，也不会因为懒惰和低效受到惩罚。

情势究竟能糟糕到什么程度？经济学家认为，在柏林墙倒塌之前，部分民主德国汽车厂实际上在破坏价值。由于生产流程效率低下，最终产品质量低劣，这些工厂生产的汽车的价值还不及生产汽车的投入成本。基本上，这些工厂的工人做的事情是把上好的钢材毁了，在诸如印度等名义上实行资本主义制度，但仍保有大量国有和国营经济部门的国家，也可能存在此类低效现象。到1991年，印度斯坦化肥公司已经成立并运行了12年之久。[4]每天都有1 200名员工怀着生产化肥的共同目标去上班，但有一个小问题：这家工厂从未生产出任何可供销售的化肥，完全没有。印度政府官僚用公款管理工厂，安装的机器从未正常运转。尽管如此，每天仍有1 200名工人前来上班，印度政府也一如既往地支付他们薪水。整个工厂就是一个工业骗局。它之所以能够苟延残喘，是因为没有任何机制迫使它停产。当印度政府源源不断地为其注资时，这家工厂就没有必要去生产和销售高于生产成本的商品了。

在美国，人们对两大与能源相关的问题感到手足无措：一是对外国石油的依赖，二是二氧化碳排放对环境的影响。在经济学家眼中，解决这两个相互关联的问题的方法再简单不过了：提高碳基能源的价格。如果成本增加，人们就会减少使用，从而减少污染。在我的童年记忆中，父亲对环境保护并不热衷，却深谙节约之道。他会在家中四处巡视，确保壁橱门紧闭，并告诫我们，他不会把钱浪费在给壁橱吹冷气上。

美国教育领域有一个引人注目的现象，与激励机制有关：美国教师的工资与绩效没有任何关系。教师工会一贯反对任何形式的绩效工资。事实上，在美国几乎所有的公立学校，教师工资都遵循一套严格依据教龄和工作经验设计的固定公式来计算，研究人员发现，这些因素通常与教学质量无关。这种统一的薪酬标准催生了一套激励机制，经济学家称之为"逆向选择"。由于那些最有才华的教师也可能擅长其他工作，因此他们有强烈的动机离开教育行业，转而从事薪酬与工作效率联系更紧密的职业。而对最没有天赋的教师来说，激励效果正好相反。

这个观点很有意思，数据则更为惊人。如果用考试成绩来衡量能力，那么智力超群者在任何时候都会避免成为教师。那些最聪慧的学生最不可能选择教育专业作为大学专业。在主修教育专业的学生中，考试分数较高的学生不太可能投身教育事业。而在已经进入教师队伍的人中，考试成绩名列前茅者也最有可能早早地离开教育行业。这一切都说明美国教师的工资不够高。他们中的许多人并没有得到足够的报酬，尤其是那些因为热爱教学而选择留在教师队伍中的有天赋的人。但总体问题依然存在：任何对所有教师一视同仁的薪酬制度都会极大地激励他们中最有才华的人从事其他行业。

写到这里，我要指出一点：金钱作为一种激励手段并非万能良药，有时甚至是无效的。哈佛大学经济学家罗兰·弗赖尔在美国多所学校开展了数百次实验，旨在验证向学生提供经济奖励是否会让他们有更好的学业表现（如考试分数或等级更高）。例如，芝加哥的9年级学生如果取得显著进步，最高可获得2 000美元的奖励。这样做有效吗？完全没有。有可能获得奖励的学生和没有奖励机制的对照组学生在成绩上没有任何差别。

弗赖尔认为，学生不知道如何提高自己的成绩，因此给予他们现金让他们做得更好并不能产生有意义的行为改变。在另一项实验中，二年级的学生每读一本书，可以得到2美元。这种对投入（也就是学生可以直接掌控的东西）的奖励，确实改变了学生的行为，并最终提高了他们的成绩（尽管这并不是学生奖励机制的初衷）。[5] 与此同时，对做出不良行为的人进行罚款可能会导致他们做出更恶劣的行为。以色列有几位经济学家曾做过这样一个实验：把孩子放在托儿所的父母，如果在接孩子时迟到10分钟以上就会被罚款。结果，迟到的家长数量反而增加了一倍多。对此现象最好的解释是，罚款消除了迟到带来的羞耻感，取而代之的是"价格"。家长会更心安理得地让孩子在托儿所多待一会儿，因为家长会为此付钱。[6]

人类作为复杂的生物，总会竭尽全力让自己过得更好。预料事情会如何发展有时很容易，有时却错综复杂。经济学家经常提及"逆向激励"的概念，即当人们开始采取某些新举措时，可能会在无意中产生的激励。在政策领域，这种情况有时被称为"意外后果定律"。让我们看看这项善意的提案：要求所有婴幼儿在乘坐商业航班时都必须坐在安全座椅上。在克林顿执政期间，美国联邦航空管理局局长简·加维在一次安全会议上表示，该局致力于"确保儿童在飞机上享有与成人同等的安全保障"。美国国家运输安全委员会时任主席詹姆斯·霍尔也曾感慨，在飞机起飞时，行李都必须被固定妥当，而"飞机上最珍贵的货物——婴幼儿却未能得到任何有效的安全保障"[7]。加维和霍尔援引了几起案例，其中婴儿若能被有效束缚，他们本可能从坠机事故中幸存。因此，在飞机上为儿童提供安全座椅可以避免伤害，挽救生命。

果真如此吗？在飞机上使用安全座椅意味着婴幼儿的家人需要多买一

个座位,这会大大增加其出行成本。航空公司不再提供大幅度的儿童票价折扣。一个座位就是一个座位,这可能会导致家长至少多花几百美元。因此,有些家庭会选择开车而不是坐飞机出行。然而,即使有汽车安全座椅,开车也比乘飞机危险得多。因此,要求在飞机上使用安全座椅非但不能减少儿童(和成人)伤亡,反而可能导致更多不幸发生。

我们再看一个因未能充分预见激励效应而弄巧成拙的例子。墨西哥城是世界上污染最严重的城市之一,周围的山脉和火山将污浊的空气困在城市上空,《纽约时报》曾将污浊的空气形容为"像布丁一样的灰黄色污染物"[8]。从1989年开始,当地政府启动了一项计划,专门治理这种污染,这种污染大部分是由汽车和卡车排放的尾气造成的。一项新法律规定,所有车辆每周限行一天(比如,车牌尾号是某个数字的车辆周二禁止上路)。该计划的逻辑很简单:路上的车越少,空气污染程度越低。

结果到底如何呢?正如人们预料的那样,许多人并不喜欢限行所带来的不便。分析人士本应预料到他们的反应,实际却没有。具备经济实力的家庭选择购买第二辆车,在购置新车的同时保留旧车,以便每天都能有一辆车可供出行。事实证明,这比不采取任何政策更不利于防治污染,这项政策的最终结果是路上有了更多而不是更少的污染车辆。随后的研究发现,总体耗油量增加了,空气质量却没有任何改善。后来,这项政策被取消,当地政府转而实行强制性尾气排放测试。[9]

好的政策会利用激励措施达到某种积极目的。伦敦市政府就运用市场逻辑解决了交通拥堵问题:提高高峰时段驾车出行的成本。从2003年起,伦敦市政府开始向所有在上午7点至下午6点30分之间驶入市中心8平方英里①范围内的车辆征收5英镑的拥堵费。[10] 2005年,拥堵费上调至8

---

① 1平方英里≈2.59平方千米。——编者注

英镑。2007年，伦敦市政府进一步扩大了收费区域的覆盖范围。驾驶者有责任通过电话、互联网或在指定零售网点缴费。伦敦市政府在约700个地点安装了视频摄像头，用于扫描车牌，并将数据与已缴费驾驶者的记录进行匹配。在伦敦市中心驾车而未缴纳拥堵费的驾驶者将被处以80英镑的罚款。

该政策旨在利用市场的一个最基本特征：价格上涨会抑制需求。提高驾车出行的成本会使一部分人重新考虑出行方式，从而改善交通流量。专家还预测公共交通工具的使用量会增加，这不仅因为乘坐公共交通工具作为替代出行方式更经济实惠，还因为公交车能更快地通过伦敦市中心。（更快的行车速度降低了乘坐公交车的机会成本。）不到一个月，效果立竿见影。交通流量骤减20%（几年后稳定在15%左右）。拥堵区的平均车速翻了一番；公交车的延误时间减少了一半；公交车乘客数量增加了14%。唯一不好的一点是，该政策对驾车出行的阻遏效应太大，以至于收费总额低于预期。[11] 零售商也抱怨说，这项收费措施阻碍了消费者前往伦敦市中心购物。

良好的政策善于运用激励机制引导行为朝着预期的目标发展，而拙劣的政策要么忽略了激励机制的作用，要么未能预见理性个体可能会改变自身行为以避免受到惩罚。

当然，私营部门的神奇之处在于，激励机制会以一种巧妙的方式相互协调，从而使每个人都过得更好。这句话对吗？不完全对。从上到下，美国企业界仿佛一个污水池，充斥着相互竞争和错位的激励机制。你见过快餐店收银台旁边的标语吗？"若未收到收据，本单免费，请联系经理。"这难道是因为汉堡王出于热心帮你完善家庭财务记录吗？当然不是。汉堡王不希望员工偷窃，员工偷窃而不被察觉的唯一方法就是在收银机没有记录的情况下进行交易——在不打印收据的情况下卖给你汉堡和薯条，然后将现金收入囊中。这就是经济学家所说的"委托–代理问题"。委托人（汉堡王）聘请的代理人（收银员）有动机做很多不一定符合公司最佳利益的事情。汉堡王可以投入大量时间和金钱监控员工的偷窃行为，也可以提供一个激励机制，让你替他们做。收银机旁的小牌子就是一个巧妙的管理工具。

委托－代理问题贯穿于美国各大公司的高层和基层，这在很大程度上是因为经营美国大公司的代理人（首席执行官和其他高管）未必是企业的所有者，即公司的委托人（股东）。我持有星巴克的股份，但我甚至不知道星巴克公司首席执行官叫什么名字。我怎么能确保这位高管的行为符合我的最大利益呢？事实上，有大量证据表明，公司管理者与汉堡王的收银员没有什么不同——他们的某些动机并不总是符合公司的最佳利益。他们可能会乘坐私人飞机出行，用公款为自己办理乡村俱乐部会员，这与收银员的偷窃行为别无二致。又或者，他们做出的战略决策会使自己受益，而非造福股东。举个例子，令人震惊的是，2/3 的公司合并其实没有为合并后的公司增加价值，1/3 的合并案例直接导致了股东财富缩水。为什么那些极具智慧的首席执行官会如此频繁地采取从财务上看似毫无意义的举措呢？

经济学家认为，部分原因在于，即使股东蒙受损失，首席执行官也能从公司合并中获益。首席执行官通过策划复杂的公司交易吸引大量关注。他将掌舵一家规模更大的公司，而这家新公司大概率更有声望，即使其盈利能力不如合并前独立运营的公司。更大的公司意味着首席执行官的办公室更宽敞，薪水更高，可以乘坐更奢华的飞机出行。然而，有些并购案例具有完美的战略意义。身为一个持有大量股份却不了解公司运作的股东，我如何分辨其中的差异呢？如果我连星巴克首席执行官的名字都不知道，我怎么能确定他是不是大部分工作时间都在办公室里追求迷人的秘书呢？不得不说，这比在汉堡王当经理还难。

曾经有段时间，睿智的经济学家认为股票期权就是解决之道。他们认为，股票期权对于首席执行官，犹如快餐店收银台旁边那句询问你是否收到收据的提示语。在美国，大多数首席执行官和其他重要高管的薪酬构成中，很大一部分为股票期权。这些期权允许接受者未来以预先设定的价格（比如10美元）购买公司的股票。如果公司利润丰厚，股价表现出色，比如涨到每股57美元，这些股票期权的价值就会很高。（能够在公开市场以每股57美元高价出售原本仅需10美元购入的股票，无疑是一件好事。）反之，如果公司股价跌至每股7美元，期权就会失去价值。如果你能在公开市场上以低于每股3美元的价格买入这些股票，就没有必要为每股股票花10美元了。采用这种薪酬方案的目的是使首席执行官的动机与股东的利益保持一致。如果股价上涨，首席执行官就可以实现财富增值，股东也会赚得盆满钵满。

事实证明，如同收银员可以找到新的方法从收银台盗取财物一样，老练的首席执行官也能找到操纵股票期权的途径。在本书第一版问世之前，我请美联储前主席保罗·沃尔克审阅，因为我曾上过他主讲的课程。沃尔克读完后，说他很喜欢这本书。但他指出，我不应该把股票期权描绘为协调股东和管理层利益的工具，因为它是"魔鬼的工具"。

保罗·沃尔克是对的。我犯了一个错误，期权的潜在问题在于，高管可能会采取一些旨在短期内提振股价的操作，然而这些举措从长远来看，很可能对公司是不利的，甚至是灾难性的。所谓的"长远"，是指首席执行官卖出数以万计的期权获得巨额收益之后。哈佛商学院教授迈克尔·詹森一直致力于研究管理激励机制的问题，他的观点比保罗·沃尔克的观点更直白。詹森将期权比喻为"管理层的海洛因"，因为期权会激励管理者追求短期利益，同时造成巨大的长期损失。[12] 研究发现，那些大规模授予管理者期权的公司更有可能存在会计舞弊行为，也更有可能拖欠债务。[13]

与此同时，首席执行官（无论是否有期权）同样面临监管难题。雷曼兄弟和贝尔斯登等投资银行的倒闭，正是由于员工冒险行事，置公司利益于不顾。这个原因在金融危机的因果链中扮演了关键一环。华尔街便是这样一个地方，一个严重问题在这里会升级为一场灾难。全国各地的银行之所以能够用不计后果的贷款助长房地产泡沫,是因为它们可以迅速将这些贷款打包,或者"证券化",然后将其出售给投资者。(银行将你的抵押贷款、我的抵押贷款以及其他许多人的抵押贷款捆绑在一起,然后将其出售给愿意立刻支付现金以获取未来收入的买方。买方未来收入的来源就是我们每月的还款。)在负责任的情况下,这样做本质上并无不当之处。银行可以立即收回资本,然后用其发放新的贷款。但是,如果把"负责任"这个词从这句话中去掉,这种做法就是有害的。

2009年,国际货币基金组织前首席经济学家西蒙·约翰逊在《大西洋月刊》发表了一篇深度剖析金融危机的精彩文章。他指出:"在过去10年间,大型商业银行、投资银行,以及与之并肩而立的对冲基金,成为房地产市场和股票市场双重泡沫的最大受益者。它们的利润源自持续膨胀的交易活动,这些交易建立在相对少量的实体资产之上。每当一笔贷款被出售、打包、证券化和转售时,银行都会从中收取交易费用,购买这些证券的对冲基金则会随着所持资产规模的增长而不断增加收入。"[14]

每笔交易都蕴含一定的风险。问题在于,银行家在买卖那些后来被称为"有毒资产"的产品时赚取了巨额佣金,但他们并没有承担这些产品的全部风险。承担风险的是他们所在的公司。当成功时,个人赢得丰厚回报;当失败时,公司承受巨大损失。对此,雷曼兄弟公司的破产就是一个贴切的写照。诚然,雷曼兄弟公司的员工失去了工作,但那些对公司倒闭负最大责任的个人却不必退还他们在繁荣时期赚取的巨额奖金。

还有一个罪魁祸首值得一提,激励措施不协调也是一个关键问题。标准普尔、穆迪等信用评级机构本应是评估这些新产品风险的独立权威机构。然而,处于金融危机核心的许多"有毒资产"之前都获得了极高的信用评级。部分原因是这些机构的无能。另外,信用评级机构的报酬实际上是由那些售卖被评级债券或证券的公司提供的。这就有点儿像二手车销售人员付钱给估价师,让他站在卖场周围为顾客提供有用的建议。"喂,鲍勃，你怎么不来告诉一下顾客这笔交易划不划算呢？"你觉得这种建议有用吗？

据我所知，这些有关公司激励机制的问题尚未得到解决，无论是对上市公司的高管人员，还是对其他利用公司资本进行风险投资的员工而言都是如此。其中存在难以解决的根本矛盾。一方面，公司需要奖励那些具有创新性、勇于承担风险、展现独特洞见和付出艰辛努力的行为。这些要素有利于公司的发展，表现优秀的员工应该得到丰厚的报酬，在某些情况下甚至是巨额的报酬。另一方面，从事复杂业务（比如设计新的金融产品）的员工总是比他们的上司掌握更多的业务信息，而他们的上司又比股东掌握更多信息。我们面临的挑战是，既要对良好业绩予以奖励，又要防止员工操纵激励机制，损害公司的长远利益。

并非只有大型公司才需要处理委托-代理问题。在很多情况下，我们必须聘请一个动机虽与我们相近却不尽相同的人，而"相似"与"相同"之间的微妙差异会产生很大的影响。以房地产经纪人为例，他们是一个特殊的狡猾群体，无论你是买方还是卖方，他们都声称以你的最大利益为重，但其实并非如此。让我们先看看你作为买方的场景。经纪人热情地带你看了很多房源，最终你找到了心仪的房子。至此，一切都很顺利。现在是与卖方就购房价格讨价还价的时候了。此时，经纪人通常担当起首席顾问的角色。值得注意的是，经纪人会根据最终成交价赚取一定比例的佣金。你愿意付的价格越高，经纪人赚的钱就越多，整个交易流程也会越快结束。

作为卖方也会面临一定的问题，不过比较隐蔽。你的房子售价越高，经纪人获得的佣金就越多。这是件好事。然而，激励机制仍不完全一致。假设你要出售一套价值30万美元的房子，你的经纪人可以挂牌28万美元，并在20分钟内卖出。你的经纪人还可以挂牌32万美元，等待真正喜欢这套房子的买家。对你而言，房子定价较高给你带来的好处十分可观，即增加了4万美元。不过，你的房地产经纪人可能会有不同的看法。高价挂牌意味着要花更长的时间带人看房子，举办开放日，还要烤饼干让房子里有一种香香的气味。换句话说，经纪人的工作量大大增加。假设佣金比率为3%，那么你的经纪人可以轻松赚8 400美元，也可以经过几周的努力只赚9 600美元。你会选择哪个？无论你是买方还是卖方，经纪人最大的动力都是促成交易，无论价格是否对你有利。

经济学教我们如何正确地设置激励机制。正如在电影《华尔街》中戈登·盖柯告诉我们的那样，贪婪是好的，所以要确保贪婪为你所用。然而，盖柯的说法并不完全正确。贪婪可能会带来负面效应，即使对完全自私的人来说也是如此。事实上，经济学中一些最有趣的问题恰好围绕着这样的情境展开：理性的个体为了自己的最大利益，做出了对其不利的事情。然而，他们的行为完全合乎逻辑。

最经典的例子就是"囚徒困境"，它是一个人为构思但却极具说服力的人类行为模型。其基本思想是：两名嫌疑人因涉嫌一起谋杀案被捕，迅速被隔离审讯，彼此无法沟通。警方掌握的证据并不充分，因而寄希望于获取二人的口供。事实上，如果其中一人供出另一人是凶手，警方愿意从宽处理招供者。

如果两人都不招供，那么两人将被以非法持有武器罪起诉，可被判处5年监禁。如果两人都招供，那么每个人都将被以谋杀罪判处25年监禁。如果一人告发另一人，那么告发者将作为共犯被判3年，而他的同伙将被判终身监禁。结果如何呢？

如果他们拒不招供，对二人来说结果是最好的，但他们并没有这么做。两个人都开始思考。囚犯A认为，如果他的同伙守口如瓶，他就可以通过告发他而获得3年的轻判。紧接着，他意识到他的同伙肯定也是这么想的——如果是这样，那么他最好还是招供，以免独自承担所有罪责。事实上，他的最佳策略是不管同伙做什么，他都招供：要么被判3年监禁（如果他的同伙保持沉默），要么免于终身监禁（如果他的同伙招供）。

当然，囚犯 B 拥有同样的动机。他们都选择坦白，结果双双被判入狱 25 年，而原本他们可能只需服刑 5 年。尽管如此，这两名囚犯并未做出任何非理性的举动。

这个模型的奇妙之处在于，它深刻剖析了在现实世界中不受约束地追求自我利益导致不利后果的情况。这一点尤其体现在可再生自然资源（例如渔业资源）的开采方式上，此时许多人共享资源。以大西洋箭鱼为例，倘若采用明智的捕捞方式，比如限制每个季节的捕捞数量，那么箭鱼数量将保持稳定甚至增长，从而无限期地为渔民提供生计来源。但是，没有人是全球箭鱼的"主人"，因此很难监管谁捕捞了什么。故此，独立渔民的行为就如同上文中被审讯的囚犯一样。他们要么以保护资源的名义限制捕获，要么尽可能多地捕鱼。结果如何呢？

结果恰好体现了囚徒困境预见的情形：渔民相互之间缺乏信任，无法协调一个能够在整体上提升各自利益的行为方式。罗德岛渔民约翰·索里安在《纽约时报》一篇有关渔业资源减少的报道中表示："现在，我唯一的动力就是出海捕捞尽可能多的鱼。我没有动力去保护渔业资源，因为我留下的任何一条鱼都会被下一个人捕捞。"[15] 正因如此，全球范围内的金枪鱼、鳕鱼、箭鱼和龙虾都被过度捕捞。与此同时，政府官员往往通过发放各种补贴来缓解渔民的困苦处境，这反而加剧了问题，因为这些补贴实际上鼓励了部分本可能停止捕捞活动的渔船继续在海上作业。

有时，人们需要避免因短视行为而自食恶果。澳大利亚南部海岸的林肯港龙虾养殖社区就是一个很好的例子。20 世纪 60 年代，该社区实施了一项规定，对可设立的捕龙虾网数量设定了上限，并开始出售捕捞网的许可证。自此以后，有意涉足渔业的新人唯有通过从现有龙虾捕捞者手中购买许可证才能进入市场。这种对总捕捞量的限制使得龙虾数量得以健康增长。颇具讽刺意味的是，林肯港的龙虾捕捞者不仅捕获量超过美国同行，而且工作时间更短。与此同时，1984 年以 2 000 美元购买的许可证现在可以卖大约 3.5 万美元。澳大利亚龙虾养殖户达里尔·斯宾塞对《泰晤士报》记者说："为什么要过度捕捞呢？这是我的退休保障。如果龙虾没了，那么没人会支付我 3.5 万美元。如果我现在过度捕捞，那么 10 年后我的许可证将变得一文不值。"斯宾塞先生并不比世界各地的捕鱼者更聪明或更无私，他只是有不同的动机。奇怪的是，一些环保组织反对这种许可配额制度，因为它将公共资源"私有化"。他们还担心这些许可证会被大公司买走，从而使小渔民破产。

迄今为止，已有确凿证据表明，确立私有产权——赋予渔民一定捕捞量的权利，包括出售这一权利的选择权——是应对商业渔业危机最有效的工具。2008 年，《科学》杂志发表了一项关于世界商业渔业的研究。这项研究发现，个人可转让配额制度可以防止甚至扭转渔业资源的衰竭态势。采用可转让配额管理制度的渔业发生崩溃的可能性，仅为那些沿用传统管理模式渔业的 50%。[16]

关于激励机制，还有两点值得注意。首先，市场经济激励人们努力工作，不断进步，原因不仅仅在于它奖励成功者，也在于它淘汰落后者。20 世纪 90 年代是进入互联网行业工作的大好时机。不过，对于涉足电动打字机业务的人来说，20 世纪 90 年代意味着艰难的时刻。亚当·斯密的"看不见的手"隐含着"创造性破坏"的思想，这个词是奥地利经济学家约瑟夫·熊彼特创造的。市场不会迁就傻瓜。以沃尔玛为例，这个高效零售巨头的存在往往意味着诸多小商铺的灭亡。美国消费者热衷于在沃尔玛消费，因为它提供种类繁多、价格低廉的商品。这是件好事。能买到更便宜的商品，本质上就等同于有更多的收入。然而，对伊利诺伊州北京市"艾尔玻璃五金店"以及其他地方的小商店而言，沃尔玛如同终极噩梦。有一种模式已然形成：沃尔玛在城市周边开设一家大型购物中心，几年之后，城市主街上的小店就会纷纷关门歇业。

资本主义可能是一种残酷无情的制度。市场激发的创新对失败者来说可能是毁灭性的。回顾过去，当时的大多数人对蒸汽机、纺车和电话等技术突破赞叹不已。然而，这些进步同时令当时的铁匠、裁缝、电报员陷入了困境。创造性破坏不是仅可能在市场经济中发生的事情，而是必然发生的事情。20世纪初，50%的美国人从事种植或畜牧。[17]这一比例已锐减至1%，而且还在下降。（艾奥瓦州每年仍有大约1 500名农民转行。）值得注意的是，有两件重要的事情并没有发生：（1）美国人没有饿死；（2）美国没有49%的失业率。相反，美国农民的生产力得到了极大提升，以至于美国只需很少的农民就能满足全国的食物供应需求。90年前可能要从事农业生产的人，现在可能在修车、设计电脑游戏、打职业橄榄球等。试想一下，如果杰夫·贝索斯、史蒂文·斯皮尔伯格和奥普拉·温弗瑞都是玉米种植者，我们的集体效用会有多大损失。

  从长远来看，创造性破坏是一种巨大的积极力量。坏消息是，这股力量会让一些人在很长时间内无法维持之前的生活水平。抵押贷款机构的人可能会非常苛刻地要求每个月都收到还款。当一家工厂倒闭或一个行业在竞争中被淘汰时，受影响的工人和社区可能需要数年乃至整整一代人的时间才能恢复。任何开车经过新英格兰的人都会看到那些被废弃或利用率低下的工厂，它们如同矗立的丰碑，见证了美国曾一度繁荣的纺织品业和鞋类制造业。同样，驱车穿越印第安纳州的加里市，绵延数英里锈迹斑斑的钢铁厂提醒人们，这座城市并不总是以人口与谋杀案数量比例超过全美其他任何城市而出名。2016年唐纳德·特朗普当选美国总统在一定程度上表达了愤怒选民的抗议，他们认为全球化竞争正将他们抛在后面。

  竞争意味着会有失败者，这在很大程度上解释了为什么我们在理论上强力拥护竞争，在实践中却常常与之激烈抗争。我有一个大学同学，毕业不久后开始为密歇根州的一个国会议员工作。我的朋友不能开他的日本车去上班，以免在将车停在密歇根州议员专属停车位上时被人发现。那个议员几乎肯定会告诉你，他是市场经济的拥护者。他当然相信市场——除非日本的公司碰巧生产出更好、更便宜的汽车，在这种情况下，购买这类汽车的工作人员就应该被迫改乘火车上班。（我认为，如果美国汽车制造商在20世纪70年代和80年代面对第一波日本汽车进口潮时选择直面市场竞争而非寻求政策庇护，那么从长远来看，它们会变得更加强大。）这并不新鲜，有其他人参与的竞争总是最好的。在工业革命时期，英国乡村的纺织工人为了抵制机械化而举行示威，向议会请愿，甚至烧毁纺织厂。如果他们成功了，我们到现在都用手工制衣，那么我们现在的生活会更好吗？

如果你的工厂生产出了更好的捕鼠器，全世界的需求就会蜂拥而至；如果你的工厂还在生产旧的捕鼠器，你就应该开始裁员了。这有助于解释我们对国际贸易和全球化，对沃尔玛这样冷酷无情的零售商，甚至对某些技术和自动化的矛盾态度。竞争也催生了一些有趣的政策权衡。政府不可避免地面临压力，既要帮助那些受到竞争冲击的公司和行业，又要保护受到影响的工人。然而，许多旨在将竞争带来的痛苦降到最少的做法，比如救助公司或限制公司裁员，往往会减缓或阻止创造性破坏的进程。正如我的初中足球教练常说的一句话："没有付出，就没有收获。"

与激励措施有关的另一个问题使公共政策变得极为复杂：实现财富从富裕阶层向贫困阶层的转移并非易事。尽管政府可以通过立法实施这种转移，但富有的纳税人不会袖手旁观。他们会改变自己的行为，最大限度地减少纳税额——比如把钱转移到其他地方，通过投资掩盖收入，或者在极端情况下，搬到另一个司法管辖区。我小时候，即比约恩·博格称霸网球界的那个时代，瑞典政府对其个人所得以极高的税率征税。博格没有游说瑞典政府降低税率，也没有就税收在经济中的作用撰写热情洋溢的专栏文章。他只是把住所迁到了税率更低的摩纳哥。

至少，他还活跃在网球场上。税收为人们避免或减少被征税的活动提供了强有力的激励。在美国，国家的大部分收入来自所得税。高税收会抑制人们获得收入吗？人们真的会因为税率而停止或开始工作吗？就美国的情况而言，答案是肯定的，尤其对家庭的第二收入者而言。《彭博资讯》撰稿人、《纽约时报》前经济专栏作家弗吉尼娅·波斯特莱尔表示，税率是一个女权主义问题。由于"婚姻税"的存在，在美国收入较高的家庭中，第二收入者（更有可能是女性）平均每赚取 1 美元就要缴纳 50 美分的税款，这对她们选择工作还是留在家中产生了重大影响。她写道："现行的税收制度对已婚女性的工作惩罚过重，扭曲了女性的个人选择。它阻碍人们从事有价值的工作，从而降低了我们的整体生活水平。"弗吉尼娅提供了一些有趣的证据。1986 年的美国税制改革导致了高收入阶层女性的边际税率相较于低收入女性下降得更为显著，这意味着美国政府从她们每份薪水中扣除的金额下降得更快。她们的反应是否不同于那些没有获得同等程度税收减免的女性呢？是的，她们的劳动力参与率跃升了 3 倍。[18]

在公司方面，高税收也会产生类似的影响。高税率会降低公司的投资收益率，从而削弱公司投资厂房、研究和其他有助于经济增长的活动的动力。我们又一次面临一个两难的取舍：提高税率虽然可以为处于不利地位的人提供优厚福利，但也会阻碍那些原本能够改善他们生活的生产性投资。

当税率高到一定程度时，个人和公司可能会转入"地下经济"，选择使用非法手段彻底逃避税收。斯堪的纳维亚国家凭借高水平的边际税率支撑起了慷慨的政府项目，然而这一举措也促进了黑市经济规模的大幅增长。据专家估计，挪威地下经济占挪威国民生产总值的比例从 1960 年的 1.5%一路攀升至 20 世纪 90 年代中期的 18%。偷税漏税可能会造就一个恶性循环。随着越来越多的个人和公司转入地下经济，为了维持相同水平的政府收入，剩余纳税人的税率必须提高。更高的税率反过来又会导致更多的人逃往地下经济，如此循环往复。[19]

将财富从富裕阶层向贫困阶层转移的挑战不仅仅在于税收方面，政府福利也会产生逆向激励。丰厚的失业救济金会削弱人们找工作的积极性。在1996年进行改革之前，美国的福利政策规定只向无业的单身母亲提供现金补贴，这实际上是对那些已婚或有工作的贫困女性的惩罚——美国政府一般不会试图阻止结婚和就业。

这并不是说所有的政府福利都给了穷人，实际情况并非如此。美国规模最大的联邦应得权益计划——社会保障计划和医疗保险计划覆盖了所有美国人，包括极为富有的人。这两项计划为老年人提供福利保障，可能会阻碍个人储蓄的积极性。事实上，经济学家对这两项计划长期以来争论不休。有些经济学家认为，政府提供的老年福利会导致美国人减少储蓄（从而拉低国民储蓄率），因为美国人不必为退休储蓄过多资金。另一些经济学家则认为，社会保障和医疗保险不会减少美国人的个人储蓄，只会让美国人把更多的钱留给子孙后代。对此，实证研究并没有找到明确的答案。这不仅是学术界的深奥争论。正如我将在本书后面探讨的那样，低储蓄率会缩小可用于投资的资金池，而这些投资有助于提高人们的生活水平。

这些论述不应被解读为全盘否定税收或政府项目的依据。相反，经济学家会比政治家花更多时间来思考应该征收何种税，以及应该如何构建政府福利。举例来说，燃油税和所得税都能带来财政收入。然而，两者在激励效果上大相径庭。所得税会阻碍一些人工作，这是件坏事。燃油税会阻碍一些人开车，这可能是件好事。事实上，"绿色税"通过对危害环境的行为征税来增加财政收入，"罪恶税"则是对烟、酒和赌博等活动征税。

一般来说，经济学家倾向于推崇简单、公平和广泛的税种。简单的税种便于公众理解，也方便实际征缴；公平的税种是指相似条件的个体，例如收入相当的人，应当承担相近的税负；广泛的税种是指通过向广大群体适度征税而非向少数群体大幅度征税来增加财政收入。广泛的税种更难被逃避，因为免税的活动较少，而且由于税率较低，逃税的动机也较小。例如，政府不应该对红色跑车征收过高的税款，因为消费者只需选择购买其他颜色的跑车就可以轻松合法地避开这笔税款。政府因此未能收到税收，跑车爱好者也无法选择他们最喜欢的颜色。这种现象被称为"无谓损失"，即税收不仅降低了个体福祉，而且未能惠及他人。

最好是对所有跑车甚至所有汽车征税，因为这样可以借助设定较低税率创造更多的财政收入。此外，燃油税与新车购置税一样，都是向驾驶者收取的，也是节约燃料的激励措施。汽车行驶里程越长，所需支付的税额越高。这样一来，政府现在只需按照较低比率征税，就能大幅增加财政收入，而且能为保护环境做出一定的贡献。许多经济学家进一步主张：政府应该对煤炭、石油和汽油等各种碳基燃料的消耗征税。这种税不仅能在较大范围内增加国家财政收入，而且能为人们保护不可再生资源和减少导致全球变暖的二氧化碳排放提供动力。

遗憾的是，这一思考过程并没有让我们找到最佳税种。我们只是把一个问题换成了另一个问题。对红色跑车征税，只有富人才会缴纳。推行碳税虽然会让富人和穷人都缴纳税款，但穷人缴纳的税款在其总收入中占比可能更大。相较于富人，累退税给穷人带来的纳税负担更重，这通常与人们的公平观念相悖。（相比之下，所得税等累进税对富人的影响通常大于对穷人的影响。）同样，经济学在此处并没有给我们一个"正确答案"，只提供了一个用于思考重要问题的分析框架。事实上，最有效的税收形式是完全简单、公平和广泛的（此处公平取与税收相关的狭义上的意义），即在某一司法管辖区向所有人统一征收一次总付税。英国前首相玛格丽特·撒切尔曾在1989年尝试征收社区费，又称"人头税"。结果呢？每个英国成年人无论收入或财产多寡都要为当地社区服务缴纳相同的税款（尽管对学生、穷人和失业者有所减免），这一做法引发了英国民众的不满，英国街头骚乱四起。显然，从经济学角度看似合理的措施并不总会转化为良好的政治实践。

同时，并非所有的福利都是平等的。近年来，EITC（低收入家庭福利优惠）成为美国最重要的扶贫手段之一。数十年来，美国经济学家一直在倡导这一理念，因为它创造了一套远比传统社会福利计划更好的激励机制。大多数社会福利项目惠及的都是不工作的人，EITC 恰恰相反，它利用所得税制度对低收入工人进行补贴，从而将他们的总收入提高到贫困线以上。一个年薪 1.1 万美元的工人，如果要养活一家 4 口，就可以通过 EITC 和配套的州级项目额外获得 8 000 美元。这样做的目的是"让工作得到回报"。事实上，这项制度为个人进入劳动力市场提供了强大的激励，鼓励他们在工作中提升技能，逐步迈向薪酬更高的职位。当然，EITC 也存在一个明显的问题。与福利不同，它无法帮助那些根本找不到工作的美国人，而实际上，这些人恰恰可能是最绝望的人。

多年前，当我申请研究生时，我曾经写过一篇文章，表达了我的困惑：在一个有能力将人类送上月球的国家中，为何仍有国民露宿街头。这个问题未被解决的部分原因在于政治意愿。如果美国将解决这一问题上升为国家紧急任务，很多流浪者明天就可以拥有栖身之所。但我也意识到，美国国家航空航天局的任务目标相对较为简单。火箭遵循不变的物理定律。人们知道月球在特定时间的位置，可以精确计算航天器进入或离开地球轨道的速度。只要方程算对了，火箭就会按预定轨迹精准抵达目的地，始终如一。然而，人类的复杂性远超于此。阿片类物质成瘾者的行为不像火箭在轨道上那样可以预测。我们尚无一套适用于说服 16 岁少年不辍学的固定法则。不过，我们拥有一个强大的工具：我们知道，每个人都在努力让自己过得更好，无论他们对"更好"有怎样的界定。我们提升人类生活质量的最大希望就在于深入理解人类行为背后的原因，并据此制订相应的计划。当计划、组织和制度设定的激励机制得当，它们就能更好地发挥作用，如同顺水行舟一般。

3

政府与经济（一）
政府是你的朋友（为所有律师鼓掌）

　　我的第一辆车是本田思域。我很喜欢这辆车，但在它还没行驶多少里程时，我就把它卖掉了。为什么？有两个原因：（1）它没有杯架；（2）妻子怀孕了，我担心我们全家出行时会被庞大的雪佛兰萨博班汽车压扁。我本来是可以忍受杯架问题的。但是，要把儿童安全座椅放在一辆只有普通 SUV 1/4 重的车上，我断然无法接受。于是，我买了一辆福特探险者汽车，为那些仍在开本田思域汽车的人增添了一丝风险。①

　　问题的关键在于，我购买和驾驶 SUV 的决定会影响道路上的其他人，但这些人对我的决定没有发言权。我不必因为给本田思域车主带来些许安全隐患而对他们进行补偿。尽管在美国城市里开车，每加仑汽油只能供汽车行驶 9 英里，我也无须因为排放二氧化碳加剧了哮喘儿童的病情而对他们进行补偿。至于太平洋小岛上的居民，我未曾给他们的国家任何经济补偿——由于我的车排放的二氧化碳加速了极地冰川消融，未来某一天这些小岛可能会被海水淹没。然而，上述种种正是驾驶燃料使用效率较低的汽

---

① 三年后，我以每小时 65 英里的速度驾驶福特探险者并在州际公路上翻车，然后换了一辆沃尔沃。

车带来的实际成本。

我购买福特探险者汽车的决定引发了经济学家所说的外部性，即这一行为的个人成本与社会成本不同。当我和妻子步入伯特·温曼福特经销店时，销售人员安吉尔问我们："需要我提供什么条件，您才会买这辆车？"我计算了开探险者汽车而非思域汽车的成本：更多的汽油、更贵的保险、更高的车款。不过，在我的统计表上，没有任何关于哮喘儿童、极地冰盖融化或驾驶 MINI COOPER 的孕妇的内容。这些成本与驾驶探险者汽车有关吗？有关。我必须承担这些成本吗？不必。因此，我在做决定时并不会考虑这些因素。（除了想到要告诉我和妻子在科罗拉多州博尔德市的亲戚时，我会有一种淡淡的愧疚之情。他们颇具环保意识，每天只冲一次马桶以节约用水。）

当外部性（某些行为的个人成本与社会成本之间的差距）很大时，个体往往倾向于做出损人利己的选择，即牺牲他人的利益使自己过得更好。如果任由市场发展，这个问题不会自然得到解决。事实上，市场的"失灵"体现在它鼓励个人和公司偷工减料，结果使社会变得更糟。如果这个概念真的像大多数经济学教材所讲的那样枯燥乏味，诸如《迈克尔·克莱顿》这样的电影就不会斩获数百万美元的票房。毕竟，这部电影讲的就是一个简单的外部性问题：一家大型农业公司被指控其生产的杀虫剂渗入当地水源，毒害了许多人。在这种情况下，市场无力提供解决方案。市场本身就是问题所在。这家公司通过销售一种会导致无辜消费者患癌的产品来实现利润最大化。对污染不知情（或漠不关心）的农民通过购买更多的产品使这家公司获得利润，因为这些产品比竞争对手致力于生产的无害化产品更便宜或更有效。在这部电影中（就像此前的电影《永不妥协》和《法网边缘》一样），唯一的补救措施是一种政府支持的非市场化机制：法院。当然，乔治·克鲁尼（就像朱莉娅·罗伯茨和约翰·特拉沃尔塔一样）成功扮演了颇具魅力、伸张正义的角色。

我们再看一个看似日常却引发大多数城市居民愤慨的例子：那些在遛狗后不清理狗粪便的人。在一个完美的世界里，我们每个人都会随身携带拾便器，因为我们会从负责任的行为中获得效用。但是，我们所在的世界并不完美。从一些遛狗者狭隘的角度来看，无视狗的粪便，径直离去，会更容易（用经济学家的话说就是"成本更低"）。那些认为此类事件无关紧要的人是错的，《纽约时报》曾报道，在巴黎，每年平均有650人因踩到狗屎滑倒而骨折或住院接受治疗。[1] 清理狗屎的抉择，可以像经济决策一样进行分析。狗主人会权衡负责任行为的成本和收益，然后决定是否进行清理。然而，又有谁能替那位第二天清晨匆忙赶公交时不幸踩到狗屎，从而心情瞬间跌入谷底的女士发声呢？没有人。这就是为什么大多数城市有要求宠物主人随时清理宠物粪便的法律。

这里涉及一个更广泛的观点：政府在市场经济中的一个重要角色便是处理外部性问题，即个人或公司的私人行为会对社会产生更广泛的后果的情况。我在第1章曾经指出，所有市场交易都基于自愿的交换，这些自愿的交换使参与者从中获益。如今这一点仍然成立，但请注意"参与者"一词，它为我们的讨论留下了一些回旋的余地。问题在于，在达成交易时，所有受市场交易影响的人未必都会直接坐在谈判桌前。我之前的邻居斯图尔特是一位狂热的邦戈鼓爱好者。我们两家共用一面墙。我相信，他在购买一套崭新的邦戈鼓时，他和乐器店老板都很高兴。从噪声的分贝来看，他可能还买了某种高科技扩音器。但是，我对这笔交易并不满意。

外部性是各种政策问题的根源，从普通政策问题到影响全世界的政策问题，均在其列。

- 《经济学人》杂志带着几分不满情绪提出了这样一条建议，应该要求带小孩的家庭坐在飞机后排，以便其他乘客可以享受安静的"无儿童区"。该杂志的一篇社论指出："如同香烟或手机一样，儿童不可避免地会对周围乘客带来负外部性。在长达12个小时的旅程中，如果一个人前排座位上有个不停啼哭的婴儿，或者背后有个因无聊而不断猛踢座位的小家伙，那么有此经历的任何人都会很快理解建议的原因，就像当时产生想要'教训'一下那个孩子的冲动一样。这是一个市场失灵的明显案例，父母不用承担其行为所带来的全部成本（事实上，婴儿乘坐飞机是免费的），所以他们会不假思索地把吵闹的孩子带在身边。在需要好好管教一下这种孩子的时候，'看不见的手'在哪里呢？"[2]

- 不论是在诸如餐厅、地铁等公共场所，还是在车内，使用手机都受到了更严格的审查。原因在于，在公共场所，手机会极具侵扰性，而在驾驶汽车过程中，使用手机更是与显著提升的事故发生率密切相关。在开车时发短信是仅次于酒后驾车的第二大高危行为。

- 有些国家以及美国的部分城市已经对苏打水和运动饮料等含糖饮料征税。世界卫生组织提倡将征收"苏打税"作为抑制不健康饮食的一种方式。目前，与肥胖相关的医疗开支和吸烟所致的医疗费用基本相当。社会通过政府医疗计划的拨款和更高的保险费来分担其中一部分支出，所以我关心你中午是否吃了巨无霸汉堡是有理由的。

- 市场无法充分解决气候变化问题，因为排放大量温室气体的公司仅承担一小部分排放成本。事实上，即使是这些公司所在的国家也并未承担污染的全部成本。美国宾夕法尼亚州一家钢铁厂排放的二氧化碳，有一天可能会引发孟加拉国的洪涝灾害。与此同时，美国排放的酸性物质导致的酸雨已经在摧毁加拿大的森林。世界各地的工厂也是如此。任何解决全球变暖的方案都必须提高排放温室气体的成本，确保对全球范围内所有污染者都施加有力的约束，这无疑是一项艰巨的任务。

值得注意的是，正外部性也可能存在，即一个人的行为可能会对社会产生积极影响，而他并未获得充分的补偿。我曾经的办公室有一扇窗户，正对着芝加哥河对岸的箭牌大厦和论坛报大厦——堪称这座以建筑著称的城市中最美丽的两座建筑。每当天气晴朗，天际线的景色，尤其是这两座大楼映入眼帘时，我都会心旷神怡。然而，我在那间办公室里度过了5年时光，却没有为我从欣赏这些壮丽建筑中获得的效用付出任何经济代价。我并没有在每次瞥向窗外时，都给论坛公司寄一张支票。同样，在经济发展领域，一家公司可能会在贫困社区进行投资，以此带动其他类型的投资流入。然而，这家公司并没有因为率先支持一个地区的经济振兴而获得补偿，这就是为什么地方政府常常为这类投资提供补贴。

有些行为活动既有正外部性，也有负外部性。香烟会导致吸烟者死亡，这已经是老生常谈了。成熟、理智的成年人可以自由选择是否吸烟。但是，烟雾还会对周围人群造成伤害。因此，在大多数办公楼，相较于在大厅裸奔这一荒诞行为，吸烟被视为更不适宜的行为。与此同时，美国50个州都对烟草行业提起诉讼并随后接受了巨额和解金，理由是吸烟者产生的额外医疗费用由州政府承担。换句话说，美国纳税人的钱被用于支付部分吸烟者做肺部手术的费用。（私人保险公司不存在这个问题，它们只是通过向吸烟者收取更高的保费来平衡为其提供保险服务的额外成本。）

与此同时，吸烟者确实给其他人带来了好处。他们会较早离世。美国肺脏协会的数据显示，吸烟者的平均寿命比非吸烟者短7年。这意味着吸烟者在整个职业生涯中持续向社会保障基金和私人养老基金缴费，但却没有活到能领取相应福利待遇的时候。与此相反，不吸烟的人，平均而言，相对于他们的缴费情况，能够得到更多的回报。烟草巨头菲利普·莫里斯公司的好心人甚至量化了这一收益。2001年，该公司发布了一份关于捷克的报告（当时捷克议会正考虑提高香烟税）。报告显示，因吸烟而过早去世的人每年为捷克政府节省大约2 800万美元的养老金和老年住房补贴。

据估计，吸烟行为给捷克政府带来的净收益（包括税收并减去公共卫生开支）达到了 1.48 亿美元。[3]

市场经济如何应对外部性？有时，政府会对产生外部性的活动进行监管。以美国为例，从地下水污染到家禽检疫，美国联邦政府每年都会发布数千页的法规。此外，美国各州也有自己的监管架构。以加利福尼亚州为例，该州执行一套严格的汽车尾气排放标准。地方政府制定分区法规，严禁私人业主搭建不符合安全标准、与周围环境格格不入或外观丑陋的建筑，以免影响邻居。楠塔基特岛政府规定只能使用几种特定颜色的外墙涂料，以免不负责任的业主使用过于鲜艳的霓虹颜色，破坏该岛的古朴特色。我住在一个历史悠久的街区，我的房屋的每一次外部改动，从新窗户的颜色到花箱的大小，都必须得到建筑委员会的批准。

在某些情况下，经济学家倾向于采用另一种方法来应对外部性，即通过对不良行为征税而非彻底禁止。我承认，我的福特探险者汽车对社会构成了某种安全隐患。正如康奈尔大学经济学家罗伯特·弗兰克在《纽约时报》发表的一篇专栏文章中指出的那样，我们陷入了一场 SUV 规模竞赛。他写道："每个家庭固然能够选择自家汽车的大小，却无法左右他人的购车选择。任何一个家庭如果单方面购买一辆较小的汽车，就可能因'单方面解除武装'而使自己处于危险之中。"[4] 是否应该禁止生产悍马汽车？是否应该强制要求底特律汽车制造商生产更安全、更省油的汽车？

包括弗兰克在内的经济学家并不认同这种做法。SUV 甚至所有汽车的主要问题在于驾驶成本太低。开悍马汽车去商店的私人成本显然远远低于社会成本。那么，我们应该提高私人成本。正如弗兰克所写："鉴于驾驶庞大且污染严重的车辆会对他人造成损害这一不可否认的事实，唯一切实可行的补救措施就是激励自己在决定购买何种车辆时将这种损害考虑在内。"如果一辆探险者汽车在路上行驶，社会实际承担的成本是每英里 75 美分，而车主驾驶该车的私人成本是每英里 50 美分，那么应该征收一种税，将两者等同起来。这可以通过征收燃油税、排放税、车辆重量税或其他税种来实现。这样一来，驾驶悍马汽车去商店购物的吸引力将会大大降低。

不过，现在我们探讨的议题已经进入一个颇具争议的领域。要求某些人为驾驶一辆庞大到足以碾过 MINI COOPER 汽车，同时巨大杯架中 64 盎司①的饮料都不会溢出的汽车的特权支付费用合理吗？答案是肯定的，这就好比我们大多数人明知吃冰激凌有可能会引发心脏病，仍然吃冰激凌一样。我们会权衡吃哈根达斯摩卡杏仁软糖口味冰激凌的健康成本和那令人陶醉的奶油口感，决定偶尔吃上一品脱②。我们不会完全戒掉冰激凌，也不会一天吃三次冰激凌。经济学告诉我们，环境问题与生活中的其他事物一样，都需要权衡取舍。我们应该提高驾驶 SUV（或任何车辆）的成本，以反映其真正的社会成本，然后让人们自己决定是否仍有必要驾驶雪佛兰太浩汽车长途跋涉 45 英里上下班。

对造成负面外部性的行为征收税费会产生诸多有益的激励效应。首先，此类税收能够抑制相应的行为。如果驾驶福特探险者汽车的成本提高到每英里 75 美分，路上的探险者汽车数量就会减少。同样重要的是，那些仍在驾驶 SUV 并承担全部社会成本的人，将是最重视 SUV 功能的人，也许因为他们真的需要拉运东西或越野行驶。其次，征收燃油税可以增加财政收入，这是禁止某些类型的车辆所无法实现的。这些财政收入可以用来支付全球变暖的部分成本，比如研究替代能源，或至少在一些太平洋岛国周围修建堤坝。这些收入也可以用于减少其他一些赋税，比如所得税或工资税，这些税种会抑制我们本希望鼓励的行为。

---

① 1 液量盎司（美制）≈29.57 毫升。——编者注
② 1 品脱（美制）≈0.43 升。——编者注

再次，对庞大、耗油量大的车辆征收最重的税，将鼓励汽车制造商生产更省油的汽车，这是一种正向激励而非强制手段。如果美国政府在不提高驾驶成本的情况下，随意禁止每加仑汽油的行驶里程低于 18 英里的汽车，那么令人毫不意外的是，底特律汽车制造商将生产大量每加仑汽油的行驶里程约为 18 英里的汽车，而非采用创新的太阳能技术生产消耗一加仑汽油可以行驶 20 英里、28 英里乃至 60 英里的汽车。最后，如果消费者在购车时必须根据油耗和汽车重量缴纳税款，那么当他们走进汽车展厅时，他们的偏好将会发生显著变化。汽车制造商将迅速做出反应，而类似悍马汽车这样的产品则会被送往它们该去的地方——某个变异工业产品博物馆。

对外部性征税是一个完美的解决方案吗？不，远非如此。仅以汽车为例，这种方法就存在许多问题，其中最明显的是如何准确确定合适的税率水平。科学家对气候变化的速度尚存在分歧，更不用说估算其成本可能是多少了。或者更进一步说，驾驶悍马汽车行驶一英里的实际成本可能是多少？合适的税费是 0.75 美元、2.21 美元，还是 3.07 美元？你永远不可能让科学家对此达成一致，更不用说政府官员了。此外，还有公平性问题。我已经指出，如果提高驾驶高油耗汽车的成本，那么极度重视此类汽车的人仍将坚持驾驶此类车辆，这一点是正确的。但是，衡量人们对某样东西重视程度的标准是他们愿意为之付出的价格，而富人总是有能力比其他人支付更高的金额购买同一商品。如果驾驶福特探险者汽车的燃油成本上涨到每加仑汽油 9 美元，那么有的人可能会依旧用它为楠塔基特岛沙滩派对搬运红酒和奶酪，芝加哥依赖 SUV 运送木材和砖块的承包商则再也负担不起了。谁更"重视"自己的汽车？聪明的政界人士可能会绕过公平性问题，通过向高油耗汽车征税来抵消对中产阶级征收的重税，比如工资税。这样一来，虽然芝加哥承包商将为 SUV 支付更多的费用，但向美国国税局缴纳的税款却减少了。最后一点，识别并针对外部性征税的过程可能会失控。每项活动都会在一定程度上产生外部性。任何一个深思熟虑的政策分析师都知道，某些在公共场合穿弹力紧身衣的人即使不应该被关起来，也应该被征税。我住在芝加哥，每逢冬季过后首个温度攀升至10摄氏度以上的日子，总会有一大批在沙发上窝了一个冬天的面色苍白的人，穿着短而暴露的衣服涌到室外。对那些被迫目睹这一切的人来说，这可能是一种可怕的经历，年幼的孩子绝对不应该看到这样的场景。不过，对此类服装征税可能并不现实。

我已经离题了，偏离了原来那个更重要的观点。不管是谁，如果他告诉你，放任市场自由运作会带来有利于社会的结果，那纯属无稽之谈。当某些活动的私人成本与社会成本存在巨大差距时，仅靠市场是无法让人们过得更好的。理性的人可以而且应该就如何采取适当的补救措施展开辩论。通常来说，这需要政府介入。

当然，有时也不一定需要政府干预。受到外部性影响的各方都有动力自行达成私下协议，这一观点源于1991年获得诺贝尔奖的芝加哥大学经济学家罗纳德·科斯。在适宜的情况下，相关一方可以付钱给另一方，促使后者改变自己的行为。当我的邻居斯图尔特开始敲邦戈鼓时，我可以付钱让他停下来或换一种不那么嘈杂的乐器。如果我因噪声遭受的负面效用超过了斯图尔特从演奏中获得的正面效用，那么在理论上我可以给他开张支票，让他把鼓收起来。如此一来，我俩都将受益。我们可以用具体的数字设想一下，这有助于说明问题。如果斯图尔特从敲鼓中获得50美元的效用，而我觉得噪声每小时对我的心理造成100美元的伤害，那么我给他开一张75美元的支票，让他去学习编织，我俩将双双受益。他得到比敲鼓更大的实际利益，即现金收入，而我通过付费得到了安静的生活环境。对我来说，这份安静的价值超过了75美元。

但是，请等一下，既然噪声是斯图尔特制造的，为何我要付钱让他停下来呢？也许我不需要。科斯的一个重要观点是，只有在相关产权被明确界定的情况下——也就是说，人们知道各方有权做什么——私人各方才能自行解决外部性问题。正如我在本章后面将要探讨的，产权涉及的问题往往比单纯的财产复杂得多。斯图尔特有权随意制造噪声吗？我有权在相对安静的环境中工作吗？芝加哥市的法规大概回答了这个问题。答案可能取决于具体的时段，在某个特定的时间之前，斯图尔特有权制造噪声，我则有权在夜间享受安静的环境。

如果我有权安安静静地工作，那么收款方应该反过来。斯图尔特必须付钱给我，才能开始敲鼓。但在这种情况下，他不会这么做，因为这对他来说并不划算。作为一个敏感的作家，安静对我来说值100美元，所以斯图尔特至少得付我这么多钱才能让我忍受噪声。然而，对他而言，敲鼓带来的乐趣仅仅价值50美元。他不会开一张100美元的支票去做一件仅能带来50美元效用的事情。所以，我可以无偿享受安静的工作环境。

这就解释了科斯的第二个重要观点：无论最初产权归属何方，私人各方始终能够达成同样有效的解决方案，即实现相关资源的最佳利用。唯一的区别在于最终由哪一方向其余各方支付费用。在上述情景中，有争议的资源是我和斯图尔特共用的墙壁以及可以穿透墙壁传播的声波。对这一资源最有效的利用方式就是保持安静，因为比起斯图尔特对敲鼓的重视，我更看重安静的写作环境。如果斯图尔特有权制造噪声，那么我会付钱让他停下来，以便我能安静地写作。如果我有权享受安静的环境，那么斯图尔特不会愿意支付足以使我容忍鼓声的费用，所以我还是可以安安静静地写作。

值得注意的是，这种事情确实会发生在现实生活中。我最喜欢的一个实例来自俄亥俄州的一家电力公司，附近居民声称该公司排放的"奇异蓝色物质"对他们的财产和健康造成了损害。根据美国《清洁空气法》，该镇221名居民有权起诉电力公司，要求其停止污染。因此，这家电力公司必须做出决定：要么停止污染排放，要么付钱让整个小镇搬至其他地方。[5]

《纽约时报》报道揭示了该公司的最终决定："电力公司全盘买下被其污染的小镇，连同房屋和蓝色物质。"该公司向当地居民提供了约为其房产价值3倍的赔偿金，作为交换，居民们签署了一份协议，永不就与污染相关的损失提起诉讼。通过花2 000万美元，电力公司得以化解问题，一切麻烦烟消云散。据推测，这种做法从经济角度来看是合理的。《纽约时报》报道，这次和解是公司解散一整个城镇的首个案例。"法律和环境专家表示，此举有利于公司避免个人诉讼造成的巨额开支和公关危机。"

科斯提出了最后一点：达成此类交易涉及的成本（从寻找所有相关人员所需的时间成本，到达成协议的法律费用）必须保持在一个相对较低且合理的水平，私人各方才能自行解决外部性问题。斯图尔特和我可以在后院的栅栏旁讨价还价。电力公司可以设法与221名居民达成协议。然而，像二氧化碳排放这样的难题，个体是无法独自解决的。每当我坐进汽车里，发动引擎，都在无形中对全球人口的生活质量造成一定程度的负面影响。给数十亿人开支票需要很长时间，尤其是在我上班已经迟到的情况下。（而且可以说，气候寒冷地区的一些人将从气候变化中受益，也许他们应该付钱给我。）此外，与温室气体相关的产权也仍然模糊不清。我有权无限制地排放二氧化碳吗？生活在太平洋岛国的人是否有权阻止我做可能淹没他们国家的事？这是各国政府必须应对的一个冲突。

但是，让我们暂且后退一步。政府的作用不仅是修补市场经济的瑕疵，政府首先使市场成为可能。在鸡尾酒会上，如果你断言，只要政府不插手，市场就能自行在全球范围内实现经济繁荣，那么你会赢得很多人的点头附议。事实上，很多政治运动都是围绕这一问题产生的。任何在机动车辆管理局排过队、申请过建筑许可证，或试图缴纳保姆税的人都会同意这一点。鸡尾酒会上的这种情绪只有一个问题，那就是它是错的。良性的政府才使市场经济成为可能，事实就是如此。而政府的失职或缺失，会让市场经济体系分崩离析，这也是全球数十亿人的生活极度贫困的原因之一。

政府会制定规则。没有正常运作的政府的国家，难以成为自由市场繁荣的绿洲。在这些国家，即使是开展最简单的业务，也要付出昂贵的代价，而且困难重重。尼日利亚是全球石油和天然气储量最大的国家之一，但试图在那里开展业务的公司面临一个问题，当地人称之为"自带基础设施"。[6] 刚果民主共和国拥有的矿产资源几乎超过了地球上任何一个国家，它不仅拥有钻石、黄金、铜、铀，还有大量你可能从未听说但对制造手机和其他电子产品至关重要的矿产。[7] 然而，刚果民主共和国也是世界上最贫穷的国家之一，大约每 10 个儿童中就有一个在 5 岁前夭折（而在欧元区，这一比例仅为千分之四）。[8] 这些国家的问题并不在于市场经济本身的失败，而在于政府未能建立并维系使市场经济良性运行所必需的制度。联合国开发计划署发布的一份报告将世界贫困的大部分责任归于糟糕的政府。报告总结道，如果缺乏善治，涓滴效应和其他一系列战略都不会奏效。[9]

现实情况是，尽管人们对裁判没有什么好感，但没有裁判，世界大赛就无法进行。那么，运转正常的市场经济的规则又是什么呢？首先，政府会界定并保护产权。你拥有自己的东西，包括房屋、车辆、宠物狗、高尔夫球杆。在合理的范围内，你可以随意处置它们。你可以将其出售、出租或抵押。最重要的是，你可以对你的财产进行投资，并确信投资收益也将属于你。想象一下，整个夏天，你都在照料自己种的玉米，结果你的邻居开着联合收割机，欢快地向你挥手，接着就把你的玉米收割了。这听起来是不是很不真实？你如果是音乐家，就不会这么想了，因为最早的在线音乐共享网站几乎就是这么做的，它们允许用户下载歌曲，却不向创作歌曲的音乐家或拥有版权的唱片公司支付任何费用。音乐行业起诉这些网站为传播盗版提供了便利，并赢得了官司。现在，像 Spotify 这样的在线流媒体播放平台在分享音乐之前必须与音乐创作者协商版税问题。

产权不仅仅涵盖房屋、汽车和可以堆放在壁橱里的东西，有些最重要的产权涉及创意、艺术品、配方、发明甚至外科手术的程序。本书就是一个很好的例子。我负责写作，我的代理人将其卖给出版商，出版商签约印刷和发行这本书。随后，这本书在私营书店出售，书店雇用了私人保安，以应付想要获得签名版图书但可能不守规矩的大量人群。每一个环节都只涉及私人方。这些似乎都是直截了当的市场交易，政府的介入只会构成妨碍。事实上，我可能会抱怨政府对我的稿酬征税，对已销售的图书征税，甚至对我支付给本书的研究助手的薪水征税。

事实上，这一切能够发生均仰赖于一个要素：版权法。对于以写作为生的人来说，版权是一种重要的产权形式。美国政府保证，在我投入时间完成手稿后，任何公司都不能盗用我的文字出版而不给予相应补偿；任何教授在课堂上影印使用，都必须先向出版商支付版税。事实上，美国政府也赋予了微软公司的软件产品类似的权利。发明万艾可的制药公司也拥有一种相关的产权，即专利权。专利权是一个饶有趣味的例子，但经常被公众误解。从成分角度看，一粒万艾可仅值几分钱，但由于辉瑞公司拥有这种药物的专利权，可以在20年内垄断该产品的销售权，因此将这种药物的售价定为7美元。这种大幅抬高价格的现象在艾滋病新药和其他救命药品中屡见不鲜，因此抬高售价的公司经常被视作贪婪的，它们被指责制造了社会不公。这些大型制药公司在美国总统竞选活动中会不时被妖魔化。如果允许其他公司销售万艾可，或者迫使辉瑞公司以更低的价格销售这种药物，那么什么情况会出现呢？万艾可的价格会下降到更接近其生产成本的水平。事实上，当一种药物失去专利权，非专利替代药品合法化后，其价格通常会下降80%或90%。

那么，美国政府为什么允许辉瑞公司如此骗取万艾可使用者的钱财呢？因为如果万艾可不会获得专利保护，辉瑞公司当初就不会斥巨资研发这种药物。创新药物的真正成本在于研发——在全世界的热带雨林中寻找具有药用价值的奇异树皮，而不是在发现配方后立即生产药片。治疗任何其他疾病的药物也是如此，不管是多么严重甚至危及生命的疾病。[①]推出一款新药进入市场的平均成本约为6亿美元。每一种成功的药物背后，都有很多次高成本的失败研究。有没有一种方法，既能为美国低收入人群或世界其他地方的贫困人口提供负担得起的药物，又不会削弱研发这些药物的积极性呢？答案是肯定的，政府可以在新药被研发出来时买断专利权。政府可以向制药公司一次性支付一笔费用，这笔费用相当于制药公司在20年专利保护期内的收入。之后，政府将拥有这种新药的专利权，并可以对这种新药设定其认为合适的任何价格。这是一个代价高昂的解决方案，本身也存在一些问题。例如，政府将购买哪些药物的专利权？关节炎这种疾病是否严重到需要动用公共资金来使新药更经济实惠？哮喘呢？不过，这种方案至少符合经济现实：个人和公司只有在保证能收获自己播种的成果时，也就是说在投资能够得到回报的前提下才会投入资金。

我偶然间发现过一个奇怪的例子，这个例子揭示了产权不明确是如何抑制经济发展的。当时，我正在为《经济学人》杂志撰写一篇关于美国印第安人的长篇报道。我在少数几个印第安保留地待了一段时间，发现那里几乎没有私人住房。部落成员要么住在美国联邦政府援助建造的房子里，要么住在拖车里。为什么会这样？一个主要原因是，在印第安保留地范围内，获得传统的住房抵押贷款困难重重，甚至是几乎不可能的，因为土地是公有的。一个部落成员可能会得到一块土地供其使用，但他并不拥有这块土地的所有权，土地由整个印第安部落共有。对商业银行来说，这意味

[①] 我无法完全解释为什么制药公司最初如此抵制向非洲提供低成本的艾滋病治疗药物。这些国家的民众永远无法支付发达国家制药公司设定的高昂药价，因此制药公司不存在因为廉价销售药物而牺牲利润的问题。在南非这样的地方，要么是便宜药物，要么没有药物。这似乎是实行价格歧视的绝佳机会：在开普敦低价销售，在纽约维持高价。的确，价格歧视可能会给黑市带来机会，在非洲廉价出售的药品可能会在纽约以高价非法转售。尽管如此，与拒绝让全球大部分患者获得重要药品所带来的重大公关成本相比，这个问题似乎是制药公司可以应对的。

着在贷款人未按时还款时不能取消抵押品赎回权。如果银行被剥夺这一虽不受欢迎但却至关重要的权利，那么贷款机构在发放贷款时就会缺少有效的抵押品。拖车则不同。如果购买拖车的人没有及时还款，拖车公司就可以在适当的时候把拖车拖离保留地。然而，拖车与传统住房不同，无法支持当地的建筑行业发展。它们在千里之外的工厂被组装，然后被运到保留地。这一过程无法为屋顶工、泥瓦匠、石膏板工和电工提供工作岗位，而美国印第安保留地最需要的就是工作机会。

政府会通过各种方式降低私营部门的经营成本：提供统一的规则和条例，如合同法；根除欺诈行为；保证稳健的货币流通。政府建设并维护基础设施，包括道路、桥梁、港口和水坝，从而降低私营商业的成本。电子商务可能是一个现代奇迹，但请不要忽视这样一个事实：当你在亚马逊网站上订购一台烤面包机后，它会被疾驰在州际公路上的卡车从配送中心运送出去。20世纪五六十年代，包括州际公路系统在内的新建道路占美国新增资本的很大一部分。美国基础设施投资的增多与车辆密集型行业生产率的大幅提高息息相关。[10] 如果未来货物由无人机配送到家，那么人们必须明确低空产权，这样它们才不会侵犯公民隐私或互相碰撞。

有效的监管和监督增强了市场的可信度。以美国为例，得益于美国证券交易委员会的严谨工作，人们可以购买在纳斯达克证券交易所新上市公司的股票，并在相当程度上确信该公司和证券交易所的交易员都没有参与欺诈行为。简言之，美国政府对法治负责。（法治的缺失是裙带关系、宗族主义和其他以家族利益为中心的行为在发展中国家如此普遍的原因之一。在缺乏具有约束力的契约保障时，商业交易只能依托于私人关系来保证。）克利夫兰联邦储备银行前行长杰里·乔丹曾思考过一种显而易见却常常被视为理所当然的行为：美国成熟的公共和私营机构使美国人能与完全陌生的人进行复杂的交易。他指出：

想一想，我们经常把大笔钱带到银行，将其交给素不相识的工作人员。证券交易员也能将数百万美元汇给位于遥远国度未曾谋面的人。这似乎很神奇。不过，这样的事情一直在发生。我们相信，已经建立的金融基础设施足以确保银行的工作人员不会把我们的钱据为己有。同样，当我们用信用卡从其他州或国家的商家那里网购新的CD（激光唱片）或网球拍时，我们相信自己会收到所购商品，而商家也相信他们会得到相应的款项。[11]

莎士比亚或许曾建议我们杀掉所有律师，但他是一位剧作家，而不是经济学家。现实情况是，每个人都在抱怨律师，直到自己遭受不公，然后立即跑去聘请能找到的最好的律师。政府公正、合理且高效地执行各项规则。它完美吗？并不完美。但与其歌颂美国的司法制度，不如让我举个印度的反例。阿卜杜勒·瓦希德状告了他的邻居，一个名叫穆罕默德·南赫的牛奶商。南赫在自家土地边上修了几条排水沟，这些沟渠排出的水直接流到了瓦希德的前院。瓦希德不愿看到水流流入自家住宅，其中一个原因是他准备在现有水泥房的基础上再加盖第三间房，他担心排水沟会造成渗水问题。于是，他提起了诉讼。该案于2000年6月在新德里附近的莫拉达巴德市开庭审理。[12]

这场民事纠纷存在一个重大而复杂的问题：此案早在39年前就已立案，在开庭时瓦希德与南赫均已去世（他们的亲属推动此案继续受理）。据估算，假设印度境内不再新增任何案件，印度政府仍需324年才能将所有积压案件处理完毕。这种情况并非仅限于民事案件。1999年底，加尔各答监狱释放了一名因谋杀指控被羁押长达37年的75岁老人。他获释的原因是证人和调查官均已不在人世。（1963年，一名法官曾判定他的精神状态不适合接受审判，但不知何故这一判决被撤销了。）要知道，在发展中国家中，印度的政府机构还算比较健全。在索马里，这类纠纷都不通过法院解决。

与此同时，政府执行反托拉斯法，严禁公司之间以消除市场竞争益处的方式相互勾结。存在秘密共谋操纵票价的三家航空公司，和只有一家管理混乱的垄断公司没什么两样。最重要的是，正是这些法律构成了市场经济运行的轨道。《纽约时报》外交事务观点专栏作家托马斯·弗里德曼曾在一篇文章中提出这样的观点："你知道某些国家的民众愿意一周付多少钱给美国司法部，去逮捕其国家的寡头和垄断者吗？"[13] 他指出，鉴于世界上许多经济体，特别是发展中国家的经济体，普遍存在腐败现象，他发现外国人常常羡慕美国人……注意，端稳手中的拿铁……羡慕华盛顿的官僚体系，"也就是我们的制度、法院、军队和监管机构，包括美国证券交易委员会、美联储、联邦航空管理局、食品与药品管理局、联邦调查局、国家环境保护局、国税局、公民及移民事务局、专利商标局和联邦紧急事务管理局"。

政府还扮演着另外一个重要角色，它提供各种各样的商品，即"公共物品"，这些物品可以提升民众的生活质量，而私营部门是无法做到这一点的。假设我决定购买一套导弹防御系统，以保护自己免受别国导弹的袭击。（这就好比安装一套DirecTV碟形卫星电视天线，只不过要贵得多。）我问邻居艾蒂安是否愿意分担这笔费用，他拒绝了，因为他很清楚，我安装的导弹防御系统，也将保护他的房子不受可能来自别国的导弹攻击。艾蒂安和其他大多数邻居都有强烈的动机成为这套系统的"搭便车者"。同时，我不想自己支付全部费用。最终，我没有安装导弹防御系统，尽管它可能会让我的生活更安全。

公共物品有两个鲜明特点。第一个特点是，向更多用户（即使是成千上万甚至数百万人）提供这种物品的成本非常低，甚至为零。想一想导弹防御系统。如果我出资把恐怖分子发射的导弹从空中打下来，芝加哥大都市区离我较近的数百万人都可以免费获得这种好处。无线电信号、灯塔或者大型公园也是如此,一旦它们服务于一人,就可以惠及成千上万的其他人,同时不会增加额外成本。第二个特点是,要想阻止那些没有付费的人使用该物品,即使不是不可能的,也是非常困难的。你究竟如何告诉一艘船的船长不能使用灯塔?你会要求他在航行时闭上眼睛吗?("大不列颠号请注意:不要偷看!")普林斯顿大学有一位教授,他在讲授公共物品时曾这样开场:"谁会傻到为公共广播付费呢?"

搭便车者会削弱公司的收益能力。作家斯蒂芬·金曾经尝试在互联网直接连载他最新的小说《植物》。按照计划,他每月会发布新的章节,期望读者遵循一种基于信任的付费模式,花1美元下载。他警告说,如果选择自愿付费的读者比例低于75%,连载就会中断。"付费,则故事继续;不付费,则故事终结。"他在网站上写道。研究过这类问题的经济学家可以预想结果会很糟糕。故事中断了。在《植物》进入停滞状态时,只有46%的读者付费下载了最后一次发布的章节。

如果让私营企业提供公共物品,这就是基本问题所在。公司不能强迫消费者为这些物品付费,无论消费者能从中获得多少效用,也无论他们的使用频率有多高。(想想灯塔那个例子。)任何一个自愿付费制度都会成为搭便车者的牺牲品。请思考下面这些情况:

- **基础研究**。我们先前讨论过利润为制药公司等实体带来了强大动力。然而,并非所有重要的科学发现都能直接进行商业化应用。探索宇宙、了解人体细胞分裂机理或寻找亚原子粒子的成果,可能与发射通信卫星、研发能缩小肿瘤的药物或寻找更清洁的能源的成果在商业化应用方面相差甚远。同样重要的是,这类研究必须与其他科学家无偿共享,才能最大限度地发挥价值。换句话说,你不可能通过创造知识而致富,甚至在大多数情况下无法收回成本,尽管这些知识有朝一日可能会极大地改善人类的生活条件。在美国,大部分基础研究要么由政府直接在美国国家航空航天局、美国国立卫生研究院等机构进行，要么在研究型大学进行，这些大学是非营利性机构，接受联邦政府的资助。

- **执法**。现在有不少私人安保公司，我上大学时戏称保安为"雇用警察"，因为他们不遗余力地寻找20岁的饮酒者。不过，他们的职能和意愿都是有限的。他们只会保护你的财产免遭特定形式的非法侵犯。他们不会主动寻找未来可能闯入你家的罪犯；他们不会追踪墨西哥毒枭，不会阻止重罪犯入境，也不会解决其他犯罪问题，以防止罪犯最终对你发动攻击。从长远来看，所有这些举措都会使你和你的财产更安全，但其中都存在固有的搭便车问题。如果我为这些安全措施买单，我所在国家国内的其他人就会免费受益。在世界范围内，大多数执法工作都是由政府承担的。

- **公园和开放空间**。芝加哥湖滨地带是芝加哥最有价值的资产。在密歇根湖沿岸长约30英里的湖滨地带，点缀着众多由芝加哥市政府拥有的公园和海滩，它们受到保护，禁止私人开发。如果这是土地的最佳使用方式（我个人深信这一点），那么私人土地所有者为什么不将自己的土地用于同样的目的呢？毕竟，我刚刚强调过，私人对资产的所有权可确保资产得到最有效的利用。如果我拥有30英里长的湖滨，为什么不能向前来骑行、滑旱冰和野餐的人们收取费用，从而从这项投资中获取丰厚的利润呢？原因有二：首先，在如此大的区域内巡逻并收取门票对后勤来说将是一项巨大的挑战；其次，更重要的是，许多珍视开放湖滨的人实际上并不使用它。他们可能会透过高层公寓的窗户眺望美景，或沿湖滨大道驾驶汽车以欣赏美景。私人开发商永远无法向这部分人群收取任何费用，因此会低估开放空间的价值。美国的许多自然资源都是如此。你可能从未去过阿拉斯加的威廉王子湾，也可能永远不会去。然而，当"埃克森·瓦尔迪兹"号巨型游轮在那里触礁并造成严重污染时，几乎所有人都对此表示关切。政府可以通过保护这些资源，让所有人受益。

显然，并非所有的集体努力都需要政府干预。维基百科是一个非常方便的资料来源，即使对那些并未主动为其运行做出贡献的人来说也是如此。每所学校、每个教堂、每个社区都有一群热衷于奉献的人，他们乐于超额付出，努力提供重要的公共福利，使更多的搭便车者大大受益。尽管存在这些例子，我们仍有充分的理由相信，如果缺乏某种强制合作的机制，社会在那些能改善我们生活品质的事物上的投资就会不足。虽然我很喜欢维基百科的协作精神，但我作为一个美国人还是愿意把反恐工作交给美国联邦调查局，让它代表美国人行事——美国联邦调查局是由美国人创建并用税款支撑的政府机构。

政府会重新分配财富。政府向一些公民征税，然后向另一些公民提供福利。与普遍观点相反，大多数政府福利并没有惠及穷人，而是以医疗保险和社会保障的形式惠及中产阶级。尽管如此，政府仍有权扮演罗宾汉的角色，即从富人那里抽取资源来援助弱势群体。世界上许多国家的政府，比如欧洲国家的政府，都在积极地采取此类措施。经济学对此有何评论？遗憾的是，没有多少。有关收入分配的最重要问题需要哲学或意识形态层面的回答，而非经济学分析。思考一下下面两种社会状态，哪一种更好？一是每个美国人的收入都是3万美元，足以满足其基本生活所需；二是当前的实际情况，一部分美国人坐拥巨额财富，另一部分美国人挣扎于贫困线边缘，但所有美国人的平均收入水平约为5万美元。后者描述的是一个更大的经济蛋糕，前者描述的则是一个较小的蛋糕，但分配更加均衡。

经济学并没有提供方法来回答与收入分配相关的哲学问题。例如，经济学家无法证明，强行从杰夫·贝索斯手中夺走一美元，把它送给一个挨饿的孩子，会提高整体的社会福利。大多数人直观地认为会是这样，但从理论上讲，杰夫·贝索斯因失去一美元而少获得的效用可能比饥饿的孩子因拥有一美元获得的效用更多。这是一个极端的例子，但直指一个更为普遍的问题：我们用效用来衡量福利，而效用是一个理论概念，不是一个可以量化、可以在个人之间进行比较或在全国范围内进行汇总的衡量工具。例如，我们不能说候选人 A 的税收计划会给国家带来 120 个单位的效用，而候选人 B 的税收计划只会给国家带来 111 个单位的效用。

请思考 1998 年诺贝尔经济学奖得主阿马蒂亚·森提出的问题。[14] 有三个人到你这里来找工作，而你只有一份工作可以提供。这份工作无法在三个人之间进行分配，而且他们的资质相当。你的一个目标是雇用最需要这份工作的人，从而让世界变得更好。

在这三个人中，第一个求职者是最穷的。如果改善人类福祉是你的首要目标，那么他应该得到这份工作。不过，实际情况可能并非如此简单。第二个求职者不是最穷的，但他是最不幸福的，因为他最近才变成穷人，还不习惯过物质匮乏的生活。给他这份工作会让他获得最大程度的幸福感。

第三个求职者既不是最穷的，也不是最不幸福的，但他患有慢性病，长期处于痛苦之中，这份工作提供的薪水可以治好他的病。因此，给他这份工作对个人生活质量的影响最为深远。

谁应该得到这份工作？不愧是诺贝尔奖得主，阿马蒂亚·森对这一难题提出了很多有趣的见解。但归根结底，没有正确的答案。在现代经济中，关于财富再分配的问题也是如此——这与政府光谱两端的政治家们告诉你的相反。提高税收，可以为穷人提供更高水平的社会保障，但会降低整体经济增长水平，这样做有益于整个国家吗？这是一个见仁见智的问题，与经济专业知识无关。（请注意，美国每届政府都能找到支持其意识形态立场的经济学家。）美国的自由派常常忽视这样一个事实：一个持续变大的蛋糕，即使分配不均，通常也会使得每个人分得的份额变大。发展中国家需要经济增长（国际贸易对此贡献巨大）来改善贫困人口的生活，事实就是如此。一个历史现实是，表面上服务于穷人的政府政策，如果阻碍更广泛的经济发展，不仅可能收效甚微，甚至可能适得其反。

与此同时，保守派往往轻率地认为，所有人都应该毫不犹豫地为任何能使经济更快增长的政策欢呼雀跃。但是，他们忽视了这样一个事实：支持保护环境或收入再分配等政策是完全正当的，只是这可能会缩小蛋糕的整体规模。有证据表明，个体的幸福感是由相对财富水平和绝对财富水平共同决定的，这两个因素的决定作用不分伯仲。换句话说，个体不仅从拥有一台大屏幕电视中获得效用，还会从拥有一台和邻居大小相同或更大尺寸的电视中获得效用。

此外，还有一个最具争议性的问题：政府是否应该保护人们免受自己的伤害？社会是否应该动用资源来阻止你做那些不会影响其他人的蠢事，还是说不要管闲事？最重要的是认识到，这个问题的答案是哲学层面的，经济学能做的最好的事情就是界定合理观点的范围。在这个范围的一端，人们相信个体是理性的（或至少比政府理性），这意味着公民自己才是判断何种行为对自己有益的最佳裁决者。如果你喜欢在闻酒精胶水后从地下室的楼梯上滚下来，那是你自己的选择。只要确保你自己承担所有医疗费用，并且在闻过酒精胶水后别开车。

在这个范围的另一端，理智的人认为，社会能够而且应该阻止人们去做可能导致严重后果的事情，行为经济学家为此提供了大量有力证据。有充分的证据表明，人类在决策过程中极易犯某些错误，比如低估风险或对未来规划不当。实际上，这些错误往往会影响其他人，正如我们在房地产市场崩盘和随之而来的抵押贷款危机中看到的那样。

在这两种极端看法之间，还存在一系列观点（比如，你可以闻酒精胶水并从楼梯上滚下来，但必须佩戴头盔）。诺贝尔奖得主理查德·塞勒和曾在奥巴马政府任职的哈佛大学法学院教授卡斯·桑斯坦撰写了一本颇具影响力的著作《助推》。在这本书中，他们提出了"自由意志家长制"的概念，这是一个既有趣又实用的中间立场。自由意志家长制背后的理念是，个体确实会犯系统性的判断错误，但社会不应强迫个体改变自身行为（体现了自由意志）；相反，社会只应该为个体指明正确的方向（体现了家长制）。

塞勒和桑斯坦的一个重要见解是，我们的决策往往是惯性的产物。如果公司自动为我们注册了某种保险计划，那么即使有其他6种可供选择的保险方案，我们也会保持现状。反之，如果需要我们主动去选择，包括阅读福利手册、填写表格、参加烦琐的人力资源研讨会，或者做其他任何需要耗费时间和精力的事情，我们就可能干脆放弃选择任何计划。塞勒和桑斯坦提出，我们可以借助惯性（以及其他决策偏差）来达成一定的正面效果。如果政策制定者对某些个人行为感到担忧，比如退休储蓄不足，自由意志家长制的解决方法就是将默认选项设置为自动从工资中划拨适当金额存入退休账户。这就是"助推"。任何人都可以随时自由选择其他方案，但极大比例的人会选择维持最初的状态。

当涉及器官捐献这样的事情时，这一观点有着深远的影响。西班牙、法国、挪威、以色列和其他许多国家在器官捐献方面都有"选择退出"（或"推定同意"）的法律。除非你明确表示不同意——这是你的自由——否则你就是器官捐献者。相比之下，美国实行的是"选择加入"制度，也就是说，除非你主动登记成为器官捐献者，否则你的器官就不会被捐献。即使在器官捐献这种严肃的事情上，惯性也很重要。经济学家发现，在控制了宗教和医疗支出等相关国家特征之后，推定同意法对器官捐献有显著的积极影响。西班牙是全球遗体器官捐献率最高的国家，比美国高50%。[15] 真正的自由主义者（相对于家长制自由主义者）拒绝推定同意法，因为这一法律意味着政府"拥有"你的内脏器官，除非你主动将其"收回"。

良好的政府至关重要。我们的经济越复杂，我们的政府机构就需要越完善。互联网就是一个很好的例子。私营部门是网络经济增长的引擎，但正是政府根除了欺诈行为，赋予了在线交易法律效力，理清了产权（如域名），解决了纠纷，并处理了我们甚至从未思考过的问题。

具有讽刺意味的可悲之处在于，人们对政府存在一种过于简单的看法，即纳税人比政府更清楚如何使用自己的钱，这种看法的空洞性在9·11事件中暴露无遗。纳税人无法搜集情报，无法在阿富汗山区追踪逃犯，无法开展生物恐怖主义研究，也无法保护飞机和机场。诚然，如果政府从我的薪水中征税，我可能就买不起有些本可以带给我效用的东西了。但同样真实的是，有些能提升生活质量的东西，是我个人的力量无法企及的。我无法建立导弹防御系统，无法保护濒危物种，无法阻止全球变暖，无法安装交通信号灯，无法监管纽约证券交易所。政府使我们能够共同努力，实现这些目标。

4

政府与经济（二）
军队能以 500 美元的价格买到那把螺丝刀实属幸运

现在，你可能已经做好准备，要在下次晚宴上赞美官僚制度的优点了。先别急。如果政府如此有效，政府干预程度最高的国家就会成为经济强国。但实际情况并非如此。政府有擅长做的事情，也有不擅长做的事情。政府能够处理重大的外部性，但也可能因为过度干预使经济走向崩溃。政府能够提供基本的公共物品，但也可能将巨额税收浪费在无效的计划和政府官僚个人钟爱的项目上。政府能够把财富从富裕阶层转移到弱势群体手中，但也能够让普通民众的财富流向与政治关联紧密的人手中。简言之，政府既能为充满活力的市场经济奠定基础，也能扼杀生产力极高的行为。当然，关键在于能够分辨两者的区别。

有一则陈旧的笑话，深受罗纳德·里根的喜爱，其内容大致是这样的：

一名苏联女士想买一辆拉达，拉达是苏联生产的一种廉价汽车。经销商告诉她，这款汽车目前缺货——尽管它的品质和口碑都不怎么样。然而，这名女士还是坚持订购了一辆。经销商拿出一本积满灰尘的厚账本，在长长的等候名单上加上了这位女士的名字，并告诉她："两年后的3月17日再来吧。"

这名女士看了看自己的日程表问道:"上午来还是下午来?"

"有什么区别吗?"粗鲁的经销商说,"离现在还有两年时间呢!"

"那天水管工也会来。"她说。

如果说过度监管教会了我们什么,那就是垄断会扼杀创新精神以及对客户需求迅速响应的动力。政府就是一个规模庞大的垄断实体。为什么机动车管理局的工作人员慢慢腾腾、态度恶劣?因为他们可以这样。如果法律规定你的客户不能去其他地方买东西,那么你的生意会是怎样一番景象?这肯定会让我在考虑是否加班时三思而后行,或者,在温煦的夏日,芝加哥小熊队在主场比赛的时候,我甚至会考虑是否还要工作。

人们经常说政府运作效率低下。事实上,鉴于政府的激励机制,它的运作完全符合我们的预期。想一想机动车管理局这样的机构,它垄断了驾驶执照的发放权。态度友好、延长办公时间、提升顾客体验、增加工作人员以缩短排队时间、保持办公室整洁,或者在接待顾客时暂停接听私人电话,这些举措有什么意义呢?它们甚至不会多吸引来一个客户!所有需要驾驶执照的人都不得不前往机动车管理局办理业务,无论之前的经历多么不愉快,他们都会继续前往。当然,这是有限度的。如果服务差到令人难以容忍的地步,选民可能会对负责的政治官员施压。然而,这是一个间接、烦琐的过程。我们可以将其与你在私营部门的选择进行对比。如果一只老鼠从你最喜欢的外卖店的柜台上窜过,你(大概)就会停止在那里订餐。问题就解决了。餐馆要么消灭老鼠,要么倒闭。与此相反,如果你不再去机动车管理局办理业务,那么你可能要承担法律责任。

当我期待从富达共同基金公司那里收到一张支票,却迟迟未见支票送达时,我真切感受到了这种差别。(我需要把这笔钱还给我的母亲,她催款催得很厉害。)一天天过去了,支票依旧杳无音信。与此同时,母亲催促我还款的频率越来越高。造成延误的要么是富达共同基金公司,要么是美国邮政。我越来越生气。最后,我拨通了富达共同基金公司的电话,要求其证明支票已经寄出。我做好了准备，倘若问题得不到解决，我会将全部资产（虽然数额有限）转移到先锋领航、普特南或是其他共同基金公司（至少也要以此威胁一下）。接电话的是一位极其友善的客服助理，她解释说支票两周前已经被寄出了，但仍对给我造成不便深表歉意。她取消了原来那张支票，并在几秒钟内重新签发了一张。然后，她再次道歉，现在看来，问题并非出自富达共同基金公司。

邮局才是罪魁祸首。于是，我更生气了，然后……我什么都没做。我能做什么呢？当地邮局局长不接受电话投诉。我不想浪费时间写信（况且这封信恐怕也会石沉大海）。向我的邮递员反映问题也无济于事，他从来不在意自己的服务质量。大概每个月都会出现一次这样的情况：他会站在一户人家门前，开始投递信件，结果所有信件都被错误地投递到了下一家。这番抱怨小心翼翼地掩饰了一个事实：美国邮政垄断了一类邮件的递送业务。这一点显而易见。

我们可以从中汲取两个更广义的教训。首先，政府不应成为某种商品或服务的唯一供应方，除非存在令人信服的理由表明私营部门无法胜任这一角色。这种排除仍为政府保留了很多可以有所作为的领域，比如公共卫生和国防。虽然我刚刚批评了机动车管理局，但我必须承认，发放驾驶执照可能是一项应该继续由政府负责的职能。如果由私营企业发放驾驶执照，它们可能不仅会在价格和服务质量上展开竞争，还会有强大的动力通过向不具备驾驶资格的人员发放驾照来招揽更多客户。

尽管如此，仍有许多事情是政府不应介入的，邮寄服务便是其中之一。以美国为例，一个世纪前，美国政府可能有正当的理由涉足邮寄业务。美国邮政通过补贴成本的方式确保邮件在全美范围内递送，此举间接帮助了美国欠发达地区（因为向偏远地区投递邮件的成本比向大都市投递更高，但邮费标准是一样的）。此外，当时的技术条件也不同。1820 年，几乎没有一家私营企业会进行必要的大规模投资，以建立一个能覆盖全美的邮件递送网络。（私人垄断并不比政府垄断更好，甚至可能更糟。）如今，时代变了。联邦快递公司（FedEx）和美国联合包裹运送服务公司（UPS）已经证明，私营企业完全有能力在全球范围内建立快递网络。

平庸的邮寄服务会造成巨大的经济损失吗？也许不会。不过，试想一下，如果美国邮政还控制着其他重要的经济部门会怎样。在世界其他地方，政府经营着钢铁厂、煤矿、银行、酒店和航空公司。竞争原本能给这些公司带来的所有好处都被剥夺了，民众的生活境况也因此变得更糟。（目前，美国最大的政府垄断事务之一便是公共教育，这一点值得深思。）

此外，还有一点更加微妙。即使政府在经济中扮演着重要角色，比如修建道路和桥梁，但这并不意味着政府必须具体实施这些工程。政府工作人员并不一定要去浇筑水泥。相反，政府可以规划和资助新建公路项目，然后通过招标让私人承包商来完成这项工作。如果招标过程公正透明，竞争充分（在许多情况下这一点存在很大的不确定性），项目就会落到能以最低成本达成最佳质量的公司手中。简言之，提供高质量公共物品的方式是利用市场竞争。

美国纳税人有时无法理解这一区别，贝拉克·奥巴马在一次关于医疗改革的市政厅会议上指出了这一点。他说："前几天我收到一名女士的来信，她说：'我不想要政府管理的医疗制度，也不想要社会化的医疗体制。离我的联邦医疗保险远点儿。'"当然，颇具讽刺意味的是，联邦医疗保险就是政府管理的医疗制度。该计划允许65岁以上的美国人向私人医生寻求服务，然后由美国联邦政府报销费用。就连美国中央情报局也将这一点铭记于心。美国中央情报局需要紧跟技术发展的最前沿，但它无法像私营部门那样为创新提供激励。在美国中央情报局取得突破性发现的研究人员，不会像在硅谷初创公司那样，在6个月内身价就能提升至数亿美元。因此，美国中央情报局决定利用国会拨款成立自己的风险投资公司，并将其取名为In-Q-It，这个名字源于为詹姆斯·邦德打造高科技装备的技术大师 Q 博士，从而利用私营部门达到自己的目的。[1] In-Q-It 的一位高管解释说，该公司的目的是"超越传统的政府采购流程，更迅捷地为美国中央情报局引进信息技术"。与其他风投公司一样，In-Q-It 会给那些掌握了新技术的小公司投资，这些技术拥有良好的发展前景。如果技术经过验证，具有商业应用价值，In-Q-It 及其资助的公司就会获利，也许是巨额利润。与此同时，美国中央情报局将有权使用那些具有潜在情报搜集功能的新技术。由 In-Q-It 公司资助的硅谷创业者可能会开发一种优化加密互联网数据的新方法，这种新技术可能会得到电子商务公司疯抢。与此同时，美国中央情报局最终将获得一种更好的方法来保护秘密特工从世界各地传送至华盛顿的信息。

在私营部门，市场会告诉人们应该把资源用在何处。在芝加哥白袜队的一场比赛中，我坐在中场的座位上，看到一个小贩穿梭于观众席间。他背着一个背包式的装置，装置上面醒目地写着"玛格丽特太空包"。这款设备能让小贩当场调制冰霜玛格丽特鸡尾酒。他在这个装置中以某种方式混合鸡尾酒，然后通过软管将饮品注入塑料杯中。表面上看，这项突破性技术的社会效益是，棒球迷如今无须离座即可享用玛格丽特，而不是只能选择喝啤酒。我不禁猜想，美国一些顶尖的工程人才——这些稀缺的人才资源——把时间和精力都用在创造玛格丽特太空包上了，这意味着他们并没有把时间花在寻找更便宜、更清洁的能源上，或者把时间花在寻求改善非洲饥饿儿童营养状况的更好途径上。世界需要玛格丽特太空包吗？创造它的工程技术人员是否可以将精力用于对社会更有用的地方？答案是肯定的。但是，至关重要的一点是，这只是我的个人观点，而我并非世界的管理者。

当政府掌控某些经济要素时，稀缺资源就会由专制者、官僚或政客分配，而不是由市场分配。在苏联，大型钢铁厂生产成吨的钢铁，但普通民众却买不到肥皂或像样的卫生纸。在事后看来，苏联率先将火箭送入轨道并不令人惊讶（同样显而易见的是，苏联不会发明玛格丽特太空包）。政府只需强制要求将资源用于太空计划，即使人们更倾向于能够吃新鲜蔬菜或穿长筒袜。有些资源分配决策是悲剧性的。例如，苏联的中央计划人员并未将节育视作经济层面的优先事项。苏联政府本可以向所有人提供避孕药，任何能够制造洲际弹道导弹的国家都有能力制造避孕药或避孕套。但是，制造避孕药并非苏联中央计划人员选择的国家资源流向，因此堕胎成了唯一的计划生育方式。在苏联，每个女性生育一个新生儿，同时就有约两个女性堕胎。苏联解体后，西方避孕药开始普及，堕胎率下降了50%。

即使在实施市场经济的国家，资源也会因政治进程而被用到一些非常奇怪的地方。我曾经采访一位技术专家，当时美国政府正计划建造一台粒子加速器（这是基础研究方面一个很好的例子）。该项目不仅能为选址地创造就业岗位，还会为选址地带来联邦资金。当时是20世纪90年代初，两个主要的选址分别是伊利诺伊州北部和得克萨斯州的某个地方。据受访专家说，伊利诺伊州北部更具吸引力，因为那里已经拥有一台粒子加速器和一个重要的联邦实验室。许多科学基础设施已经到位，无须重复建设。尽管如此，该项目还是在得克萨斯州选址。"为什么？"我问。对方看着我，仿佛在想我怎么会问出这么傻的问题。他回答说："因为乔治·沃克·布什是总统。"似乎没有比这更有力的理由把这台大型粒子加速器安置在得克萨斯州了。最后，美国政府在该项目上投入了大约10亿美元，后来该项目却不了了之。

私营部门会将资源分配到回报率最高的地方。与此相反，政府根据政治程序将资源分配到各种各样的地方。（看看《华尔街日报》头版新闻："支持乔治·沃克·布什的行业现今正积极寻求投资收益。"）[2]

这是因为美国共和党人特别容易受到这种敛聚钱财的政治影响吗？也许吧。但是，在贝拉克·奥巴马执政期间，摩根大通的首席执行官杰米·戴蒙首次在华盛顿特区召开公司董事会会议，并邀请白宫办公厅主任拉姆·伊曼纽尔作为特邀嘉宾。据《纽约时报》报道，伊曼纽尔的到场反映了"戴蒙先生为公司开辟的'第7条业务线'——政府关系——获得了良好的回报"[3]。

这本无可厚非。政治是一个必要但不完美的过程，每个人都有权争取影响力。美国军事基地的兴废以某种方式反映了美国参议院军事委员会的人员构成，这一因素的重要性有时甚至超过了美国的军事需求。组建私人军队是不可行的，所以这是美国人能合理期待的最好结果。然而，经济越少受政治左右越好。举例来说，有权势的政治人物不应该决定谁能获得银行信贷，谁不能。不过，这种事情正在印度尼西亚等国家上演，那里的政治人物推行的是"裙带资本主义"。有可能实现高额利润的项目难以获得融资，而总统妹夫赞助的可疑项目却能得到政府的大笔资金。这样一来，消费者会面临双重损害。首先，当原本就不应该获得资金的项目破产时（或者当整个银行系统因为受政治动机驱使发放的不良贷款过多而需要救助时），纳税人的钱就被白白损耗了。其次，由于具有价值的项目无法获得信贷（一种有限的资源），经济发展的速度和效率都会大打折扣：汽车厂无法被建成；学生无法获得贷款；创业者无法获得资金。结果，资源遭到浪费，国家的经济表现也远低于应有的水平。

政府不需要通过经营钢铁厂或发放银行贷款来干预经济。更微妙、更普遍的政府介入方式是监管。市场之所以能发挥作用，是因为资源流向了最重视其价值的地方。政府监管从本质上会干扰这一过程。在经济学教材描绘的世界里，企业家为了赚取更高的利润而过马路。在现实世界中，政府官员站在路边收取过路费，如果路没有完全被他们堵死。初创公司可能必须获得过路许可证，或者在过路时接受车辆尾气排放检测，或者向相关政府机构证明过路的员工是国家公民。其中一些监管可能会让人们过得更好。当"企业家"携带7千克可卡因过路时，政府官员的拦截是件好事。然而，每项监管制度也都有相应的成本。

米尔顿·弗里德曼是一位讨人喜爱的作家，也是一位主张减少政府干预的雄辩家（他的思想要比如今许多自称继承其衣钵并在各大专栏活跃发声的作家精妙得多）。弗里德曼在《资本主义与自由》一书中通过讲述一位经济学家和一位美国律师协会代表在一次大型律师会议上的交流，阐明了他的主张。[4] 经济学家在会上提出，应当降低律师行业的准入门槛。他认为，允许更多的律师执业，包括那些可能并不出色的律师，将会降低法律服务的费用。毕竟，有些法律程序并不需要顶尖的美国宪法专家出马完成，比如起草基础遗嘱和处理房地产过户。他打了个比方说，如果政府要求所有汽车都必须是凯迪拉克，那将是多么荒谬。这时，台下一位律师站起来说："除了'凯迪拉克级别'的律师，国家无法负担其他层次的法律服务！"

事实上，只要"凯迪拉克级别"的律师提供服务，这样做完全忽视了经济学在权衡方面的所有教诲（原因与通用汽车公司的市场份额持续下降无关）。在一个只有凯迪拉克的世界里，大多数人根本无力负担任何交通工具。有时，允许民众开丰田卡罗拉也没什么问题。

关于监管对经济的影响，2000年印度德里的骚乱可以说是一个引人注目的国际案例。[5] 德里是全球污染最严重的城市之一。当时，在印度最高法院就工业污染问题做出重大裁决后，数千名德里居民涌上街头进行暴力抗议。据《纽约时报》报道，"暴徒焚烧公交车，投掷石块，封锁主要道路"。令人意想不到的是，抗议者竟然支持污染者。印度最高法院裁定德里市政府藐视法庭，因其未能关闭约9万家对当地环境造成污染的小工厂。这些工厂雇用了大约100万人，如果工厂关闭，他们就会失业。这篇报道的标题精辟地概括了这种权衡："德里的严峻抉择：保证就业还是追求更安全的环境"。

那么，滴滴涕呢？滴滴涕作为人类向环境排放的最有害的化学物质之一，属于"持久性有机污染物"。它会进入食物链，在其中不断累积，沿着食物链传递,并在此过程中造成破坏。这种有毒杀虫剂是否应该被禁止在地球上使用?《经济学人》杂志曾提出一个颇具说服力的观点:不应该。[6] 在发展中国家的大部分地区,疟疾仍然猖獗,每年约有3亿人患这种疾病,超过100万人死亡。当然,发达国家对疟疾并不是特别敏感,因为早在50年前北美和欧洲就已经根除了疟疾。坦桑尼亚研究员温·基拉马曾提出一个著名的说法,如果每天有7架波音747飞机(乘客主要是儿童)撞上乞力马扎罗山,那么全世界都会注意到。这就是疟疾造成的死亡规模。[7]

哈佛大学经济学家杰弗里·萨克斯推测,如果在1965年根除疟疾,今天撒哈拉以南非洲地区的富裕程度将提高近1/3。现在,回到滴滴涕,它是控制蚊子传播疾病最经济的方法。次优的替代方法不仅效果较差,而且成本是滴滴涕的4倍。滴滴涕对健康的益处是否能证明其环境成本的合理性?

一些组织认为答案是肯定的,塞拉俱乐部、濒危野生动物保护组织、美国环保协会、世界卫生组织等机构都是这样认为的。是的,你没有看错。它们都将滴滴涕视为在贫困国家防治疟疾的"有用毒药"。2000年,联合国在南非召集了来自120个国家的代表,旨在禁止使用"持久性有机污染物",但代表们同意禁令不适用于滴滴涕用于抗击疟疾的情况。[8]

同时,并非所有法规都是平等的。相关的问题并不总是政府应不应该介入经济,更重要的问题可能是随后的监管如何被构建。芝加哥大学经济学家、诺贝尔经济学奖获得者加里·贝克尔总是在科德角度过夏天。他很喜欢吃条纹鲈。[9] 由于这种鱼的数量日渐减少,马萨诸塞州政府对每个捕捞季的商业捕捞量设置了上限。贝克尔对此并无异议,他希望未来的消费者也能吃到条纹鲈。

相反,在为《商业周刊》撰写的一篇专栏文章中,他提出了政府如何设定捕鱼总量的问题。在他写这篇文章的时候,马萨诸塞州政府对每个季节可以捕获的条纹鲈总量设定了限制。贝克尔写道:"遗憾的是,这种方法对于控制捕鱼活动来说相当拙劣,因为它会诱使渔民在捕捞季初期疯狂捕鱼,力求在达到全体渔民共享的总限额之前,尽可能多地捕获条纹鲈。"结果,所有人都没能从中获利:渔民在捕捞季初期因鱼量过剩只能低价出售条纹鲈;而捕捞的条纹鲈数量达到总限额后,消费者根本买不到条纹鲈。几年后,马萨诸塞州确实调整了制度,将条纹鲈捕捞配额分配给个体渔民。虽然总捕获量仍然有限,但每个渔民可以在捕捞季的任何时候完成自己的配额。

个体配额制度还能提升捕鱼作业的安全性。阿拉斯加的捕蟹业以前采用集体配额管理模式,这引发了"竞赛"现象。捕蟹人会疯狂捕捞,在短短数日内捕获全年50%以上的额度。一位捕蟹人解释说:"发令枪一响,大家都争先恐后。有些渔船装了太多蟹,结果翻了船。还有人迫使船员长时间工作。"这一行业的危险程度之高,甚至催生了真人秀节目《致命捕捞》。2006年,配额制度发生了变化,每艘渔船都有专属的配额,捕蟹人可以在整个捕捞季完成捕捞任务。现在,捕蟹人能够保证充足的睡眠,以安全的工作节奏作业,同时避开恶劣天气。捕蟹人的死亡率直线下降,螃蟹种群也得到了同等程度的整体保护。[10]

像经济学家那样思考问题的关键在于,认识到市场调控固有的利弊权衡。监管会扰乱资本和劳动力的流动,提高商品和服务的成本,阻碍创新,并以其他方式阻碍经济发展(比如让蚊子活下来)。这还仅仅是出于善意的监管。在最坏的情况下,监管会沦为公司牟取私利的有力工具,因为公司会利用政治制度为自己谋利。毕竟,如果你无法打败竞争对手,那么为什么不让政府替你削弱他们呢? 1982年,芝加哥大学经济学家乔治·施蒂格勒获得诺贝尔经济学奖,其获奖原因是敏锐地发现并证明了公司和专业协会往往会通过推动监管政策的制定来推进自身的利益。

让我们看看发生在我家乡伊利诺伊州的一场监管运动。伊利诺伊州立法机构面临对美甲师实施更严格的从业许可规定的压力。这是美甲受害者发起的一场草根游说运动吗？游说活动是由伊利诺伊州美容协会推动的，该协会代表了那些不愿与新移民从业者竞争的老牌水疗中心和美容院。20世纪90年代末，美甲沙龙的数量在短短一年内猛增23%，其中折扣沙龙的美甲价格低至6美元，而全套服务沙龙的美甲价格为25美元。若实施更为严苛的许可要求，现有美甲服务提供商几乎不会受到影响，但会使开新美甲沙龙的成本攀升，从而限制美甲行业激烈的竞争。

　　米尔顿·弗里德曼指出，同样的事情在20世纪30年代以更大的规模发生过。1933年希特勒上台后，德国和奥地利的大批专业人士逃往美国。同时，美国许多行业设置了"良好公民身份"要求和语言考试等门槛，而这些要求与所提供服务的质量关系不大。弗里德曼指出，1933年之后的5年中，在美国获得执业许可的外籍医生数量与之前的5年持平。如果执业许可要求的存在仅仅是为了筛选出不合格的医生，那么这种情况几乎是不可能发生的；但如果其目的是限制进入该行业的外籍医生数量，那么这种情况很有可能发生。

　　从全球标准来看，美国的经济监管相对宽松（不过，你可以试试在美国商会会议上提出这一观点）。然而，部分发展中国家存在一种具有讽刺意味的可悲现象，政府不能合理地完成界定产权和执法等基本任务，在其他方面却实施了大量严厉的监管措施。从理论上讲，这种监管可以保护消费者免受欺诈，改善公共卫生，保护环境。然而，经济学家提出了疑问，是不是也可以这样说：这种监管与其说是对社会的"帮助之手"，不如说是腐败官僚的"掠夺之手"，他们勒索、贿赂的机会随着政府对各类工作设置的许可证和执照数量的增长而增加？

　　一组经济学家研究了"帮助之手"与"掠夺之手"的问题，他们考察了在75个不同国家开办新公司的相关程序、成本和预期延误。[11]差距可谓悬殊。在加拿大，注册一家新公司并获取许可只需要两道手续，而在玻利维亚则需要 20 道手续。合法开办一家新公司所需的时间从加拿大的 2 天到莫桑比克的 6 个月不等。通过各项政府审批程序所需的成本也有极大差异，从新西兰占人均 GDP（国内生产总值）的 0.4% 飙升至玻利维亚占人均 GDP 的 260%。研究发现，在越南、莫桑比克、埃及和玻利维亚等贫困国家，创业者为获得新公司的营业执照，需要付出相当于年薪一到两倍金额的代价（还不包括贿赂金和时间的机会成本）。

那么，莫桑比克等国的消费者是否比加拿大或新西兰的消费者生活在更安全、更健康的环境中呢？答案是否定的。研究发现，在监管较多的国家，企业遵守国际质量标准的程度反而较低。政府的烦琐规定似乎未能减少污染或提高公民的健康水平。与此同时，过度监管迫使创业者转向地下经济，因为地下经济根本不存在监管。在腐败最严重的国家开办新公司是最困难的，这表明过度监管可能成为负责监管的官僚的潜在收入来源。

印度拥有 10 多亿人口，其中许多人极度贫困。教育显然在推动印度经济发展和帮助数百万人摆脱贫困方面发挥了作用，特别是高等教育，对于创建和发展充满活力的信息技术产业功不可没。然而，近期技术人才的短缺对印度经济增长造成了阻碍。因此，孟买一所药学院决定利用 8 层教学楼闲置的空间来加倍招收学生，从经济角度看，这不难理解。

问题在于，这一举动把学院管理部门置于违法境地。实际情况是，印度政府对技术学院实施了严格的管理条例，旨在杜绝利用闲置空间容纳更多学生这种鲁莽且可能具有隐患的行为。具体地说，印度法律规定技术学院必须为每个学生提供约 15 平方米的建筑面积，以确保学生有足够的学习空间。根据这一规定，K.M. 昆德纳尼药学院院长最多只能招收 300 名学生，尽管这所学院教学楼顶层的所有阶梯教室都因无人使用而上了锁。

据《华尔街日报》报道，"这些规章制度还规定了图书馆和行政办公室的具体规模、教授与助理教授和讲师的比例、招生名额，以及学校必须配备的计算机终端、图书和期刊的数量"。[12]

值得庆幸的是，政府有时也会撤销这类监管。2008年11月，欧盟大胆宣布，将销售外形不佳的水果和蔬菜合法化。在此之前，欧盟成员国的超市被禁止销售"外形过于弯曲、表面凹凸不平或奇形怪状"的农产品。此举展现了欧盟当局真正的政治勇气，因为在欧盟委员会讨论放松管制时，27个成员国中有16个国家的代表曾试图阻止。[13]

我多么希望这些都是我编造出来的。

让我们暂时抛开愤世嫉俗的态度，回到政府也拥有积极作为的能力这一观点上来。即便如此，当政府执行其在理论上应承担的任务时，政府支出也必须通过征税来解决，而税收会给经济带来负担，也就是伯顿·G.马尔基尔所说的"财政拖累"。它源于两点。首先，征税从民众口袋里拿走了钱，这必然会削弱民众的购买力，从而减少民众得到的效用。诚然，政府可以通过花费数十亿美元购买喷气式战斗机来创造就业机会，但买这些战斗机的钱却来自民众的工资。这意味着在总体上民众购买电视的数量减少了，向慈善机构捐款的数额减少了，度假的次数也减少了。因此，政府并不一定在创造就业机会，可能只是在转移就业机会，或者从净值上看，是在破坏就业机会。与新建的国防工厂相比，税收的这种影响并不那么明显。在这些工厂里，快乐的工人大量生产闪亮的飞机。在后续的宏观经济学章节，我将探讨凯恩斯主义的前提，即政府可以在经济衰退时通过实施刺激措施来促进经济增长。

其次，更微妙的是，税收会导致个人改变行为方式，从而给经济带来不利影响，但却不一定会为政府带来任何收入。想想美国所得税，在计入州税和联邦税后，每赚取1美元，所得税可高达50美分。某些原本愿意辛勤工作以确保拿到自己挣得的每一分钱的美国人，可能会在边际税率达到50%时选择退出劳动力市场。这就导致了一种双输的局面：那些原本渴望工作的人选择离职（或者一开始就不工作），而政府也没有增加任何收入。

正如我之前指出的，经济学家将这种与税收相关的低效现象称为"无谓损失"。它使得你的境况恶化，同时并未使他人受益。想象一下，一名窃贼闯入你的家中，偷走了各种私人物品。在匆忙中，他不仅偷走了一沓现金，还偷走了一本珍贵的家庭相册。他偷走的现金不存在无谓损失，从你这里偷走的每一美元都会使窃贼的财富增加一美元。（抛开道德，在经济学家看来，这只是财富的转移。）然而，被偷的相册是纯粹的无谓损失，它对窃贼来说毫无意义。一旦意识到自己偷了什么，他就会将其扔进垃圾桶，但这对你来说是巨大的损失。任何阻碍生产行为的税收都会造成一定的无谓损失。

征税还会抑制投资。当预期回报为一亿美元时，考虑进行高风险投资的企业家可能会欣然投资，但当预期回报因税收而缩减至 6 000 万美元时，他可能会放弃投资。一个人可能会去攻读研究生学位，前提是这将为其带来 10% 的收入增长。但是，如果她的税后收入——工资单上扣除所有税费后实际显示的数字——只增加了 5%，那么这项在费用和时间方面成本高昂的投资可能就不值得了。（我弟弟拿到第一份工资的那天，回家拆开信封查看工资明细时惊呼："联邦社会保险捐款法是什么？"）设想一下，某个家庭手头有 1 000 美元的闲钱。这个家庭有两种选择：购买一台大屏幕电视，或者将这笔钱存入投资基金。从长远来看，这两种选择对经济的影响截然不同。选择投资可以为建造工厂、开展研究、培训员工的公司提供资金。这些投资在宏观层面上等同于接受大学教育，它使民众的生产力更高，因此也使民众变得更富有。相反，购买电视属于即时消费，虽然能让购买者今天开心，但对民众未来财富的增值并无助益。

诚然，购买电视的钱有助于使电视机厂的工人保住工作。但是，如果把同样的钱投资到其他地方，也能创造就业机会，比如让科学家在实验室工作或工人在建筑工地工作，从长远来看，这也能使民众更富有。再想想上大学的例子。送学生上大学为博士毕业生创造了就业机会，如果用同样的钱为高中毕业生购买豪华跑车，则能为想成为汽车工人的人创造就业机会。这两种情况的关键区别在于，接受大学教育能使年轻人在余生中具备更高的生产力；而买跑车则不能。因此，大学学费是一种投资，而购买跑车是一种消费（不过，为工作或商务用途购买汽车可能被视为一种投资）。

现在，让我们回到那个拥有1 000美元闲钱的家庭。这个家庭会如何处置这笔钱呢？他们的决定取决于将这笔钱用于投资而非物质消费所能获得的税后收益。税收越高，比如资本利得税，投资收益率就越低，买电视就越有吸引力。

征税对工作积极性和投资意愿都有负面影响。许多经济学家认为，减税及减少监管可以释放经济中的生产力。这是事实。最为激进的"供给学派人士"进一步认为，减税实际上可以增加政府税收，因为民众都会更加努力地工作，赚取更高的收入，即使税率下降，最终缴纳的税款也会增加。这一理念构成了拉弗曲线的基础，为美国里根时代的大规模减税政策提供了理论支撑。1974年，经济学家阿瑟·拉弗提出了这一理论：高税率会严重抑制工作和投资的积极性，因此减税将为政府带来更多而非更少的收入。（拉弗在与一群记者和政界人士共进晚餐时，首次在餐巾纸上画了一张图表解释这一理论。人生总是充满了啼笑皆非的巧合，那张餐巾纸是理查德·切尼的。）[14] 在一定的税收水平上，这种关系必然成立。例如，如果个人所得税税率高达95%，那么除了维持生计必需的工作，没有人会去做更多的工作。将税率降至50%，几乎肯定会增加财政收入。

然而，在税率本来就很低的美国，这种关系是否成立呢？美国总统里根和乔治·沃克·布什时期的减税政策的结果都给出了答案：不能成立。大规模减税并没有增加政府收入（相对于未实施减税政策时的政府收入而言）①，而是导致了巨额的预算赤字。在里根减税政策的案例中，拉弗先生的猜想似乎确实适用于美国最富裕的阶层，他们在税率下调后最终向美国财政部缴纳了更多的税款。当然，这可能只是巧合。正如我将在第6章探讨的那样，在过去的几十年里，随着经济发展越来越依赖脑力而非体力，高技能工人的工资大幅上涨。美国最富有的人之所以缴纳了更多的税款，可能是因为他们的收入大幅增加，而不是因为他们在税率降低后更加努力地工作。

  在税率相对于世界其他国家较低的美国，供给学派经济学是一种幻想：除了特殊情况，无法在减税的同时还有更多资金用于政府项目，保守派经济学家很乐意承认这一点。曾在里根政府和乔治·赫伯特·沃克·布什政府任职的布鲁斯·巴特利特曾公开感叹，"供给学派经济学"一词已经从一个重要且合理的观点（较低的边际税率会刺激经济活动），变成了一种"难以置信的观点"（所有的减税措施都会增加政府收入）。[15] 2007年，当美国参议员约翰·麦凯恩在《国家评论》的访谈中说减税"众所周知会增加收入"时，曾任乔治·沃克·布什政府白宫经济顾问委员会主席的哈佛大学经济学家格里高利·曼昆在博客上提出了一个合乎逻辑的追问："如果你认为减税能增加政府收入，那么为何还要倡议限制政府支出呢？难道我们不能用进一步的减税来支付新的项目支出吗？"[16] 如果你觉得我好像特别强调这一点，那么你的感觉是对的。减税增收这一谬论的问题在

---

① 这里有一个微妙但重要的分析要点。主张减税能够增加政府收入的人经常指出，在大幅减税后，政府收入会比减税前更高，这一点是正确的。但是，这种比较并不恰当。我们应该问的问题是，在实行减税政策后，政府收入是否比不减税时要高。这一区别之所以重要，是因为即使税率保持不变，由于通货膨胀和经济增长，政府收入也会逐年增长。因此，在不减税的情况下，政府收入增长5%完全是有可能的；如果在减税后政府收入增长2%，尽管政府收入较上一年度有所增加，但实际上却低于不减税时的增长水平。如果政府支出未能与新的实际收入同步增长，那么预算赤字就会产生，这种情况经常发生。

于，它混淆了公共财政的讨论，给人一种可以不劳而获的错觉。现在，你应该已经认识到，在经济学中，情况往往并非如此。减税有很多好处，它让人们的钱包更鼓，也能激励人们努力工作，敢于冒险。事实上，降低税率所带动的经济活动增加通常确实有助于抵消税收的减少。一美元的减税可能只会造成政府收入减少80美分（在极端情况下减少50美分），因为虽然政府从经济蛋糕中分得的比例变小了，但蛋糕本身变大了。

然而，"少付多得"的观念依然存在，这在很大程度上是因为它比"少付少得"更有吸引力。2017年，特朗普政府推出大规模减税计划，时任美国财政部长的史蒂文·姆努钦信心满满地说："这项减税计划不仅能收回成本，还能偿还债务。"[17] 不过，美国国会预算办公室给出了相反的答案。作为中立机构，美国国会预算办公室负责对此类问题进行权威的经济分析。该机构的评估结果显示，即使考虑到额外的增长，减税计划也将在10年内造成1万亿美元的政府收入损失。芝加哥大学布斯商学院定期就减税等当下问题，对有不同意识形态的经济学家进行调查。当特朗普的税收计划在美国国会获得通过时，这些经济学家接受了调查。100%的经济学家都回答该计划会增加债务，不是86%，也不是91%，而是每一位经济学家都给出了这一结论。[18] 因此，有新闻标题是："特朗普团队坚称税收法案将收回成本，但实际不会"[19]。

不到一年后，美国白宫报告称，"赤字增速超过预期"，由于特朗普的减税政策，未来10年联邦债务将增加1万亿美元。就好比从桥上掉下的弹珠向下坠落而非向上攀升那样，这一结果完全在意料之内。参与布斯商学院调查的所有经济学家都认为会发生这种情况。

让我用具体数字举一个简单的例子。假设税率为50%，税基为1亿美元，那么税收收入为5 000万美元。现在，假设税率降至40%。有些人因为可以保留更多收入而加班工作，有些人会从事第二份工作。假设税基增长到1.1亿美元，此时政府从扩大的经济规模中征收40%，即4 400万美元的税收。政府对原有经济活动的征税比例减少了，因此税收收入减少了，但新经济活动带来的增长抵消了部分损失。如果经济活动对减税完全没有反应，税率下降10个百分点将导致政府损失1 000万美元的收入，但实际上政府只损失了600万美元。（在增税的情况下，类似的效应可能发生逆转：经济规模的缩小将部分抵消税收收入的增长。）税务专家在预测减税或增税的效果时，通常会考虑到这些行为反应。

除了极其特殊的情况，天下没有免费的午餐。税率降低意味着政府总收入减少，因此用于作战、平衡预算、打击恐怖分子、教育下一代以及履行其他政府常规职责所需的资金也会减少。这就是所有人必须面对的权衡取舍。供给学派经济学存在一种错误解读，将一场重要的知识辩论——民众是应该多纳税以获得更多的政府服务，还是少纳税而获得更少的政府服务——变成了一个在智识层面不够诚实的前提，即民众可以少纳税而获得更多的收益。我希望这是真的，就如同我希望可以通过减少工作来致富，或者通过多吃东西来减肥一样。到目前为止，这都没有发生。

尽管如此，小政府的支持者说的也有一定道理。降低税收能够吸引更多投资，从而提升经济长期增长的速度。你如果认为这是一种错误的策略，或者是一项仅仅有利于富人的政策，就太轻率了。一个不断扩大的蛋糕对于那些分得最小块蛋糕的人来说十分重要，甚至可能是最重要的。当经济增长缓慢或经济陷入衰退时，下岗的是钢铁工人和勤杂工，而不是脑外科医生和大学教授。2009年，在金融危机引发的经济衰退中，美国的贫困率超过了13%，达到了10多年来的最高水平。

然而，对于那些处于经济阶梯底层的人来说，20世纪90年代却相当不错。密歇根大学经济学家、克林顿政府白宫经济顾问委员会成员丽贝卡·布兰克回顾了那个时期令人瞩目的经济扩张，她指出：

> 我认为，反贫困斗士从20世纪90年代汲取的第一个也是最重要

的教训是，持续的经济增长是一件美妙的事情。只要政策有助于保持强劲的就业增长、保持低失业率并推动工人工资上涨，这些政策的重要性可能就不亚于甚至超过扶贫计划。如果没有就业机会，或者工资水平下降，那么仅靠政府计划来帮助人们摆脱贫困的成本要高得多——无论是消耗的资金，还是政治资本，都是如此。[20]

因此，目前为止我一直在回避一个明显的问题：在美国经济中，政府扮演的角色究竟是过大，过小，还是恰到好处？我终于可以给出一个简单、直接、明确的答案了：这取决于你问的是谁。有些睿智且深思熟虑的经济学家希望看到一个更大、更积极的政府；有些同样睿智且深思熟虑的经济学家希望看到一个较小的政府；还有一些经济学家介于两者之间。

在某些情况下，专家们在实际问题上存在分歧，就如同知名外科医生可能在治疗动脉堵塞的适当方案上存在分歧一样。例如，关于提高最低工资标准的效果，一直以来饱受争议。从理论上讲，其中必然存在权衡：提高最低工资标准显然有助于那些薪资因此上调的工人；但与此同时，它也会对一些低薪工人造成负面影响，他们可能会失去工作（或者从一开始就不被雇用），原因是公司在面临更高的工资标准时会减少雇用工人的数量。经济学家对提高最低工资后会导致多少工作岗位流失存在分歧（并得出了相反的研究成果）。提高最低工资是不是帮助低薪工人的良好政策，如果要对这个问题做出明智的判断，上面这条信息至关重要。随着时间的推移，这个问题可以通过可靠的数据和扎实的研究来回答。（正如一位政策分析师曾向我指出的那样，虽然用统计数据造假可能很容易，但如果没有统计数据，造假会更容易。）

更常见的情况是，经济学只能提出一些需要根据道德、哲学和政治知识来判断的问题——就像医生向患者列出各种治疗选项一样。医生可以说明晚期癌症患者接受化疗涉及的医学问题，而最终的治疗决定由患者做出。患者会就生活质量与生存期限、对承受不适的意愿、家庭背景等问题提出自己的看法，这些都是完全合理的考虑因素，与医学或科学无关。尽管如此，做出这一决定仍然离不开良好的治疗建议。

沿着这一思路，我们可以构建一个政府在经济中应扮演何种角色的思考框架。

政府有潜力提高经济的生产能力，从而使民众的生活变得更好。 政府构建并维系着使市场成为可能的法律框架；政府通过提供个体无法自己购买的公共物品来提高个体得到的效用；政府通过纠正外部性，特别是环境问题，来修复市场经济的瑕疵。因此，"政府规模越小越好"的观点是完全错误的。

理性的美国人虽然可能会认同以上所有观点，但在美国政府应该扩大还是缩小规模的问题上仍会出现分歧。从理论上讲，相信美国政府有能力将资源投入能改善民众生活的领域是一回事，而相信美国国会那些容易犯错的政界人士会选择这样花钱是另一回事。在著名手风琴演奏家劳伦斯·韦尔克的故乡北达科他州斯特拉斯堡建立一个德俄博物馆真的对公众有益吗？1990年，美国国会为该博物馆拨款50万美元（1991年，在美国公众的强烈抗议下撤回了这笔拨款）。为寻找外星生命拨款1亿美元合理吗？寻找外星生命符合公共利益的定义，因为个体独立承担这样的探索任务是不切实际的。尽管如此，我猜测许多美国民众还是更愿意看到他们的钱被花在其他地方。

如果我对100位经济学家展开一项调查，几乎每一位经济学家都会告诉我，大幅改善美国中小学教育将带来巨大的经济收益。但谈及是否应该在公共教育上投入更多的资金，这些经济学家却未能达成共识。为什么呢？因为他们在向现行教育体系投入更多资金能否提升学生成绩这一点上存在巨大分歧。

尽管某些政府举措缩小了经济蛋糕的规模，但它们可能仍是社会所需要的。 从理论上讲，将资金从富人转移至穷人手中是"低效"的，因为如果将税收实施过程中的无谓损失计算在内,向贫困家庭发放1美元的补助可能会使经济损失1.25美元。维持一个强有力的社会保障体系所需的较高税收,主要落在那些拥有生产性资产(包括人力资本)的群体身上,这就使得像法国这样的国家成为对贫困儿童有利的地方,对互联网创业者不利的地方(进而成为对高科技从业者不利的地方)。总体而言,保证每个人都能分到一些蛋糕的政策会减缓蛋糕本身的增大。美国人均收入高于法国,但美国贫困儿童的比例更高。

尽管如此,理性的美国人对于社会支出的适宜水平可能存在分歧。首先,对于愿意用多少财富来换取更多平等,他们可能有不同的偏好。美国虽然比欧洲大多数国家富裕,但美国的贫富差距更大。其次,在财富和平等之间进行简单的权衡,过于简化了帮助最弱势群体的这一难题。关心美国最贫困人口的经济学家可能会持有不同意见:是昂贵的政府项目(如全民医保)对穷人的帮助更大,还是降低税率鼓励经济增长,进而提高更多低收入美国人的工资对穷人的帮助更大?

最后,有些政府对经济的干预纯粹是破坏性的。高压政府如同放在市场经济颈部的一把刀。即使出于善意,政府推行的计划和法规也可能导致事与愿违的结果。如果用心不良,政府会制定各种为特殊利益集团或腐败政客牟利的法律。在发展中国家尤其如此,只要政府退出不属于它的经济领域,诸多益处就会自然显现。正如美国克利夫兰联邦储备银行前总裁兼首席执行官杰里·乔丹指出的:"要区别经济上的'富人'与'穷人',关键在于一个经济体的机构(尤其是公共机构)的作用是促进生产还是掠夺生产。"[21]

简言之,政府就像外科医生的手术刀,是一种具有侵入性的工具,可以用于行善,也可以用于作恶。如果使用得当且审慎,它将促进人体非凡的自愈能力发挥作用。如果放在错误的人手中,或者即使出于良好的意愿过度使用,它也可能造成重大损害。

5

信息经济学

麦当劳并没有做出更好的汉堡

1992年竞选美国总统期间，比尔·克林顿提出了"希望奖学金"的设想。这一计划（基于耶鲁大学先前的一项实验）看起来颇具吸引力：美国学生可以贷款上大学，在毕业后用一定比例的年收入偿还贷款，而非采用通常的本金加利息的固定还款模式。毕业后成为投资银行家的学生需偿还的学生贷款会多于在贫困地区为弱势青少年提供咨询的毕业生，而这正是该计划的初衷。该计划旨在解决的问题是，学生在毕业时因沉重的债务而被迫选择高薪而非有意义的工作。毕竟，在背负7.5万美元的助学贷款后，毕业生很难选择去当一名教师或社会工作者。

从理论上讲，该计划可以自给自足。管理者可以预测符合条件的学生在毕业后的平均工资，然后计算出他们用来偿还贷款的收入比例，以便使项目收回成本，比如15年内将每年收入的1.5%用来偿还贷款。那些毕业后成为脑外科医生的学生，他们的还款额将高于平均水平；而在多哥对抗热带疾病的学生，其还款额将低于平均水平。平均而言，高收入者和低收入者的还款将相互中和，使项目实现收支平衡。

但有一个问题："希望奖学金"没有成功的希望，至少在没有大规模且持续的政府补贴的情况下难以成功。问题的关键在于信息不对称：学生比贷款管理者更了解自己未来的职业规划。大学生虽然无法确切知道自己的未来规划，但大多数人对自己毕业后的收入是高于还是低于平均水平有较为明确的把握，而这足以决定"希望奖学金"的成本是高于还是低于传统贷款。渴望成为华尔街精英的学生会避开这个项目，因为这对他们来说不是一笔划算的交易。谁愿意在15年里每年将500万美元年收入的1.5%用来偿还贷款，而传统贷款要便宜得多？与此同时，那些希望成为幼儿园教师或成为和平队志愿者的学生将选择加入这个项目。

其结果就是所谓的"逆向选择"，学生会根据自己对未来职业的规划自行决定是否加入该项目。最终，该项目吸引的主要是低收入者。原本基于毕业生平均工资计算的还款额度变得不再适用，该项目无法收回成本。可以推测，克林顿忽略了他的顾问极有可能跟他说过的耶鲁大学那项实验：该实验在实施5年后被悄然取消，一个原因是还款额低于预期，另一个原因是管理成本过高。

当然，比尔·克林顿并非最后一个被这个太过诱人的想法吸引而草率行事的人。2013年，美国俄勒冈州立法者提出了名为"爱心传递"的倡议，该计划是"希望奖学金"的翻版（而"希望奖学金"是耶鲁大学实验项目的改良版）。在俄勒冈州高校就读的学生无须交学费，而是承诺在毕业后的规定年限内，将其未来一定比例的收入回馈给学校。如果这项计划是可选的，那么预计未来收入较高的学生会选择不参与。如果这项计划是强制性的，那么有望成为医生和工程师的学生很可能选择到其他州求学。诚然，大学学费太贵了，而逆向选择的问题短期内也不会消失。在谈及这个立法实验项目时，《大西洋月刊》直言不讳地用了如下标题："俄勒冈州激进且糟糕的大学'免学费'计划"[1]。

我们会因为不知道某些信息而遭受损失。经济学家研究我们如何获取信息，如何利用信息，以及在只能看到事物表象时如何做出决策。事实上，2001年，瑞典皇家科学院将诺贝尔经济学奖授予了乔治·阿克洛夫、迈克尔·斯宾塞和约瑟夫·斯蒂格利茨,以表彰他们在信息经济学方面的开创性工作。他们的研究探讨了当理性个体被迫根据不完全信息做出决策,或者当交易一方比另一方知道更多信息时产生的问题。从基因筛查到职场歧视,他们的见解与部分亟待解决的社会问题息息相关。

假设一家小型律师事务所正在面试一男一女两名应聘者。他们都是哈佛大学法学院的应届毕业生,完全能胜任这个职位。如果"最佳"候选人是能为公司创造最多经济效益的人(这似乎是一个合理的假设),那么理性的选择是录用那名男士。面试官不知道应聘者的具体家庭计划(法律也禁止询问此类问题),但可以根据自己对21世纪美国的了解做出合理推断:女性仍然承担着大部分抚养子女的责任。人口统计数据表明,两名候选人都有可能在不久的将来组建家庭。然而,只有女性应聘者会休带薪产假。更重要的是,她在生完孩子后可能不会重返工作岗位,这就意味着公司将承担寻找、录用和培训另一名律师的成本。

这些推断一定会与事实相符吗?答案是否定的。男性应聘者可能梦想着在家带5个孩子,女性应聘者可能多年前就已决定不要孩子了。然而,这些都不是最有可能发生的情况。女性应聘者之所以处于劣势地位,是因为公司没有她的具体信息,有的只是关于社会普遍趋势的可靠数据。这公平吗?不公平(也不合法)。然而,公司做出这一决定的逻辑是合理的。换句话说,在这种情况下,歧视是合理的,这彻底颠覆了我们对歧视的一般认知。通常来讲,歧视是非理性的。正如诺贝尔经济学奖得主加里·贝克尔在《歧视经济学》一书中指出的那样,"喜欢歧视"的雇主会牺牲利润,因为他们会放弃优秀的少数族裔员工而选择能力不足的白人。[2]因为肤色而拒绝看黑人名医的患者是不明智的。一家律师事务所通过使用平均统计数据来最大限度地降低员工流动率,这可能冒犯人们的情感,违反法律,但它并非愚蠢之举。

当我们把这种情况当作信息问题来处理时,我们会得到几个关键点。

首先，公司并不是唯一的责任方。当职业女性选择休完带薪产假就从公司辞职时，她们给公司带来了成本，这可以说是不公平的。更重要的是，她们还让其他女性付出了代价。那些被休完产假就辞职的员工"骗"过的公司，更有可能在招聘过程中歧视年轻女性（尤其是那些已经怀孕的女性），也更不可能提供优厚的产假福利。幸而，有一个简单快捷的解决方案：丰厚但可退还的产假福利制度。员工如果在产假结束后回归岗位就可以保留这部分福利，如果不回来工作，就需要退还相应福利。这个简单的政策变化几乎满足了各方要求。公司再也不必担心给那些不会重返工作岗位的女性提供福利。事实上，公司有可能提供更丰厚的福利，而不会刺激员工拿钱走人。这样一来，女性在招聘过程中也不会面临同样程度的歧视。当然，最好的长期解决办法是让男性承担更多抚养子女的责任，这样雇主就没有理由认为，年轻女性员工比年轻男性员工更有可能在有孩子后离职或减少工作时间。

统计性歧视，又称"理性歧视"，是指个体根据广泛的统计模式做出合理的推断，但在具体情况下可能是错误的，会对特定群体产生歧视性影响。假设一个雇主没有种族偏见，但排斥犯过罪的人。不管原因为何，这种偏见当然是合情合理的。如果这个雇主不得不在无法了解求职者的犯罪背景的情况下做出聘用决定（要么是因为他没有时间或资源搜集此类信息，要么可能是因为法律禁止他询问），那么他歧视黑人男性求职者是完全有道理的，因为黑人男性求职者有服刑经历的可能性（28%）远远高于白人男性求职者（4%）。

当然，这个雇主关心的只是站在他面前的人是否犯过罪。如果他能确定无疑地获取这一信息，更广泛的社会统计模式就无关紧要了。从理论上讲，犯罪背景调查可以减少对无犯罪记录黑人的歧视。事实上，数据也证实了这一点。一组经济学家比较了进行犯罪背景调查的公司和不进行犯罪背景调查的公司的招聘决定。他们得出如下结论："我们发现，进行犯罪背景调查的雇主更有可能聘用非裔美国人,尤其是男性。在那些表示不愿意聘用有犯罪记录的员工的雇主中,这种效应更显著。"[3]

在种族问题上,信息通常越多越好,换言之,信息越少可能越糟糕。美国拥有大量的刑满释放人员。(美国的监禁率很高,大多数囚犯最终都能出狱,而刑期的中位数不到两年。)那些试图通过隐瞒犯罪背景信息来帮助刑满释放人员的政策,可能会对更多人不利。进行上述研究的经济学家警告说,他们的研究结果"表明限制获取犯罪历史记录信息实际上可能弊大于利,并加剧劳动力市场中劳动者的种族差异"。

本章的焦点并非歧视,而是信息,信息是许多与歧视相关的问题的核心。信息很重要,尤其是当我们没有掌握所需的全部信息时。市场往往对掌握更多信息的一方更有利。(你买过二手车吗?)然而,如果信息失衡或不对称的程度过于严重,市场就会完全崩溃。这是2001年诺贝尔奖得主、加州大学伯克利分校经济学家乔治·阿克洛夫的基本见解。在一篇题为《柠檬市场》的论文中,他以二手车市场为例,阐述了论文的核心观点。在二手车市场中,任何卖家都比买家更了解二手车的质量。这就产生了逆向选择问题,就像"希望奖学金"一样。对汽车满意的车主不太可能将其出售。因此,二手车买家会预料到汽车存在潜在的问题,并要求车主打折。但是,一旦市场上出现了折扣,高品质汽车的车主就更不愿意卖车了,这必然会导致市场中充斥着"柠檬车",也就是低品质二手车。从理论上讲,高品质二手车市场是行不通的,这对买卖双方都构成了不利局面。(然而,在现实中,这种市场往往是行得通的,与阿克洛夫同时获得诺贝尔奖的学者解释了背后的原因,我稍后再做深入探讨。)

"柠檬市场",即次品市场,是诺贝尔奖委员会认可的思想范例。用瑞典皇家科学院的话说,这是"一个简单而深刻的普遍性观点,具有广泛的影响力和众多的应用领域"。举例来说,医疗保健领域就存在信息问题。在医疗保健领域,消费者,即患者掌握的信息通常比医生少。即使患者看了医生，也可能不知道自己是否得到了正确的治疗。这种信息不对称是医疗保健困境的核心所在。

在任何"按服务收费"的制度下，医生会对其实施的每一项医疗程序收取费用。患者无须承担这些额外的检查和手术费用，这部分开支由他们的保险公司承担。（在美国，享有医疗保险资格的老年人群体，其医疗费用由联邦政府承担。）与此同时，医疗技术的发展不断催生各种新的医疗方案，其中很多都非常昂贵。这两个因素是医疗费用快速上涨的核心原因：医生有动力实施昂贵的医疗手段，而患者没有理由不同意。如果你因头痛走进医生的诊室，而医生建议你做个CT（计算机断层扫描），你几乎肯定会同意，"只是为了确保万无一失"。你和医生都没有违反道德。在不考虑费用的情况下，排除脑部肿瘤的可能性是完全合理的，即使你唯一的症状是在公司节日派对后的第二天清晨感到头痛。医生可能也有理由担心，如果她不安排你做CT，而你的头部后来被查出有问题，你可能会起诉她，并索要高额赔偿。

医学创新在某些情况下十分了不起，但有时候也会造成浪费。前列腺癌作为一种困扰许多老年男性的癌症，目前治疗方法多种多样。一种治疗方法是"观察等待"——除非检查显示癌症正在恶化，否则什么也不做。这是一种合理的做法，因为前列腺癌发展缓慢，大多数男性前列腺癌患者在前列腺癌成为严重问题之前就会因其他原因死去。另一种治疗方法是质子放射疗法，包括使用一个大约足球场大小的质子加速器向癌细胞发射质子。什么都不做基本上不花钱，用加速器发射质子的费用约为10万美元。

费用上的差异并不意外，令人震惊的是，尚无证据表明质子放射疗法比观察等待更有效。兰德公司的一项分析总结道："没有证据表明，哪种疗法效果更好。"[4]

健康维护组织旨在通过改变激励机制来控制成本。在许多健康维护组织的计划中，无论全科医生提供何种服务，都以年为单位按照患者数量收取固定的费用。医生在开具处方时可能受到检查和服务种类的限制，如果他们不把患者转诊至专科医生处，甚至还能获得奖金。情况因此发生了改变。现在，当你（在了解自己的健康信息方面仍处于劣势）走进医生办公室说"我头晕，头痛，耳朵还出血"时，医生会参考健康维护组织的治疗指南，告诉你吃两片阿司匹林。这个例子尽管有些夸张，但反映的基本问题是真切的：最熟悉你病情的人可能因经济动机拒绝为你提供医疗服务。关于医疗支出过高的抱怨被关于医疗支出过少的不满所取代。每个健康维护组织的客户都有一段与官僚机构争论合理医疗费用的恐怖经历。在（传闻）最极端的案例中，健康维护组织内部精于算计的官僚甚至拒绝为患者提供足以挽救生命的治疗。

有些医生愿意代表患者与保险公司抗争。有些医生干脆违反规定，将不在保险范围内的治疗伪装成保险覆盖范围内的项目。（遭受信息不对称之苦的不仅仅是患者。）政界人士也挺身而出，要求公开披露保险公司对医生实施的激励措施，甚至要求制定患者权利法案。

作为医疗保健领域的核心挑战，信息问题并没有消失：（1）不用支付费用的患者要求尽可能地享受更多的医疗服务；（2）医生通过提供尽可能多的医疗服务来实现收入最大化，同时将诉讼风险降至最低；（3）保险公司通过支付尽可能少的费用来实现利润最大化；（4）技术的发展带来了众多昂贵的治疗方案，其中一些能够起死回生，另一些纯属浪费金钱；（5）无论是患者还是保险公司，证明治疗方案"正确"的成本都非常高昂。总之，信息问题使医疗保健领域区别于其他经济领域。当你步入电器商店选购大屏幕电视时，首先，你会观察哪台电视的画面看起来最清晰。然后，你会比较价格，因为你心里清楚最终要由自己支付账单。最后，你会权衡各种电视的性能优点（你可以观察到它们的质量）和成本（你必须支付的费用），然后挑选一台。但是，脑外科手术迥然不同。

医疗改革的根本挑战在于为"正确"的治疗付费，即选择就费用而言最合理的"产品"。在经济活动的任何其他领域，消费者都可以自行做出判断。精打细算的人不应该一概拒绝昂贵的疗法，有些治疗可能非常有效，物有所值。他们应该拒绝那些相较于低成本疗法并无显著优势的昂贵疗法。他们还应该拒绝做那些"只是为了让自己安心"的检查，这不仅是因为这些检查费用昂贵，还是因为健康的人在做这些检查时，检查结果往往会出现"假阳性"，从而导致不必要的、昂贵的并带有潜在危险的后续治疗。

广告行业长久以来流传着一句谚语："我知道我的广告费有一半被浪费了，但我只希望知道是哪一半。"医疗保健行业也是如此，如果医保改革的目标是抑制快速上涨的成本，那么任何政策变革都必须关注质量和结果，而不仅是为投入付费。《纽约时报》财经专栏作家戴维·伦哈特将前列腺癌治疗（那些贵得令人难以置信的技术似乎并没有明显的改善健康效果）视为衡量医疗改革的"个人试金石"。当美国总统奥巴马和民主党人起草《平价医疗法案》时，伦哈特写道："前列腺癌检测将决定奥巴马总统和国会是否制定了一项法案，开始解决我们医疗系统的根本问题，即成本飙升和效果平庸的结合。如果他们未能做到这一点，那么无论他们在其他方面做出怎样的改进，医疗系统仍将深陷泥沼。"最终，《平价医疗法案》并没有从根本上改变美国医疗系统的激励机制。后来，特朗普总统试图废除《平价医疗法案》，即人们通常所说的"奥巴马医改"，却没有提出任何能够通过伦哈特"个人试金石"的全新改革措施。

不过，关于医疗保险的讨论并未就此终结。医生可能比你更了解你的健康状况，但你比保险公司更了解你的长期健康状况。你或许无法识别罕见疾病，但你清楚自己的生活方式是否健康，知晓家族是否存在遗传病史，知道自己是否进行了危险的性行为，或者是否可能怀孕，等等。这种信息优势有可能对保险市场造成严重破坏。

保险的本质在于掌握正确的数据。一部分人几乎不需要医疗服务，而另一部分人可能患有慢性疾病，需要数十万美元的治疗费用。保险公司通过计算所有投保人的平均治疗费用，然后在此基础上略微提高保费来实现盈利。如果美国安泰保险金融集团为两万名50岁的男性提供团体医疗保险，而50岁男性的平均医疗费用为每年1 250美元，那么该公司可以将年保费定为1 300美元，平均每承保一份保单就能赚取50美元。尽管对于某些保单，保险公司可能获利，对于其他保单可能亏损，但总体而言，如果数字准确无误，保险公司就能实现盈利。

这个例子是不是很像"希望奖学金"或二手车市场呢？答案是肯定的。对最健康的50岁男性来说，1 300美元的保单是一笔不划算的交易，而对于有家族心脏病史且体重超标的吸烟者来说非常划算。因此，最健康的男性最有可能选择不参保，而患病最严重的人最有可能选择参保。随着这种情况的发生，原有的计算所依据的男性参保群体构成开始发生变化。平均而言，参保男性的健康状况较差。保险公司研究了变化后的男性群体构成，认为必须将年保费提高到1 800美元才能盈利。你知道接下来会发生什么吗？在新的定价标准下，更多的男性，即原本留下的不健康人群中最健康的人，觉得这份保单不再划算，于是选择退出。那些患病最严重的男性在身体条件许可的范围内紧紧抓住保单不放。这样一来，参保群体再次发生了变化。现在，即使收取1 800美元也无法覆盖参保男性群体所需的赔付费用。从理论上讲，这种逆向选择会一直持续下去，直到医疗保险市场彻底瓦解。

实际上，这种情况并没有发生。保险公司在为大型团体提供保险服务时，通常规定个人不得选择加入或退出。例如，如果安泰保险金融集团为通用汽车公司的所有员工投保，逆向选择就不会出现。保单与工作绑定，所有员工，无论健康与否，都在承保范围内。他们别无选择。安泰保险金融集团可以计算出这一大群男性和女性的平均医疗成本，然后收取足以盈利的保费。

为个人设计保单是一项更棘手的任务。保险公司有理由担心，对医疗保险（或人寿保险）需求程度最高的人就是那些真正需要保险的人。无论保险公司为其保单收取多少保费，情况都是如此。在任何给定的价格之下，即使保费是每月 5 000 美元，那些预期医疗费用会超过保单费用的人最有可能投保。当然，保险公司也有自己的一些应对策略，比如拒绝为已经生病或将来可能生病的人提供保险，这一做法通常被视为保险业对公众实施的一种冷酷且不公的做法。从表面上看，生病的人最难获得医疗保险，这的确有悖常理。但试想一下，如果保险公司没有这种法律特权，情况又会怎样呢？患者与医生之间的对话或许是这样的：

医生：恐怕我要告诉你一个不好的消息。你的四条冠状动脉有的完全堵塞了，有的部分堵塞了。我建议你尽快做心脏直视手术。
患者：手术会成功吗？
医生：会的，我们的手术成功率很高。
患者：手术费高吗？
医生：当然高，我们说的可是心脏直视手术。
患者：那我也许应该先买某种医疗保险。
医生：没错，这是个好主意。

保险公司会询问申请人各种个人问题，包括家族病史、健康习惯、吸烟状况、危险爱好等。当我申请定期寿险时，保险公司的一名代表登门造访，为我抽血，以确保我并未感染人类免疫缺陷病毒。他问我父母是否健在，我是否戴水肺潜水，是否赛车。（我的回答分别是肯定的、肯定的和否定的。）此外，我提供了尿液样本，测量了体重，回答了关于吸烟和使用违禁药物的问题。鉴于保险公司承诺如果我在不久的将来去世，将向我的妻子支付一大笔钱，所有这些程序似乎都是合理的。

保险公司还有一种巧妙的方法，它们可以通过设计保单，或者设置"筛选"机制，从潜在客户那里获取信息。这一见解来自哥伦比亚大学经济学家、世界银行前首席经济学家约瑟夫·斯蒂格利茨，它适用于其他各类市场，并为斯蒂格利茨赢得了2001年诺贝尔奖。在保险行业，公司如何筛选客户呢？它们会使用免赔额。那些认为自己有可能保持健康的客户会购买免赔额较高的保险，借此换取较低的保费。而那些私下知道自己会产生较大医疗费用的客户则会选择没有免赔额的保险产品，从而支付较高的保费。（当一个母亲购买汽车保险，并隐隐觉得自己16岁的儿子比大多数同龄孩子驾驶技术更差时，她也会愿意支付更高保费。）简言之，免赔额是一种挖掘私人信息的方法，它会迫使客户将自己归类。

不管是什么类型的保险，最终都会引发一个棘手的问题：究竟何种程度的信息披露才恰如其分？我敢保证，这将成为未来几年保险政策制定中最棘手的问题之一。现在，简单设想一下：从你的头上拔下一根头发。（若无发可拔，你可以采集少许唾液样本。）这个样本包含了你的全部遗传密码。在正确的人手中（或错误的人手中），它可以用来确定你是否容易患心脏病、某些癌症、抑郁症。如果科学继续以目前迅猛的速度发展，它还可以用来确定你患其他各种疾病的风险。通过检测你的一缕头发，研究人员（或保险公司）可能很快就能确定你是否有患阿尔茨海默病的风险——在发病前25年就可以预测。这造就了一个两难局面。如果基因信息被保险公司广泛共享，那么那些最容易患病的人将很难甚至不可能获得任何类型的保险。换句话说，最需要医疗保险的人将最不可能获得医疗保险——不仅仅是在手术前夜，而是永远都无法获得。亨廷顿病是一种会导致过早死亡的遗传性退行性脑部疾病，有亨廷顿病家族史的人已经很难甚至不可能获得人寿保险。此外，新的法律禁止保险公司搜集此类信息，这样一来，保险公司很容易受到严重的逆向选择影响。那些知道自己将来患病风险高的人，将会大量购买覆盖全面的高额保险。

《经济学人》在一篇社论中指出了这一亟待解决的困境:"因此,各国政府面临着这样一个选择,是禁止使用基因检测结果并摧毁保险行业,还是允许使用基因检测结果,进而催生一个无法投保或无力负担保费的底层群体。"《经济学人》几乎算不上左翼思想的堡垒,却也指出私人健康保险市场最终可能会发现这个问题十分棘手,从而促使政府发挥更大的作用。这篇社论总结道:"事实上,基因检测的存在可能会成为国家实施全民医保体系最有力的论据。"[5]

任何旨在使医疗保险更容易获得且更经济实惠的医疗改革,特别是针对已患病或有潜在患病风险人群的医疗改革,都会产生破坏性的逆向选择问题。想想看:如果我承诺,无论你是否生病,都可以负担得起保险,那么购买保险的最佳时机就是在去医院的救护车上。解决这一固有问题的唯一办法是,在保证人们能够负担得起保险的同时,要求每个人——无论健康与否、生病与否、年轻与否——都必须购买保险,即所谓的"个人强制参保"。这样一来,尽管保险公司还是会因为被迫向高风险人群提供服务而亏损,但这些损失可以通过强制健康人群参保所获得的利润来弥补。(任何建立了全国性医保体系的国家实际上都在实行个人强制参保制度;所有公民都必须纳税,作为回报,他们可以享受政府资助的医保服务。)

美国马萨诸塞州就采取了强制参保制度,使每个该州居民都被纳入医疗保险计划之中。有能力购买医疗保险但不购买的居民将在申报缴纳州税时面临罚款。在2008年美国总统选举的民主党初选阶段,希拉里·克林顿表示支持个人强制参保;贝拉克·奥巴马则不支持。不过,这与其说是基于逆向选择的分析,不如说是奥巴马为了将自己与民主党中最具竞争力的对手区分开来而采用的手段。显然,迫使健康的民众购买他们本来不会购买的东西是政府的一种强制手段。然而,在风险分布不具备随机性的情况下,这是风险共担的唯一方法(这正是保险的目的)。

当奥巴马政府通过《平价医疗法案》时,其中最不受欢迎的部分便是个人强制参保，即要求所有美国人要么购买医疗保险，要么缴纳罚款。具有讽刺意味的是，强制性医疗保险的想法并非源自美国民主党，而是数十年前保守派提出来的，目的是保护保险市场不受逆向选择的影响。《平价医疗法案》为所有美国人提供了价格合理的保险，即使是那些已经患病或患病风险很高的人。虽然它的目标值得称赞，但它会被滥用。正如前文所述，如果任何人都可以在任何时候购买保险（无论是在生病时还是在健康时），那么最明智的购买时间就是在得知自己患病之后。强制性医疗保险可以确保有足够多的健康民众向医疗系统缴费，来资助患病者获得所需的医疗服务。早在奥巴马医改之前，共和党人米特·罗姆尼在美国马萨诸塞州进行医疗改革时，相关计划就包含了个人强制参保的内容。

以下是我们从经济学角度进行的理解：（1）我们知道谁生病了；（2）我们预测谁将来可能患病的能力在不断提高；（3）生病的人的医疗费用可能非常高昂；（4）在这种情况下，私人保险的效果并不理想。这几点简单明了。真正的难点在哲学/意识形态层面：民众希望在多大程度上分担医疗费用（如果有此意愿），以及民众应该采用何种分担方式？在1993年比尔·克林顿设法进行全面医保改革时，以及在2009年奥巴马政府再次着力进行医改时，这些根本性问题贯穿其中。2017年，特朗普政府取消了《平价医疗法案》中的个人强制参保部分，但保留了其他内容。至于此举将对私人健康保险产生怎样的长期影响，目前尚不清楚。

本章从最严重的信息问题入手，即信息缺失会导致市场瘫痪，使个人行为给社会带来显著负面影响。关于市场对信息缺失会如何反应，经济学家很关注这方面更具普遍性的案例。我们一生都在购买那些品质不易被判断的产品和服务。（以本书为例，你得先付钱购买才能看到内容。）在绝大多数情况下，消费者和商家会创建自己的机制来解决信息问题。事实上，麦当劳的聪明之处就在于此，这也是本章标题的灵感来源。麦当劳的成功不仅与汉堡有关，还与信息有关。无论是在莫斯科、墨西哥城还是在辛辛那提，每一款麦当劳汉堡的味道都是一样的，这并非偶然，而是该公司成功的核心所在。设想一下，你驾车行驶在奥马哈附近的80号州际公路上，平生首次经过内布拉斯加州。这时，你看到了一家麦当劳。瞬间，有关该餐厅的一系列信息都会浮现在你的脑海中。你知道那里环境整洁，食品安全，价格亲民。你知道店内有可供使用的洗手间。你知道它每周营业7天。你甚至知道双层芝士汉堡里有几片酸黄瓜。在这片未曾踏足之地，你还没下车就已然对这一切了如指掌。

我们将麦当劳与查克汉堡店的广告牌对比一下。查克汉堡店可能是密西西比河以西地区口感最佳的汉堡的供应商之一，但也可能是导致美国下次暴发大规模大肠杆菌感染的地方。你如何能辨别呢？你如果住在奥马哈，那么或许会知道查克汉堡店的口碑。但你不是本地人，你只是在晚上9点开车经过内布拉斯加。（查克汉堡店究竟几点关门？）如果你像其他数百万人，甚至是那些觉得快餐不太好吃的人一样，你也会去寻找麦当劳的金拱门标志，因为你知道那金拱门之下有什么。麦当劳卖汉堡、薯条，最重要的是，它有可预测性。

这一点是"品牌化"理念的基础，公司会斥巨资为产品树立形象。品牌化为消费者解决了一个问题：如果产品的质量或安全性只有在使用后才能确定（有时甚至在使用后也无法确定），那么消费者应该如何进行选择呢？汉堡只是一个例子，同样的规则适用于从度假到时尚等各个领域。你在游轮上会玩得开心吗？当然，因为它是皇家加勒比公司的游轮，或维京游轮、冠达游轮。我对时尚没有什么概念，所以当我买了一件汤米·希尔费格的衬衫时，我很放心，因为穿上它出门看起来比较得体。米其林轮胎的广告以婴儿在轮胎内玩耍为主题，广告标语是"因为轮胎承载的太过珍贵"，其中的深层含义不言而喻。

品牌化作为贪婪的跨国公司说服消费者购买昂贵非必需品的手段，受到了抨击。但是，经济学却给出了不同的阐释：品牌化有助于建立信任，而这一元素是复杂经济正常运行不可或缺的组成部分。现代商业要求每个人与素不相识的人进行重大交易。我经常将支票寄给富达共同基金公司，尽管我不认识该公司的任何一个人。繁忙的政府监管机构只能保护我免受极端欺诈行为的危害，但无法保护我免受劣质商业行为的侵害，其中许多行为是完全合法的。公司经常宣传自己历史悠久，肉店门口的招牌上写着"源于1927"，其中的隐含意思是"我们如果欺骗顾客，就不可能存续至今"。

品牌也是如此。与声誉一样，品牌是随着时间逐渐建立起来的。事实上，有时品牌比产品本身更有价值。1997年，作为一家涵盖从内衣到早餐香肠等各种产品的公司，莎莉公司宣布开始抛售生产设施。莎莉公司不再经营火鸡养殖场或纺织厂。与此同时，莎莉公司的重心是将其知名品牌（包括冠军、恒适、蔻驰、吉米·迪恩）授权给外部公司生产产品。一家商业杂志指出："莎莉公司相信，公司的灵魂在于它的品牌，而公司的最佳经营策略就是给其他企业生产的无活力产品注入商业活力。"[6] 具有讽刺意味的是，莎莉公司实现增长和盈利的策略就是不生产任何东西。

打造品牌是一种极为有效的商业策略。在竞争激烈的市场中，商品价格会无情地趋向生产成本。如果一罐汽水的生产成本为10美分，而我以1美元的价格出售，就会有竞争对手以50美分的价格出售。很快，又会有人以25美分、15美分的价格兜售。最终，一些效率极高的公司会以11美分的价格出售一罐汽水。从消费者的角度来看，这就是市场经济的魅力所在。从生产者的角度来看，这简直是"商品地狱"。想想美国农民的艰苦命运吧。大豆就是大豆，因此艾奥瓦州的农民不能为其作物收取比市场价高哪怕一分钱的价格。一旦将运输成本考虑在内，全球范围内每粒大豆的售价几乎趋于一致，在大多数年份里，售价比生产成本高不了多少。

一家公司如何从竞争的死亡螺旋中获取利润？那就是让世人相信（无论正当与否），它用玉米糖浆和水混合而成的产品与其他同类产品是不同的。可口可乐不是苏打水,而是可乐。品牌商品的生产者让消费者相信他们的产品与众不同,从而确立自己的垄断地位,并据此为产品定价。耐克的衣服不是越南工人缝制在一起的布料,而是泰格·伍兹穿着的衣服。就连农民也将这一点铭记于心。在超市里,人们会发现新奇士柑橘、安格斯牛肉、泰森鸡肉,并愿意为其支付高价。

有时,我们会通过付费的方式请外部人士认证,以此搜集有关质量的信息。影评人罗杰·伊伯特的工作包括观看大量烂片,这样我就可以跳过这些影片。当他偶遇佳片时,他会给出好评。这样一来,我就不用去看《花花公子》这样的电影,伊伯特给这部电影打了零颗星。我通过订阅《芝加哥太阳时报》(或者浏览其免费网站上的付费内容)来获取这些信息。①《消费者报告》提供关于同类消费品的信息;保险商实验室认证电器的安全性;晨星公司评估共同基金的业绩;还有奥普拉读书俱乐部,能让一些原本较为深奥的图书登上畅销书排行榜。

与此同时,公司会想方设法向市场传递自身的优质信号。这是2001年诺贝尔奖获得者、斯坦福大学经济学家迈克尔·斯宾塞的独到见解。假设你买强力球彩票并斩获巨奖,正在寻找合适的投资顾问。你参观的第一家公司拥有醒目的木质镶板、大理石大厅、印象派画作真品以及身着意大利手工西装的高管。你的内心可能会有两种反应。(1)我的服务费将用来买这些华而不实的东西,真是宰人!(2)哇,这家公司一定非常成功,我希望他们能接受我这个客户。大多数人的反应是第二种。(如果你不相信,不妨反过来想想:如果你的投资顾问在一间阴暗的办公室里工作,他用的是20年前美国政府淘汰下来的王安文字处理机,你会有何感想?)

镶板、大理石、艺术收藏品这些成功的标志与事务所的专业能力没有

---

① 没错,罗杰·伊伯特已经不在人世,但他树立的品牌十分强大,以至于RobertEbert网站长盛不衰!

什么内在联系。然而，我们会把它们视作"信号"，进而确信这家公司是一流的。对市场来说，它们就像孔雀的绚丽羽毛对于潜在配偶的作用，在一个信息不对称的世界里，这是一种正面的信号。

亚洲部分地区公司的办公室中有一种标志着这家公司的成功的信号，即极低的温度。一阵阵寒冷的空气瞬时传递出这样的信息，即这家公司负担得起大规模空调系统。即使室外温度超过 32 摄氏度，办公室的温度有时也低得让一些员工不得不使用取暖设备。《华尔街日报》报道："冰窖般的环境是公司和楼宇业主展现自己在舒适度上领先的一种手段。在那些追求浮华的亚洲城市，老板们乐于传达这样一种信息——我们如此奢华，拥有置身北极般的体验。"[7]

经济学家还喜欢思考一个相关问题：哈佛大学毕业生普遍享有优越的生活品质，但这是因为他们在哈佛大学学到了使他们成功的东西，还是因为哈佛大学发现并录取了那些无论如何都能脱颖而出的天才？换句话说，哈佛大学究竟是使学生增加了巨大价值，还是仅仅提供了一个精心设计的"信号"机制，让天资聪颖的学生通过被哈佛大学录取来向世界宣告自己的才华？为了探讨这个问题，普林斯顿大学的经济学家艾伦·克鲁格和梅隆基金会的经济学家斯泰西·戴尔开展了一项饶有趣味的研究。[8] 例如，1976 年进入耶鲁大学、斯沃斯莫尔学院或宾夕法尼亚大学等顶尖学府的学生，1995 年的平均收入为 9.2 万美元；而进入中等级别的精英大学（如宾夕法尼亚州立大学、丹尼森大学或杜兰大学）的学生，平均收入要低 2.2 万美元。这个结果并没有什么特别令人惊讶的地方，也并未回答这样一个问题：耶鲁大学和普林斯顿大学的学生即使玩 4 年啤酒乒乓游戏，看 4 年电视节目，是不是也比录取比例更高的学校的学生在毕业后赚得更多？

因此，克鲁格和戴尔进一步做了分析。他们研究了同时被录取标准高的学校和录取标准中等的学校录取的学生。其中一部分学生进入了常春藤联盟中的学校，另一部分学生则选择了知名度相对低一点儿的学校。两位学者的论文标题精准地提炼了他们的主要发现："聪明到足以进入名校的孩子可能无须担忧。"无论这类学生最终选择哪一类大学，他们毕业后的平均收入都大致相同。（唯一的例外是来自低收入家庭的学生，在就读顶尖学校后，他们的收入会显著增加。）总体而言，在日后的生活中，学生的个人素质似乎比其就读的大学质量更为重要。

花费20万美元或更多的钱去读常春藤联盟中的一所是否显得不够理性？未必。普林斯顿大学或耶鲁大学的文凭至少相当于影评人罗杰·伊伯特的认可。它证明了就读者出众的品质，从而使就读者在生活中遇到的其他人（包括雇主、配偶及姻亲）对就读者产生较少的疑虑。此外，与世界上杰出的人才共度4年的学习生涯，就读者总是有可能学到一些东西。尽管如此，克鲁格还是向申请大学的学生提出了这样的建议："不要认为只有那些不录取你的学校才值得去……要知道，成功取决于你自己的动力、抱负和才能，而不仅仅是文凭上的大学名称。"

聪明且上进的学生（拥有同样上进的父母）无论在何处求学，都会取得优异的成绩，但这一点往往被美国的学校改革者忽视。伊利诺伊州每年秋季都会公布全州各学校的成绩单，其评估依据是学生在一系列标准化测试中的表现。媒体会立刻根据这些成绩单评选该州的"最佳"学校，这些学校大多位于富裕的市郊。但这种评选方法真能告诉我们哪些学校的教学效果最显著吗？不见得。罗切斯特大学经济学家埃里克·哈努谢克是一位研究学校投入与学生成绩之间微妙关系的专家。他说："在许多市郊地区，即使学生每天坐在壁橱里度过4年时光，他们也能在标准化测试中取得好成绩。"这里暴露出一个根本性的信息缺失问题：这些"高绩效学校"究竟给学生增添了多少价值？它们能脱颖而出是因为拥有杰出的师资队伍和管理团队，还是因为聚集了无论在哪所学校都能在标准化考试中取得优异成绩的精英学子？这与上文哈佛大学的问题如出一辙。

本章以一个严重的社会问题开篇，也将以这种方式结束。种族形象定性是一个信息问题。它围绕两个简单的核心问题展开。首先，种族或民族——无论是单独考虑还是与其他因素相结合——是否传递了与潜在犯罪活动相关的有意义的信息？如果答案是肯定的，那么我们应该怎么办？第一个问题的答案最受关注。9·11事件发生后，某些人当然可以提出这样的观点，相较于65岁的波兰女性，35岁的阿拉伯男性对美国构成的威胁会更大。长期以来，警方一直认为种族可以作为侦查线索；在贫穷的黑人聚居区，打扮时尚的白人少年往往是来购买毒品的。犯罪组织与种族或族群有所关联。在克林顿总统宣布种族形象定性"从道德上讲站不住脚"的时候，他的缉毒上将巴里·麦卡弗里正在网站上宣布相反的事。该网站指出，在丹佛，卖海洛因的主要是墨西哥人。在特伦顿，卖冰毒的主要是非裔美国男性，卖可卡因的主要是拉丁美洲人。[9]

　　诚然，我们都会以自己的方式对他人进行判断。我们从小就被教育，永远不要以貌取人。然而，我们不得不这样做，因为有时候，外貌是我们能看到的一个人的全部。想象一下：夜晚，你走在停车场里，身后传来了脚步声。理想的情况是，你向此人索要一份简历，与他坐下来喝杯咖啡，讨论一下他的目标、职业、家庭、政治理念，以及最重要的，他在漆黑的停车场尾随你的原因。你会对他进行犯罪背景调查。在掌握了所有这些信息后，你可以决定是否按下钥匙链上的紧急报警按钮。当然，现实生活与此不同。你只会匆匆一瞥。什么信息最重要？性别？种族？年龄？携带的公文包？穿的衣服？

　　我永远不会忘记自己的一次经历，我竟然成为种族形象定性的对象。那天黄昏时分，我登上了一辆从芝加哥市中心向西行驶的公交车。芝加哥是一个种族分离现象非常严重的城市，市中心以西的大部分社区主要住着非洲裔美国人。我身着正装，在公交车行驶过几个街区后，成了车上唯一的白人。这时，一名黑人老妇人亲切地问我："哎呀，是不是今晚公牛队有比赛？"芝加哥公牛队的比赛场地在芝加哥体育场，恰好在市中心的正西面。这名女士天真地推断,一个西装革履的白人在晚上7点左右搭乘这辆公交车的唯一原因就是去看公牛队的比赛。显然,她仅凭我的肤色和着装风格就对我的出行目的下结论是不公平的,而且可能会给我带来伤害。真正奇怪的是,我当时确实要去观看公牛队比赛。

在某些情况下,种族、年龄、族群、原籍国可能会传递某种信息,尤其是在缺乏其他更可靠信息的情况下。然而,从社会政策的角度来看,这些属性可能传递有意义的信息这一事实实际上是个障眼法。重要的问题是,我们是否愿意系统性地排查那些符合宽泛的种族或族群特征的人。虽然平均而言,这些特征可能有一定的统计数据支持,但错误的次数仍然远远多于正确的次数。在大多数情况下,人们的回答大多是"不愿意"。美国已经建立了一个重视公民自由,甚至在必要时牺牲社会秩序的社会。反对种族形象定性的人似乎总是被迫陷入一场争论:这种做法是否有助于实现良好的警务工作,是不是有效的反恐手段。这并不是唯一的相关点,在某些情况下,甚至可能完全不具备关联性。如果说经济学教给了我们什么,那就是我们应该权衡成本和收益。为了多抓一个毒贩而去干扰10个、20个甚至上百个守法公民,这样的代价是不值得的。恐怖主义则更棘手,因为只要一人漏网,潜在的代价就会高得惊人。那么,我们到底应该怎么做呢?这正是9·11事件之后世界需要艰难权衡的问题之一。

在经济学基础课程中,各方都拥有"完备信息"。在这个世界里,图表清晰有序,消费者和生产者知道他们可能想知道的一切信息。经济学基础课程之外的世界尽管更混乱,却更有趣。一名巡警在佛罗里达州荒无人烟的高速公路上截停了一辆尾灯坏掉的1990年产庞蒂克牌格兰艾姆汽车,但他并不知道全面详尽的信息。一个正在寻找安心可靠的保姆的年轻家庭,或者一家力求避免因艾滋病遭受巨大经济损失的保险公司,也无法获得全面的信息。信息很重要。经济学家不仅研究我们在拥有信息时会采取何种行动,更重要的是,还研究我们在没有信息的情况下会怎么做。

6

生产力与人力资本

为什么比尔·盖茨比你富有得多？

和许多人一样，比尔·盖茨在孩子出生后觉得自己的房子有些拥挤。这位软件大亨于1997年搬进了价值1亿美元的豪宅，但不久之后，这座占地近3 700平方米的宅邸就需要进行相应的改建。豪宅内有一个可容纳20人的影院、一个接待大厅、一个可停放28辆车的停车场、室内蹦床区，还有各种电脑装置，比如只有接听者在附近时才会响起的电话。[1] 根据递交给华盛顿州梅迪纳郊区分区委员会的文件，盖茨先生和当时尚未离婚的妻子决定为孩子们增设一间卧室及一些额外的游戏和学习空间。

我们可以从盖茨豪宅的扩建中推断出很多东西，但有一点显而易见：当比尔·盖茨真好。当你坐拥500亿美元左右的财富时，世界就是一个迷人的游乐场。我们可能还会思考一些更大的问题：为什么有些人拥有室内蹦床和私人飞机，有些人却睡在公交站的卫生间里？为什么2017年大约有13%的美国人是穷人？虽然这比1993年最近的一次峰值15%有所改善，但与20世纪70年代的任何一年相比都没有显著改善。与此同时，每5个美国儿童中就有一个生活在贫困之中，贫困黑人儿童的比例更是达到了惊人的35%。当然，美国已经算是富裕国家了。在进入第三个千年之际，全球仍有大量人口（约30亿人）生活在贫困之中。

经济学家致力于研究贫困和收入不平等问题。他们试图了解谁是穷人,他们为什么贫穷,以及其他人可以做些什么。要讨论比尔·盖茨为什么比睡在蒸汽管道里的人富有得多,必须从经济学家所说的"人力资本"概念谈起。人力资本是指个人所具备的各种技能的总和,包括受教育程度、智力、魅力、创造力、工作经验、创业活力,甚至是快速投掷棒球的能力。如果有人剥夺了你的所有资产,包括工作、金钱、房子、财产,然后把你丢在街角,仅剩身上的衣物,你还拥有的就是你的人力资本。在这种情况下,比尔·盖茨会如何应对?他依然会过得很好。即使他的财富被没收,其他公司也会竞相邀请他担任顾问、董事会成员、首席执行官和励志演讲家。(史蒂夫·乔布斯被自己创立的苹果公司解雇后,转头便创立了皮克斯公司,后来又被苹果公司请回来。)体育巨星泰格·伍兹会如何应对?同样自如。如果有人借他一套高尔夫球杆,他周末就能赢得一场比赛。

高中就辍学并有毒瘾的布巴会怎么样呢?他的结果可就没那么好了。差别就在于人力资本,而布巴拥有的人力资本并不多。(具有讽刺意味的是,某些极其富有的人,比如文莱苏丹,在这种情况下可能也不会表现得特别好。苏丹之所以富有,是因为他的王国坐拥巨大的石油储备。)劳动力市场与其他市场并无不同,某些类型的人才比其他类型的人才更为抢手。技能越是独一无二,其拥有者获得的报酬就越高。斯蒂芬·库里4年可以获得2.01亿美元的收入,因为他具备远超常人的精准投篮能力。库里将助力金州勇士队赢得比赛,由此带来的连锁效应便是体育馆里观众爆满、商品热销以及电视转播收益飙升。在这个世界上,几乎没有人能像库里一样做到这一点。

与市场经济的其他方面一样,某种技能的价格与其社会价值并无内在联系,只与其稀缺性有关。我曾经采访过罗伯特·索洛,他是1987年诺贝尔经济学奖得主,也是一位著名的棒球爱好者。我问他,他获得的诺贝尔奖奖金比波士顿红袜队主力投手罗杰·克莱门斯一个赛季的收入还少，这是否让他感到困扰。"不，"索洛回答说，"优秀的经济学家有很多，但罗杰·克莱门斯只有一个。"这就是经济学家的思维方式。

在美国，哪些人群属于富裕阶层，或者至少享有舒适的生活呢？软件程序员、手外科医生、核工程师、作家、会计师、银行家、教师。他们之中固然不乏天赋异禀者，但更多时候他们是通过接受专业培训和正规教育来获得技能的。换句话说，他们在人力资本方面进行了大量投资。与其他任何投资一样，比如建造工厂、购买债券，今天投资于人力资本的资金将来会产生回报，而且是非常可观的回报。据估计，大学教育的投资收益率约为10%，也就是说，如果你今天投入资金用于支付大学学费，未来获得的较高薪资不仅有望帮你收回成本，而且你的薪资还能实现每年大约10%的稳定增长。在华尔街，很少有人能持续获得比这更好的投资收益。

人力资本是一种经济通行证，在某些情况下确实如此。20世纪80年代末，我还是一名本科生。当时，我遇到了一位名叫贾迈勒·阿布－阿里的巴勒斯坦青年。贾迈勒的家人住在科威特，他的家人坚决要求他用3年而不是4年完成大学学业。这意味着他每个学期不得不多上一些课，暑期也不得闲暇，这一切在当时的我看来相当极端。那实习、海外交流，甚至冬天去科罗拉多滑雪度假怎么办呢？有一次，我有幸与贾迈勒的父亲共进午餐，他解释说，巴勒斯坦人的生活是流动的，不稳定的。贾迈勒的父亲是一名会计师，他几乎可以在世界任何地方从事这一职业——他解释说，因为他们不确定会迁往何处。他提及，在搬到科威特之前，他们一家曾住在加拿大。不出5年，他们很可能又会移居他处。

贾迈勒读的是工程学，这同样是一门通用技能。他的父亲坚持认为，他越早拿到学位，就越有保障。学位不仅能帮他找到工作，还能让他寻得安身之地。在一些发达国家，技能和教育，即人力资本，是移民的前提条件。

贾迈勒的父亲非常有先见之明。1990年萨达姆·侯赛因撤离科威特之后，包括贾迈勒一家在内的大部分巴勒斯坦居民被驱逐，因为科威特政府认为巴勒斯坦人同情伊拉克侵略者。他的女儿送给他一本本书的第一版。当他读到上述章节时，不由惊叹道："看，我是对的！"

在劳动力市场的另一端，情况恰恰相反。询问顾客"是否需要薯条"的技能并不稀缺。美国可能有1.5亿人具备在麦当劳出售超值套餐的能力。快餐店只需支付一定的工资，就能在所有收银机旁安置足够的人手。在经济不景气的时候，工资可能是每小时7.25美元，在劳动力特别紧张的时候，工资可能会涨至每小时11美元。然而，这个数字永远不会是每小时900美元，这是顶级出庭律师所能得到的报酬。优秀的出庭律师很稀缺，会做汉堡的人却不稀缺。无论是在美国还是在世界上任何地方，把贫困的原因理解为缺乏人力资本是最有见地的。诚然，美国的穷人之所以贫穷，是因为他们找不到好工作。但这只是表象而非问题的本质。问题的核心在于缺乏技能，或者说在于缺乏人力资本。美国高中辍学者的贫困率是大学毕业生的12倍。为什么印度是世界上最贫穷的国家之一？主要是因为印度有35%的人口是文盲（尽管这一比例低于20世纪90年代初的近50%）。[2] 美国无家可归者中有很大一部分人滥用药物、残疾或患有精神疾病。

此外，健康的经济也很重要。相较于2008年或1932年，人们在2018年更容易找到工作。水涨船高，经济增长对穷人来说是件好事。这一点毋庸置疑。但即使在涨潮时，低技能工人也只能勉强抓住浮板，而他们具备高技能的同龄人却能在游艇上喝鸡尾酒。强劲的经济并不能将代客泊车服务员转变为大学教授，投资人力资本才能实现这一点。宏观经济因素控制着潮汐的起伏，人力资本决定着"船只"的质量。反过来，经济不景气通常对处于劳动力市场底层的工人的冲击最大。

看看下面这个思想实验。设想一下，在某个周一的早晨，将10万名高中辍学生送到芝加哥州街和麦迪逊大街的交会处。这将会导致一场社会灾难。政府服务将不堪重负，犯罪率将会上升。公司将不敢入驻芝加哥市中心。政界人士将纷纷请求州政府或联邦政府提供帮助：要么给予充足的资金养活这些人，要么将他们疏散至别处。当加利福尼亚州萨克拉门托的商界领袖决定打击无家可归者时，他们采用的一种策略是为无家可归者提供出城的单程车票。[3]（据报道，亚特兰大在1996年奥运会开始之前也采取了同样的做法。）

现在设想一下，在同一地点，送来的是毕业于美国顶尖大学的10万名毕业生。一辆辆巴士到达州街和麦迪逊大街的交会处，律师、医生、艺术家、遗传学家、软件工程师，以及许多才智出众、积极进取、掌握多种通用技能的人才纷纷下车。在这些人中，很多都能立即找到工作。（请注意，人力资本不仅包括课堂教育，还包括毅力、诚实、创造力，这些都是有助于人们找到工作的美德。）其中一些具有较高技能的毕业生会自己创业，创业天赋无疑是人力资本的一个重要组成部分。有一些人会去其他地方，高技能劳动者比低技能劳动者的流动性更大。在某些情况下，为了利用这种暂时性的人才过剩，一些公司会搬到芝加哥，或在芝加哥开设办事处和工厂。之后，经济学家会将这次奇怪的人才输送形容为芝加哥经济发展的福音，就像一波又一波的移民潮推动了美国发展一样。

如果上述设想稍显夸张，不妨看一下美国印第安纳波利斯海军空战中心的案例。该中心在20世纪90年代末之前一直为美国海军生产先进的电子产品。海军空战中心大约雇用了2 600名员工，作为精简军队计划的一部分，海军空战中心被计划关闭。我们都熟悉工厂关闭的故事：大批工人失业，周边地区的企业由于失去大量消费需求而经营不善。有人在镜头前说："自从（某年）工厂关闭，这个小镇也开始走向衰败。"然而，海军空战中心是个例外。[4]该公司最宝贵的资产之一是劳动力，其中约40%是科学家或工程师。以市长斯蒂芬·戈德史密斯为首的精明地方领导认为，可以将海军空战中心出售给私人买家。7家公司参与了竞标，最终休斯电子公司胜出。

1997年1月的一个周五，海军空战中心的员工以政府雇员的身份回家，但在接下来的周一，98%的员工将以休斯电子公司雇员的身份上班（海军空战中心变成了休斯电子公司的一部分）。我采访过的休斯电子公司高管都说，此次收购的价值在于人才，而不仅仅在于硬件设施。休斯电子公司购入的是大量难以在市场上找到的人力资本。这个案例与布鲁斯·斯普林斯汀所唱的工厂倒闭故事形成了鲜明对比。在他的歌里，受教育程度偏低的工人发现，一旦工厂或矿山关闭，他们掌握的有限技能就没有价值了。区别就在于人力资本。事实上，经济学家甚至为斯普林斯汀的歌曲提供了实证支持。劳动经济学家罗伯特·托佩尔估计，经验丰富的工人在因工厂关闭而被迫更换工作时，他们的收入能力从长远来看平均会下滑25%。

现在是时候摒弃"劳动总量谬误"这个公共政策中最有害的观念了。这种错误的观念认为，经济中需要完成的工作总量是固定的，因此每新增一个工作岗位都必须以其他地方减少一个岗位为代价。按照这一错误逻辑，如果我失业了，那么只有别人减少工作或停止工作，我才能找到新的工作。法国政府曾这样理解世界的运行机制，但这是错误的。任何时候，只要有人开始提供新商品或服务，或者找到了优化现有商品或服务的方法，使其更好（或更便宜），新的工作机会就会产生。

统计数据证明了这一点。过去30年来，美国经济创造了数千万个新工作岗位，这几乎是整个互联网行业的工作岗位量。（当然，始于2007年的经济衰退也导致大量工作岗位流失。）20世纪下半叶，数百万女性进入劳动力市场，尽管如此，以历史标准衡量，美国的失业率依然保持在较低水平。同样，在美国的历史进程中，大量移民涌入美国工作，但美国的失业率并没有出现长期升高的趋势。短期内会出现工作岗位替代的现象吗？当然。有些美国人会失去工作，或者在被迫与新加入的劳动力竞争时工资被压低。不过，新创造的就业岗位多于流失的就业岗位。值得注意的是，新就业的工人必须将他们的收入用于经济中的其他领域，从而为其他产品创造新的需求。经济蛋糕会不断增大，而不仅仅会重新分配。

我们可以直观地理解一下：设想在一个农业社区中，许多家庭拥有并耕种自己的土地。每户人家的产量仅能满足自家需求，没有多余的收成或未耕种的土地。镇上的每个人都能保证温饱，但没有人生活得特别好。各家各户都需要投入大量时间进行家务劳作。他们自己做衣服，自己教育孩子，自己制作和修理农具，等等。假设有一个人来镇上找工作。在这种情况下，这个人没有任何技能。因为这里没有多余的土地可以耕种，所以镇上的人让他乘火车离开，也许还会给他买一张离开的单程票。这个小镇"没有工作机会"。

现在我们设想另一种情况。来到小镇的那个人拥有农学博士学位，他设计了一种可以提高玉米产量的新式犁具。他把自己的犁卖给农民，换取他们的一小部分收成。这样一来，所有人的生活水平都有所提升。农学家可以养活自己；农民虽然用部分收成换了犁，但作物产量也提高了（否则他们就不会购买新犁）。这个社区刚刚创造了一个新的就业机会：犁具销售员。此后不久，火车站迎来了一位愿意接手所有杂活儿的木匠，这些杂活儿之前挤占了农民照料庄稼的时间。有了木匠，农民可以花更多时间在他们最擅长的农业生产上，农作物的产量再次提高。同时，一个新的就业机会又被创造出来了。

这时候，农民们种植的粮食的产量已经超过了自己的需求，所以他们将盈余的粮食作为薪资，为小镇聘请了一名教师。这又是一份新的工作。这位教师教导镇上的孩子，让下一代农民获得了超越父辈的受教育水平和更高的生产力。随着岁月的流逝，这个在设想之初"没有工作"的农业小镇，已经有了浪漫小说家、消防员、职业棒球运动员，甚至还有设计苹果手机和玛格丽特太空包的工程师。以上内容简要地勾勒了美国的经济发展史。人力资本水平的不断提高使一个农业国家发展出诸如曼哈顿和硅谷这样繁华、复杂的地区。

当然，这一过程并非一帆风顺。假设接受过新式教育的农民设计出了一种产量更高的犁，以致第一个犁具销售员面临破产——这就是创造性破坏。诚然，这项技术突破在短期内减少了一个工作岗位，但从长远来看，小镇的整体生活质量实际上得到了提升。记住，现在所有农民都更加富足（以更高的玉米产量来衡量），进而能够雇用失业的农学家去做别的事情，比如研发新型杂交种子（这将使小镇更加富裕）。技术进步尽管会在短期内取代工人，但从长远来看并不会导致大规模失业。相反，人们会变得更加富有，这就会为经济中的其他领域创造新的工作需求。当然，在这一过程中，受过教育的劳动者要比未受教育者更具优势。面对瞬息万变的经济环境，他们的能力更加全面，因此更有可能在经历创造性破坏后站稳脚跟。

提升人力资本的意义远不只是赚取更多的钱。它使我们成为更好的父母，更明智的选民，更有欣赏力的艺术与文化鉴赏者，更能充分享受生活的人。它能让我们更健康，因为我们吃得更好，锻炼得更多。（同时，健康的身体是人力资本的重要组成部分。）受过教育的父母更有可能让孩子使用儿童安全座椅，在上学前教孩子识别颜色和认识字母。在发展中国家，人力资本的影响可能更深远。经济学家发现，低收入国家的女性多接受一年教育，其子女在出生5年内死亡的可能性会降低5%～10%。[5]

同样，全体国民的知识总和作为一个国家累积的人力资本总量，决定了一个国家的富裕程度。我们知道如何预防小儿麻痹症或制造不锈钢，这让我们受益匪浅——尽管阅读本书的读者在身处荒岛时几乎不可能做这两件事。经济学家加里·贝克尔曾因在人力资本领域的研究成果获得诺贝尔奖，他认为，教育、培训、技能，甚至是健康水平，构成了现代经济财富的约75%。不是钻石、建筑、石油或华贵的钱包，而是我们脑海中的东西最珍贵。贝克尔在一次演讲中说："我们真的应该将我们的经济称为'人力资本主义经济'，因为这凸显了经济的本质所在。虽然所有形式的资本（机器设备等物质资本、金融资本和人力资本）都很重要，但人力资本是最重要的。事实上，在现代经济中，人力资本是迄今为止创造财富和实现增长的最重要的资本形式。"[6]

一个国家的人力资本水平与经济福祉之间存在显著的相关性。与此同时，自然资源与生活水平之间却并未呈现明显的相关性。虽然日本和瑞士等国的自然资源相对匮乏，但它们跻身全球最富裕国家之列。尼日利亚等国的情况恰恰相反，巨大的石油储备对国民生活水平的提高作用相对较小。在某些情况下，非洲的矿产资源为血腥的内战提供了资金支持，若无这些资源，这些冲突可能早已平息。

高水平的人力资本会形成良性循环，受过良好教育的父母会在子女的人力资本培养上大量投入。低水平的人力资本会产生相反的效果。任何公立学校的老师都会告诉你，属于弱势群体的父母会养育出同样处于不利地位的孩子。贝克尔指出："家庭为孩子提供的前期教育准备即使只存在微小的差异，但随着时间的推移，当孩子们进入青少年时期，这种差异也往往会被成倍放大。这就是为什么劳动力市场对那些几乎不具备基础读写能力、从未养成良好工作习惯的辍学者无能为力，也是为什么制定帮助这类群体的政策如此困难。"[7]

人力资本为何如此重要？首先，它与"生产率"这个经济学中最重要的概念有千丝万缕的联系。生产率是指我们将投入转化为产出的效率。换句话说，我们制造东西的能力有多强？底特律的汽车工人制造一辆汽车需要2 000个小时还是210个小时？艾奥瓦州的玉米种植者能在一英亩① 土地上种出30蒲式耳② 玉米还是210蒲式耳？我们的生产率越高，我们就越富有。原因很简单：每天始终只有24小时，在这24小时里，我们生产的

---

① 1英亩≈4 046.86平方米。——编者注
② 1蒲式耳（美制）≈35.24升。——编者注

越多，消费的就越多，无论是直接消费还是通过交易换取其他物品。生产率部分由自然资源决定——在堪萨斯州种植小麦比在佛蒙特州容易，但在现代经济中，生产率更多地受到技术、专业化和技能的影响，而所有这些都包含在人力资本当中。

美国之所以富裕，是因为美国人具有较高的生产率。今天的美国比人类文明史上任何一个时期都更加富裕，因为美国人比以往任何时候都更善于生产商品和提供服务，包括医疗保健和娱乐等。实质上，美国人的工作时间变少了，但产出变多了。1870年，一个典型美国家庭需要付出1 800个小时的劳动才能获得全年的食物供应；后来，仅需要付出大约260个小时的劳动。在20世纪，美国人的平均年工作时间从3 100小时下降到约1 730小时。美国人均实际GDP——一种经过通胀调整后的衡量每个美国人平均生产能力的指标——从1970年约4 800美元增加到2017年约6万美元。按照历史标准，现在即使美国穷人的生活水平也相当不错。如今，贫困线对应的实际收入水平，在一个世纪前只有收入排在前10%的美国人才能达到。约翰·梅纳德·凯恩斯曾经指出："从长远来看，生产率决定一切。"

对罗斯·佩罗所说的"巨大的吮吸声"，提高生产率有助于减少它带来的消极影响。1992年，当佩罗作为独立候选人竞选美国总统时，他明确表示自己反对《北美自由贸易协定》。其理由是，如果美国与墨西哥实现自由贸易，那么数百万个工作机会就会流向美国边境以南。鉴于墨西哥工厂工人的平均工资仅为美国工人的一小部分，美国公司为什么不迁往墨西哥呢？答案是生产率。美国工人是否能够与工资只有其一半甚至更低的外国工人竞争？答案是肯定的，大多数美国工人都有这个能力。与墨西哥工人相比，美国工人的产出更多，在许多情况下要多很多，因为美国工人的受教育水平更高，身体更健康，更容易获得资本和技术，同时还拥有更高效的政府机构和更好的公共基础设施。一个仅上过两年学的越南农民能胜任美国工人的工作吗？大概率不能。

当然，在有些行业中，美国工人的生产率并不足以证明其较高工资的合理性，例如纺织品和鞋类制造业。这些行业需要的是非技术劳动力，而美国这类劳动力的成本要高于发展中国家。越南农民能缝制篮球鞋吗？能，而且其工资远低于美国最低工资标准。只有当其他国家工人的工资相对于其能生产的产品更加低廉时，美国公司才会将工作"外包"至国外。如果一个外国工人的成本为美国工人的 1/10，其产出也只有美国工人的 1/10，那么外包并不划算。如果其成本为美国工人的 1/10，而其产出能达到美国工人的一半，那么外包可能就是划算的。

罗斯·佩罗警告称，大部分美国企业将迁到瓜达拉哈拉，主流经济学家则预测，《北美自由贸易协定》将对美国就业情况带来温和且正面的影响。美国部分工作岗位会因墨西哥的竞争而流失，但随着对墨西哥出口的增加，更多的工作岗位会被创造出来。现在，《北美自由贸易协定》已经生效 20 年，事实正是如此。经济学家认为，该协定对美国总体就业情况的影响是积极的，尽管相对于美国庞大的经济规模而言，这一影响非常小。

当今美国人的后代会比当今美国人过得更好吗？会的，前提是他们的生产率能够超越当今美国人，这是贯穿整个美国历史的发展模式。生产率的增长可以提高人们的生活水平。如果生产率每年增长 2%，那么人们的财富会相应增长 2%。为什么？因为人们可以用同样的投入多生产 2% 的东西。（或者说，人们可以减少 2% 的投入实现同样的产量。）经济学中最有趣的一个争论是，美国经济是否经历了生产率的急剧上升。一些经济学家，包括曾担任美联储主席的艾伦·格林斯潘，认为对信息技术的投资导致了生产率的永久性增长。另外一些学者，如美国西北大学的罗伯特·戈登，认为如果对数据进行恰当解读，生产率的增长其实并没有显著变化。戈登在其著作《美国增长的起落》一书中提出了一个（悲观的）观点，即未来的创新不太可能重现 1870 年至 1970 年诸如电力、内燃机、航空等重大发明所引发的生产率增长。

戈登的观点正确与否将对未来的美国人产生巨大影响。从 1947 年到 1973 年，美国劳动生产率，也就是每个美国劳动者每小时的生产量，平均每年增长 2.8%。从 1973 年到 20 世纪 90 年代中期，美国劳动生产率的增速降到了原来增速的一半左右，具体原因尚未完全明晰。21 世纪初，美国劳动生产率增速曾一度回暖，年增长率回升至 2.6%，但自金融危机以来，美国劳动生产率的年均增长率仅为令人失望的 1.2%。[8] 这些看似微不足道的差异，实际上对美国人未来的生活水平有深远的影响。

在金融和经济学领域中，有一种便捷的技巧被称为 72 法则：用 72 除以增长率（或利率），即可大致估算出某一增长量翻倍所需的年数（例如，某银行账户按 4% 的年利率计息，本金翻倍大约需要 18 年）。当某个国家劳动生产率以每年 2.7% 的速度增长时，该国民众的生活水平每 27 年就会翻一番。如果某个国家劳动生产率以每年 1.4% 的速度增长，该国民众的生活水平约每 51 年就会翻一番。

无论全球其他地区发生何种情况，生产率的提升都会让所有人变得更加富裕。如果日本生产率的年增长率为 4%，美国生产率的年增长率为 2%，那么这两个国家都会变得更加富庶。要了解其中原因，我们仍以简单的农业经济为例。如果一个农民每年多种 2% 的玉米，多养 2% 的生猪，而他的邻居将这个数字提升到 4%，那么他们俩每年都会收获更多的农产品（或进行更多的交易）。如果这种差距持续很长时间，其中一方将比另一方富裕得多，这可能会引发嫉妒或政治摩擦，但他们的生活水平都在稳步提高。重点在于，生产率的增长与经济中的许多其他方面一样，并不是一场零和博弈。

如果印度有 5 亿人提高了生产率，逐渐从贫困人口变成中产阶级，这会对美国产生什么影响？美国也会变得更富有。目前每天靠 1 美元生活的印度贫困村民无力购买美国的软件、汽车、音乐、图书和农产品。他们如果更富有，就会具备相应的购买力。与此同时，在这 5 亿人中，有些人的潜力目前因缺乏教育资源而被浪费，他们将会因受教育创造出超越现有水准的产品和服务，从而为全人类带来更优质的生活体验。在这批新近获得教育的农民中，有人可能会研发出艾滋病疫苗或找到逆转全球变暖的方法。套用联合黑人学院基金会的一句话，浪费 5 亿人的智慧对全人类来说意味着极其严重的损失。

生产率的增长取决于投资，包括对实物资本、人力资本、研发领域的投资，甚至包括对更有效的政府机构的投资。这些投资要求我们放弃当前的消费，以便能够在未来消费更多。如果你放弃购买宝马汽车，选择投资大学教育，你未来的收入就会更高。同样，一家软件公司可能会放弃向股东分红，将利润投入研发更优质的新产品。政府可能会征税（剥夺我们当前的部分消费能力），以资助基因研究，从而改善我们未来的健康状况。在每一种情况中，我们当下投入资源，都是为了未来能够提高生产率。当我们转向宏观经济，即研究整个经济体系时，一个重要的关注点是，一个国家是否投入了足够多的资源来持续提高其民众的生活水平。

一个社会的法律、法规和税收结构也会影响一个社会生产率的增长。高额税收、糟糕的政府治理、产权模糊或监管过度都会削弱或消除进行生产性投资的动力。例如，歧视等社会因素会严重影响生产率。一个社会如果剥夺女性受教育的权利，或者剥夺某一种族、种姓或部落成员的受教育机会，就等同于放弃大量资源。生产率增长在很大程度上还取决于创新和技术进步，而人们对这两方面的理解都不够透彻。为什么互联网在 20 世纪 90 年代中期而不是 20 世纪 70 年代末出现？为什么人们已经破解了人类染色体组，却仍然没有廉价的清洁能源？简言之，促进生产率增长就像培养孩子一样，即使人们没有培养奥运选手或哈佛大学教授的蓝图，也知道哪些事情是重要的。

人力资本研究对公共政策有深远的影响。最重要的是，这些研究可以告诉我们为什么我们还没有全部饿死。全球人口已增长至70亿，我们是如何养活这么多人的？18世纪，托马斯·马尔萨斯做出著名的预言，认为随着社会日益变得富裕，人们生育更多后代导致的人口增长将不断消耗这些成果，人类的未来将一片黯淡。新增人口将吞噬剩余资源。在他看来，人类注定生活在温饱的边缘，顺境时不计后果地生育，逆境时则忍饥挨饿。正如保罗·克鲁格曼指出的那样，在过去5 700年中，马尔萨斯的理论有5 500年是正确的。世界人口不断攀升，但人类的生存境况并没有发生重大变化。

直到工业革命到来，人们才开始逐渐富裕起来。即便如此，在这一阶段，马尔萨斯的预言也并非完全错误。正如加里·贝克尔指出的那样："随着父母收入的增加，他们在孩子身上的投入确实如马尔萨斯预测的那样有所增加。不过，他们不仅加大了对每个孩子的投入力度，而且减少了生育孩子的数量，这一点恰巧符合人力资本理论的预测。"[9] 随着生育更多孩子的好处减少，人们开始将不断增加的收入投资于提升子女的质量，而不仅仅是投资于增加子女的数量。

关于贫穷，有一种谬论认为，发展中国家之所以贫穷，是因为它们的人口增长迅速。事实上，对于这一因果关系的理解最好反过来：穷人生孩子多，是因为生养孩子的成本低。生育控制措施无论多么可靠，也只有在家庭愿意减少生育孩子的情况下才会起作用。因此，遏制人口增长的最有力武器之一就是为女性创造更好的经济机会，而首要之举便是使女孩接受教育。从1966年到1975年，中国台湾高中毕业的女生人数翻了一番。与此同时，中国台湾的生育率下降了一半。在发达国家，半个多世纪以来，女性获得了前所未有的经济机会，生育率已接近或低于更替水平，即每位妇女平均生育2.1个孩子。在新加坡（一个富裕到足以为电影《摘金奇缘》提供灵感的国家），生育率已经降到非常低的水平，以至于新加坡政府向已婚夫妇发放"生育婴儿奖金",每生一个孩子最高可获得6 000美元的奖金。

本章伊始,我们讨论了比尔·盖茨的宅邸,我敢肯定,他家比你家大。步入第三个千年之际,美国社会出现了极度的不平等。这个国家是否会越来越不平等?无论从哪种衡量标准来看,答案都是肯定的。根据美国国会预算办公室的分析,2004年,位于美国收入分配底层1/5的家庭,其收入仅比1979年高2%(经通胀调整后)。这相当于在1/4个世纪里,其收入几乎没有实际增长。与此同时,处于收入分配中层的美国家庭,情况要好一些,其收入实际增长了15%(经通胀调整后)。收入最高的1/5家庭,即最富有的20%家庭,其收入增长了63%(经通胀调整后)。[10]

在美国历史上持续时间最长的经济繁荣时期,富人越来越富,而穷人却原地踏步,甚至变得更穷。与同样高中辍学的父辈相比,现今男性高中辍学者的工资下降了约1/4。始于2007年的经济衰退略微缩小了美国的贫富差距(通过摧毁最富有的人的财富,而不是让工薪阶层过得更好)。大多数经济学家都会认同,美国贫富差距的不断扩大是一个长期趋势。最惊人的变化发生在最富有的人口中。1979年,美国最富有的1%人口的收入占美国国民总收入的9%;而今,这一数字已经攀升至占国民总收入的近20%。[11]

为什么会出现这种社会现象?人力资本提供了最佳答案。过去数十年就是现实版的《菜鸟大反攻》。在美国,技术工人的工资一直高于非技术工人,而这种差距正以惊人的速度扩大。简言之,人力资本比以往任何时候都更重要,因此也带来了更好的回报。我们可以用一个简单的标准衡量人力资本的重要性,那就是美国高中毕业生与大学毕业生之间的工资差距。20世纪80年代初,美国大学毕业生的平均收入比高中毕业生高40%;而现在,这一差距已经扩大至80%。拥有研究生学位的人的工资甚至更高。21世纪是成为火箭科学家的黄金时代。

经济正向有利于技术工人的方向发展。举例来说,几乎各行各业都在向数字化转型，这有利于那些拥有计算机技能或能够在工作中快速学会计算机技能的人。技术让聪明的员工更具生产力，也会淘汰低技能者。自动取款机取代了银行出纳员，自助加油机取代了加油站服务员，自动化装配线取代了从事单调重复性工作的人。事实上，通用汽车公司的装配线反映了经济的主要发展趋势。现在，汽车的主要部件由计算机和精密机器人组装，这为编程工程师和机器人设计师创造了高薪工作，同时减少了对不具备专业技能但愿意辛勤劳动的普通工人的需求。

同时，国际贸易加剧了发达国家低技能工人与发展中国家低技能工人之间的竞争。从长远来看，国际贸易是一种强大的积极推动力量；但短期内，它也会造就受害者。贸易和技术一样，能让高技能工人过上更好的生活，因为它为高科技出口产品开拓了新的市场。波音公司向印度销售飞机，微软公司向欧洲出售软件，麦肯锡公司向拉丁美洲提供咨询服务。同样，这对那些知道如何设计节油喷气引擎或用西班牙语解释全面质量管理的人来说是个好消息。然而，这也意味着美国的低技术工人要与越南的低价劳动力竞争。耐克公司能够在越南雇用工人，让他们以每天1美元的工资在血汗工厂生产鞋子。但波音公司无法用这种方式制造波音飞机。全球化为技术工人创造了更多的机会（本书被翻译成14种语言出版！），也为非技术工人带来了更多的竞争。

不同原因对工资差距变化的影响程度有多大，这个问题目前仍有分歧。工会力量式微，蓝领工人在谈判中的话语权因此下降。[12] 越来越多的行业将薪酬与绩效挂钩，从而加大了高生产力员工与低生产力员工之间的收入差距。不管怎么说，收入不平等现象确实在加剧。那么，我们是否应该为此担忧呢？经济学家传统上主张不必担忧，这样说主要有两个基本原因。首先，收入不平等在经济体系中传递着重要信号。例如，高中毕业生和大学毕业生之间的工资差距越来越大，这将激励众多学生获得大学学位。同样，企业家赚取的巨额财富也会激励他们承担飞跃性创新所需的风险,而许多创新都会给社会带来巨大的回报。经济学是关于激励机制的科学,而致富的前景就是一个巨大的激励。

其次,许多经济学家认为,只要每个人的生活水平都在提高,我们就不应该过于在意贫富差距。换句话说,我们应该关心的是穷人得到了多少,而不是相对于比尔·盖茨来说他们得到了多少。1999年,诺贝尔经济学奖得主、经济史学家罗伯特·福格尔在担任美国经济学协会主席时的致辞中指出,美国最贫穷的公民拥有的生活设施,即便是百年以前的王室成员也没有。(例如,美国90%以上的公共住房配备了彩色电视。)虽然嫉妒可能是七宗罪之一,但经济学家历来不太重视。我的幸福感应该取决于我有多喜欢我的车,而不应该取决于我的邻居是否开着捷豹。

当然,人们惯常的思维方式并非如此。H.L.门肯曾经指出,所谓有钱人,就是年收入比他妻子姐妹的丈夫多100美元的人。很久以后,有些经济学家开始认识到门肯观点的合理性。[13] 戴维·诺伊马克和安德鲁·波斯特尔韦特对大量美国姐妹进行了抽样调查,试图了解为何有些女性选择外出工作,另一些则不然。当研究人员控制了所有常规解释因素,比如当地劳动力市场的失业率、女性的受教育程度和工作经验等,他们找到了有力的证据来支持门肯的诙谐观察。在他们的样本中,如果一名女性的姐妹的丈夫比她自己丈夫的收入高,这名女性寻找有偿工作的可能性就会大大增加。

康奈尔大学经济学家罗伯特·弗兰克著有《奢侈病》一书,他提出了一个具有说服力的观点:相对财富(即与邻居相比,个体财富有多少)是决定个体效用的重要因素。他做了一项调查,要求参与者在两个世界中做出选择:在世界A中,你的年收入为11万美元,其他人的年收入都是20万美元;在世界B中,你的年收入为10万美元,其他人的年收入都是8.5万美元。弗兰克解释说:"收入数额代表实际的购买力。在世界A中,用你的收入可以买到的房子比在世界B中大10%,可以享受在比世界B中昂贵10%的餐厅就餐。选择世界B,你放弃了少量的绝对收入,换来了相对收入的大幅增加。"在世界 A 中,你更富有;在世界 B 中,尽管你的收入略少,但你比其他人都富有。那么,哪种情况会让你更快乐呢?弗兰克发现,大多数美国人会选择世界 B。换句话说,相对收入确实很重要。嫉妒心理也许是部分原因。弗兰克指出,在错综复杂的社会环境中,我们会主动寻求评估自己表现的方法,这是无可争议的事实,而相对财富就是其中的一种方法。

关于收入不平等加剧的问题,还有一个更为实际的担忧。撇开道德层面不谈,当贫富差距达到某一程度时,贫富差距是否会开始抑制经济增长?是否从一个临界点开始,收入不平等不再激励人们更努力地工作,反而会产生相反的作用?出现这种情况可能有各种原因。穷人可能会被剥夺权利,进而对重要的政治和经济制度,如产权或法治,产生排斥。收入分配不均可能导致富人将资源浪费在日趋乏味的奢侈品上(比如宠物狗的生日蛋糕),而这些资源若用于其他类型的投资,比如穷人的人力资本投资,会产生更高的回报。另外,阶级斗争可能导致针对富人的惩罚性措施,但这些措施也未能提升穷人的生活质量。[14] 有些研究确实发现,收入不平等与经济增长之间存在负相关关系,但也有研究得出了截然相反的结论。随着时间的推移,更多的数据将为两者之间的关系提供信息。然而,更大的哲学辩论仍将继续:如果经济蛋糕在不断增大,那么人们是否应当更多地关注每个人分得的蛋糕大小?

人力资本这个主题引发了一系列终极问题。是否真如《圣经》警示的那样,穷人会永远存在?自由市场体系是否注定无法消除贫困?如果有巨大的经济赢家,就一定会有输家吗?这些问题的答案都是否定的。经济发展不是零和博弈;世界不需要某些国家陷入贫困来成就其他国家的富裕,也无须使一部分人贫穷来使另一部分人富有。住在芝加哥南区公共住房的家庭并非因为比尔·盖茨拥有一座豪宅才陷入贫困。事实上,不管比尔·盖茨是否住在大房子里,他们都依然贫穷。出于一系列复杂的原因，美国的贫困人口未能从微软操作系统所带来的生产力飞跃中获益。比尔·盖茨没有夺走他们的蛋糕；他既没有妨碍他们的成功，也没有从他们的不幸中牟利。相反，他凭借自己的远见卓识和非凡才华创造了巨额财富，只是这笔财富并非被所有人共享。比尔·盖茨通过窃取别人的收成致富，与他自己通过种植大片庄稼致富，这两者之间存在至关重要的区别。在第二种情况下，他与一部分人分享了粮食，但未惠及所有人。这一过程更能体现现代经济的运作方式。

从理论上讲，一个人人都受教育、身体健康、具有生产力的世界，将是一个人人都能过上舒适生活的世界。也许，经济学家永远无法根治那些限制某些人充分施展潜能的身体或精神疾病，但那是生物学问题，而非经济学问题。经济学告诉我们，生活的美好程度和财富的广度在理论上是没有上限的。

果真如此吗？如果我们都是博士，那么谁还会在四季酒店从事递送毛巾的工作？可能没有人。随着人口生产率的提高，我们开始用技术代替人工劳动。我们用语音信箱代替秘书，用洗衣机代替佣人，用数据库代替档案员，用自动售货机代替商店销售人员，用反铲挖土机代替挖沟工人。这种发展背后的动机可以追溯到之前提到的一个概念：机会成本。高技能人才可以利用他们的时间做各种高效产出的事情。因此，聘请一位工程师来给货物打包，成本将极其高昂。（在四季酒店递毛巾能赚多少钱呢？）美国的保姆数量远低于印度，尽管美国是一个更富裕的国家。印度充满几乎没有其他就业选择的低技能工人，美国则不然，这使得美国的家政服务相对昂贵（有保姆的人都能证明这一点）。谁能请得起一个每小时能赚50美元的程序员当管家呢？

当我们面对无法实现自动化的琐碎事务时，我们可以将其交给学生和年轻人，作为他们积累人力资本的一种方式。我当过10多年的球童（服务的人中最著名的当数乔治·沃克·布什，那时他还没有当选总统）。我的妻子当过服务员。这些工作提供的实践经验是人力资本的重要组成部分。但是,假设有一些令人不悦的工作无法实现自动化,也无法让初入职场的年轻人安全完成,那会怎么样呢?比如,如果有一个高素质人群聚居的社区,这里生产各种有价值的商品和服务,但副产品却是让人难以忍受的污泥。进一步设想,清理这些污泥是一项既可怕又棘手的任务。然而,如果不处理这些污泥,整个社区经济就会停滞不前。如果人人都有哈佛大学学位,谁来运走污泥呢?

污泥运输工会承担这项工作。顺便说一句,他们将会成为城里收入最高的工人之一。如果经济体系依赖于此类废弃物的及时处置,同时没有机器可以完成这项任务,社区就必须吸引一些人来做这件事。不管是什么事情,找人来做最直接有效的办法就是提供高薪。污泥运输工的工资会被抬高,以至于有些人,比如医生、工程师或作家,愿意放弃自己更为舒适的工作去运输污泥。因此,在一个人力资本充裕的世界里,尽管可能存在一些不受欢迎的工作(我想到了直肠科医生),但没有人会生活在贫困之中。相反,很多人可能会接受较少的报酬去做特别愉快的工作(我想到了大学教师,他们还可以享受暑假)。

人力资本会创造机会。它使我们更富有,更健康;它使我们成为更完整的人;它使我们能够在减少工作时间的同时过上更优质的生活。从公共政策的角度来看,最重要的是,人力资本将富人和穷人区分开来。马文·佐尼斯是芝加哥大学布斯商学院的一位教授,同时为各大公司和各国政府提供顾问服务。他在一次面向芝加哥商界的演讲中精彩地阐述了这一点:"复杂性将成为我们这个时代的标志,各地对人力资本的需求将越来越高。那些能够正确认识这一点的国家,那些善于调动和运用人力资本的公司,以及那些能够培养人力资本的学校……将成为这个时代最大的赢家。至于其他国家,它们将更加落后,其民众将遭受更多苦难,同时给其他人带来更多的问题。"[15]

7

金融市场
经济学关于快速致富（和减肥）的启示

多年前，当我还是本科生的时候，某个女生联谊会兴起了一种新的减肥方法。这可不是普通的瘦身方法，而是西柚冰激凌减肥法，顾名思义，就是通过吃大量的西柚和冰激凌来减肥。当然，这种减肥方法并无实效，但这件事一直困扰着我。我很好奇，一群非常聪明的女生竟然把常识抛在一边，接受了一种不可能奏效的减肥方法。没有任何医学或饮食信息表明，吃西柚和冰激凌能减肥。不过，这个想法还是挺有吸引力的。谁不想通过吃冰激凌来减肥呢？

最近，当一位邻居开始和我分享他的投资策略时，我想起了西柚冰激凌减肥法。他解释说，在过去的一年里，由于他的投资组合中包括大量互联网和科技类股票，他的投资遭受重创。不过，他打算采用一种改良过的新策略重新进入市场。他正在研究过去的市场走势图，试图从中寻找能够标示市场下一步走向的形状。我记不清他在寻找什么样的形状了，当时我有些心不在焉，一是因为我正在浇花，二是因为我的内心响起了一个声音："西柚冰激凌！"我这个聪明的邻居既是博士，又是大学教师，他的投资策略却不太科学，这无疑带给我们一个更具有普适性的启示。说到个人理财（和减肥），聪明人会很快将理智抛诸脑后，甚至比你说出"神奇减肥法"的速度还要快。成功投资的规则非常简单，但遵循这些规则需要自律和短期牺牲。回报是逐步和稳健的财富积累（途中会遇到很多挫折），而不是迅速获得的意外之财。因此，当面对舍弃当下消费以换取未来成功时，我们急于接受更快更简单的方法，而当这些方法不起作用时，我们又会惊讶不已。

本章并非个人理财入门指南。市场上有几本极为出色的投资策略专著，比如好心为本书作序的伯顿·G.马尔基尔所著的《漫步华尔街》。在这一章，我们将着重探讨本书前文阐述的市场基本原理对个人投资的启示。任何投资策略都必须遵守经济学的基本规律，就像任何饮食都要受到化学、生物学以及物理学规律的限制一样。借用沃利·兰姆畅销小说的书名：我知道这是真的。

金融市场乍看起来错综复杂。股票和债券已经够让人费解了，更何况还有期权、期货、期货期权、利率互换、政府本息分离债券，以及现在声名狼藉的信用违约互换。在芝加哥商品交易所，人们可以交易基于洛杉矶平均气温的期货合约。在芝加哥期货交易所，人们可以买卖二氧化硫排放权。没错，通过交易空气污染权来赚钱（或赔钱）已经成为可能。这些合约的细节可能会让人头疼不已，但从根本上来说，大多数金融工具背后的理念其实相当简单明了。如同市场经济中的其他商品和服务一样，金融工具必须创造一定的价值。买方和卖方都必须认为自己通过交易会获得更好的收益。与此同时，企业家致力于推出比现有产品更便宜、更快捷、更方便或更好的金融产品。共同基金是一种金融创新，由伯顿·G.马尔基尔大力推广普及的指数基金也是一种金融创新。在2008年金融危机最严重的时候，即使是华尔街的高管显然也不完全了解他们公司正在买卖的一些产品。然而，不论金融工具多么复杂花哨，它们都建立在4个简单的需求之上。

筹集资金。 在生活中，有一件令人神往的事情，那就是我们可以花大笔不属于我们的钱，尤其是在美国。金融市场赋予了我们举债的能力。有时候，这意味着信用卡（如维萨卡和万事达卡）会放纵我们的消费欲望，使我们在当下就能够购买原本要等到明年才负担得起的商品（甚至有可能到了明年依然负担不起）。然而，更多时候，对经济也更有意义的是，借贷使各种投资成为可能。我们借贷支付大学学费，我们借贷买房，我们借贷建造工厂、购买设备或创办公司。这些通过借贷实现的事情，即使在我们付了借贷成本之后，也会让我们过得更好。

有时，我们无须借贷也能筹集资金。我们可以向公众出售我们拥有的公司股份，在这种情况下，我们用所有权股份（即对公司未来利润的索取权）换取现金。公司和政府也可以通过发行债券直接向公众借款。这些交易的形式可繁可简，可能像贷款买车一样简单，也可能像国际货币基金组织数十亿美元的救助计划一样复杂。然而，核心不会改变：个人、公司和政府需要资金去实施当下无力承担的事情，金融市场可以为他们提供资金，但他们要付出一定的代价。

没有信贷，现代经济就无法运行。事实上，国际发展领域已经意识到：向发展中国家的创业者提供信贷，即使是 50 美元或 100 美元的小额贷款，也能成为消除贫困的有力手段。国际机遇组织正是这样一家小额贷款机构。2000 年，该组织在全球 24 个发展中国家发放了近 32.5 万笔低息抵押或免息抵押贷款，平均每笔贷款额度为看似微不足道的 195 美元。乌干达的埃丝特·杰拉布齐就是一个典型的例子。她是一位寡妇，有 6 个孩子。身为一位专业的助产士，她用以西方标准来看额度很小的贷款建立了一家诊所（仍未通电）。从那时起，她已经接生了大约 1 400 个婴儿，每次收取 6 美元到 14 美元的费用。国际机遇组织表示其已经创造了约 43 万个工作岗位。令人印象深刻的是，小额贷款的偿还率高达 96%。

存储、保护并有效利用过剩资本。 20 世纪 70 年代，文莱苏丹凭借石油产业赚取了数十亿美元。假如他把这笔巨款塞在床垫底下,并长期搁置,那么他将会遇到几个问题。首先,床垫下面塞了数十亿美元,实在很难入睡。其次,倘若这笔巨资藏在床垫之下,每天早上消失的就不仅仅是脏床单了。手脚麻利的小偷可能会循迹而来,更不用说狡猾的犯罪分子了。最后,也是最重要的一点,还有一个最无情、最高效的窃贼,也就是通货膨胀。如果文莱苏丹在1970年将10亿美元藏于床垫之下,由于几乎所有商品和服务的价格都在上涨,这笔钱今天所能买到的东西将大量减少。

因此,苏丹首先考虑的是防止自己的财富被盗和免受通货膨胀的影响,因为二者会以各自的方式削弱他的购买力。他关心的第二个问题是将过剩资本用于能够产生效益的地方。世界上有很多潜在的借款人,他们都愿意为借款支付成本。当经济学家在黑板上写出复杂的方程式时,利率的符号常常写为"r",而非"i"。为什么呢?因为利率被视为资本的租金率(rental rate)。这是最直观的思考方式。拥有剩余资本的个人、公司和机构正将其剩余资本出租给能够更有效利用这些资本的人。哈佛大学的捐赠基金超过300亿美元,这相当于这所常春藤盟校的应急储备金。把它塞在学生和教职员工的床垫下既不切实际,也是对巨大资源的浪费。相反,哈佛大学聘请了近200名专业人士来管理这笔资金,这在为哈佛大学创造丰厚回报的同时,也为世界其他地方提供了资金。[1]哈佛大学将340亿美元广泛投入全球市场,包括购买股票和债券,投资风险投资基金,并以其他方式借给世界各地的不同个体和组织,促使其发挥更大的经济效益。从1995年到2005年,捐赠基金的年平均回报率为16%,这比把现金留在校园里更有效益。(在金融危机期间,哈佛大学也损失了30%的捐赠基金,所以当我谈到"风险与回报"时,还会再提到哈佛大学的捐赠基金。)[2]

金融市场的作用不仅仅是把富人的资本借给其他人,还是让我们每个人得以在一生中实现平滑消费,也就是不必在赚取收入的同时花掉收入。莎士比亚可能告诫我们不要把钱借给别人,也不要向别人借钱;但在现实中，大多数人在某些时候都会充当借款人和出借人的角色。我们如果生活在农业社会，就必须在收获后尽快吃完粮食，或者想办法妥善保存粮食。金融市场则提供了一种更为精妙的方式来管理收成。我们可以现在花尚未赚取的收入，比如借钱上大学或购置房产；也可以现在积累收入，留待将来使用，比如为退休储蓄。重要的一点是，获取收入与支出收入可以分离，这让我们的生活有了更大的灵活性。

对冲风险。生活充满了不确定性。我们单是迈进浴缸都会有死亡的危险，更不用说上下班或与朋友一起蹦极了。不妨思考一下我们可能遭受经济损失的各种情况，比如自然灾害、疾病或残疾、欺诈或盗窃。作为人类，我们主要本能之一就是尽量减少这些风险，而金融市场可以帮助我们做到这一点。最明显的例子就是医疗保险、人寿保险和汽车保险。正如我之前提到的，保险公司向你收取的保费平均来说要高于他们预计赔付给你的金额。但是，"平均"这个词在这里非常重要。你担心的并非平均水平的结果，而是可能发生在你身上的最坏情况。一次糟糕的意外可能是毁灭性的，比如在暴风雨中倒下的大树压垮了你的房子。因此，我们大多数人愿意支付一笔可预见的金额，甚至超出我们期望收回的金额，以此保护自己免受不可预见的事件的影响。

我们几乎可以为任何东西投保。你担心被海盗袭击吗？如果你途经马六甲海峡运输货物，那么你应有这种担忧。正如《经济学人》解释的那样："海盗依旧在截获船只、袭击水手。如今的海盗不再是装着木腿、戴着眼罩的惬意之人，而是拥有火箭推进式榴弹和快艇的卑鄙之人。"2003年至2012年，国际海事组织共记录了3 436起海盗袭击事件（包括袭击未遂事件）。正因如此，那些穿越危险海域运输货物的公司都会购买海上保险（该保险还可防范其他海上风险）。2002年，法国"林堡"号油轮在也门沿海遭遇了自杀式袭击，被一艘载满炸药的快艇撞击，保险公司最终开出了一张7 000万美元的支票，这就像有人在西夫韦超市的停车场倒车时撞到你的车一样，只不过前者赔付的金额要高得多。[3]

在 2009 年美国网球公开赛开始之前，服装和鞋类公司斐乐本应购买保险，但它没有这样做。与其他同类公司一样，斐乐公司也会赞助运动员，并在他们取得优异成绩后向他们支付高额奖金。2009 年，斐乐公司赞助了比利时网球选手金·克里斯特尔斯，并承诺她如果赢得冠军将得到高达约 30 万美元的奖金。然而，斐乐公司并没有为此购买"胜利险"。（这个决定不仅让斐乐公司付出了惨痛的代价，也是对克里斯特尔斯的冒犯。）保费本来很低，因为克里斯特尔斯不是种子选手，而且在产后复出之后仅参加了两场赛事，赛前博彩公司的数据显示，她夺冠的赔率只有 40∶1。[4]

金融市场还提供一系列其他产品，这些产品看似复杂，但它们的运作机制与保险基本类似。例如，期货合约可以锁定某种大宗商品（从电力到豆粕）在未来某个确定日期的销售价格。在大宗商品交易所的交易大厅里，一个交易者可能会与另一个交易者达成一致，同意在 2019 年 3 月以每蒲式耳 3.27 美元的价格出售 1 000 蒲式耳的玉米。此举的意义何在呢？关键在于，这些商品的生产者和消费者对未来的价格波动存在担忧。玉米种植者可以在玉米仍在田间生长，甚至在播种玉米种子之前，就锁定玉米的销售价格，从而从中获益。农民如果等到收获时再出售作物，是否可能以更高的价格卖出？当然可能。但他们也可能以更低的价格卖出，这会导致他们没有足够的钱来支付账单。他们和我们一样，愿意为确定性付出一定的代价。

同时，大宗商品的主要买家可以从作为期货交易的另一方获益。航空公司利用期货合约确保喷气燃料价格的可预测性。快餐店可以签订碎牛肉、猪腩（大部分用来制作培根）甚至切达干酪的期货合约。尽管我本人并不认识星巴克的任何高管，但我很清楚他们会因为什么夜不能寐：全球咖啡豆的价格。美国人会花 3.5 美元买一大杯脱脂无咖啡因拿铁，但面对 6.5 美元的价格可能会犹豫不决，所以我敢用这本书的版税来打赌，星巴克会利用金融市场来保护自己免受咖啡豆价格突然波动的影响。

另外,还有一些金融产品可以用来对冲其他类型的风险。我个人最喜欢的一种产品是巨灾债券。[5]这种宝贵的产品是华尔街的发明,目的是帮助保险公司对冲自然灾害带来的风险。试想,当一棵树砸在你的房子上后,保险公司会开出一张赔偿支票;如果很多树砸倒了很多房子,那么保险公司甚至整个保险行业都会出现问题。保险公司可以通过发行巨灾债券将风险降到最低。这些债券的利率明显高于其他公司债券,它们的特别之处在于:如果飓风或地震在特定时期对某个地区造成严重破坏,那么投资者会损失部分或全部本金。美国联合服务汽车协会在20世纪90年代末完成了第一笔与东海岸飓风季相关的交易。如果一场飓风造成的索赔额达到或超过15亿美元,那么巨灾债券的投资者会损失全部本金,保险公司则能够通过避免偿还债务来抵消索赔损失。如果飓风造成的损失在10亿至15亿美元,那么投资者损失的只是本金的一小部分。如果当年飓风造成的损失相对较小,那么债券持有人不仅能够收回本金,还将获得接近12%的利息,这对于债券投资而言可谓相当可观的回报。

同样的基本理念现今也被用于防范恐怖主义带来的风险。负责国际足球事务的国际足球联合会曾通过发行2.6亿美元的"取消债券",为2006年国际足球联合会世界杯比赛提供保障,以防恐怖主义(和其他风险)导致的赛事中断。如果比赛顺利进行(实际情况确实如此),投资者不仅能够收回本金,还能获得丰厚的利润。如果比赛出现严重中断,以至于世界杯被迫取消,那么投资者会损失部分或全部资金,这些资金将用于弥补国际足球联合会的收入损失。这些金融产品的魅力在于它们分散风险的方式。债券发行方通过与广大投资者分担自然灾害或恐怖袭击造成的损失来避免破产,而每个投资者都有多样化的投资组合,因此即使发生极端恶劣的事件,他们受到的打击也相对较小。

此类金融工具可能会拯救生命,甚至可能会大规模地拯救生命。2014

年，埃博拉病毒席卷西非，国际组织难以筹集到抗击这一致命传染病所需的资金。国际组织如果能更快地筹集到更多资金，就能控制疫情，挽救生命。世界银行认为，新一轮致命的大流行病随时可能暴发。为了应对这一可怕的突发事件，世界银行发行了4.25亿美元的"大流行病债券"。如果全球社会需要应对类似埃博拉病毒那样的威胁，这些资金可以立即派上用场。与所有金融产品一样，投资者必须付出资金的条件也有明确规定：该债券涵盖6种特定病毒，包括埃博拉病毒、严重急性呼吸综合征病毒、拉沙热病毒以及其他几种可怕的病毒。由这些病毒引发的疫情必须跨越国界，并达到预定的传播程度和致死人数。如果这种情况没有发生，那么所有人都可以松一口气，那些原本可能用资金投资政府债券或互联网股票而最后选择投资大流行病债券的投资者将获得丰厚的回报。[6]

金融市场的一个作用就是让我们能够分散投资，把鸡蛋放到多个篮子里。我必须给大家讲个故事，这种荒诞的经历只有在高中才会发生。我读高中的时候，学校一些研究青少年行为的专家认为，学生如果意识到父母需要承担多大的责任，就不太可能在未成年时成为父母。专家认为，模拟为人父母的最佳方式是让每个学生在学校时随身携带一颗鸡蛋。这颗鸡蛋代表着一个婴儿，要被小心呵护，绝不能离开视线范围，等等。但是，这可是在高中啊。鸡蛋掉落在地，被压得粉碎，被遗忘在体育馆的储物柜里，被恶意扔到墙上，暴露在洗手间的二手烟中。这次经历没有让我学到任何关于为人父母的知识，但使我永远相信，携带鸡蛋是一件有风险的事情。

金融市场允许我们以低成本且便捷的方式把鸡蛋放在许多不同的篮子里。用1 000美元投资共同基金，你就可以投资500家甚至更多的公司。如果你只能从经纪人那里购买个股，你永远不可能用区区1 000美元实现如此多元化的持股组合。用1万美元，你可以分散投资于各种资产，包括大盘股、小盘股、国际股票、长期债券、短期债券、垃圾债券和房地产。

在某些资产类别表现疲软时，其他资产类别可能表现出色，这可以保护你免受华尔街恶霸用鸡蛋砸墙的影响。巨灾债券之所以对投资者很有吸引力，部分是因为其收益取决于自然灾害发生的频率，而这与股票、债券、房地产或其他传统投资品的表现无关。

即使是饱受争议的信用违约互换也有其合理的投资意图。实际上，信用违约互换是针对第三方是否偿还债务的一种保险。假设你的丈夫强烈要求你借2.5万美元给你那位游手好闲的小叔子，从而让他能够完成法庭判决的愤怒管理课程，从此改过自新。你非常担心这笔钱就此石沉大海。此时，你需要的就是信用违约互换。你可以付钱给另一方（一般是对你小叔子偿债能力持乐观态度的第三方），与其签订一份合同，约定在你小叔子未能偿还借款的情况下，向你支付2.5万美元。这份合约的作用是防范违约。与任何其他类型的保险一样，你需要为这种保障支付相应的费用。如果你的小叔子振作起来，偿还了借款，你购买信用违约互换的行为就显得有些多余（交易的另一方，即对手，就是这样赚钱的）。如此简单且看似有用的金融工具，怎么会导致全球金融体系濒临崩溃呢？请继续往下读。

投机。任何金融产品一经推出，就能满足人类的另一种基本需求：投机或者押注短期价格变动的冲动。人们可以利用期货市场降低风险，也可以利用期货市场押注明年大豆的价格。人们可以利用债券市场筹集资金，也可以利用债券市场押注美联储下个月是否会降息。人们可以利用股票市场投资上市公司，分享其未来的利润，也可以在上午10点买入股票，希望在中午之前赚上一笔。金融产品之于投机，就如同体育赛事之于赌博。金融产品为投机提供了便利，尽管这并不是它的主要目的。

这就是信用违约互换的问题所在。这些合约的奇特之处在于，任何人都可以参与其中，无论他们是否直接与被担保债务有关联。还是以你小叔子借钱的事为例。对你来说，利用信用违约互换来保护自己免受损失是合情合理的。但是，同样的市场也允许其他无关人士押注你的小叔子是否会偿还借款。这不是对冲，而是投机。因此，对于任何一笔债务，都可能有成百上千份合约与这笔债务能否被偿还挂钩。想想看，如果你的小叔子不去上愤怒管理课程并最终违约，这意味着什么？到那时，2.5万美元的损失会被放大数千倍。

如果为债务提供担保的各方没有尽职调查（所以他们对你小叔子的败家情况并不真正了解），或者他们根本不在意（因为他们随意用公司的资金押注以赚取高额奖金），那么原本微不足道的经济困境可能会迅速升级为更大规模的危机。2007年，当美国经济遭遇与房地产相关的危机时，这种情况就发生了。美国国际集团位于这场信用违约风暴的中心，因为它为大量不良债务提供了担保。国际货币基金组织前首席经济学家西蒙·约翰逊在2009年对金融危机进行深度剖析时指出：

> 监管者、立法者和学术界普遍认为，这些银行的经理知道自己在做什么。然而，事后看来，他们并不知道。例如，美国国际集团的金融产品部门在2005年赚取了250万美元的税前利润，这部分利润主要来源于对复杂且知之甚少的证券提供低价保险。这种策略通常被形容为"在压路机前捡硬币"，在正常年份会带来利润，但在危机时期会引发灾难性后果。截至去年秋天，美国国际集团尚未偿付的证券保险金额超过4 000亿美元。迄今为止，美国政府为救助该公司，已承诺提供约1 800亿美元的投资和贷款，以弥补美国国际集团的风险模型认为几乎是不可能出现的损失。[7]

上面我们介绍了金融产品能够满足的4种需求，即筹集资金，保护资本，对冲风险以及投机。华尔街或拉萨尔街（芝加哥期货交易所所在地）上所有纷繁复杂的活动都可以归入其中一种或多种范畴。高端金融领域经常被描述为富人版的拉斯维加斯——充斥着风险、魅力、有趣的人物和大量的资金交易。然而，这个比喻并不恰当。在拉斯维加斯发生的一切都是零和博弈。如果庄家赢了一把二十一点，你就输了，而且赔率对庄家非常有利。如果你玩二十一点的时间足够长，至少在不算牌的情况下，从数学概率的角度来看，那么你肯定会破产。拉斯维加斯赌场提供娱乐，其本身并不具备更广泛的社会功能。华尔街却不同，在大多数情况下，这里发生的事情都是正和博弈。新鲜事物被创造出来，公司得以创办，个人和公司能够管控那些可能造成毁灭性后果的风险。

当然，并非每一笔交易都能获利。就像个人会进行事后会后悔的投资一样，资本市场同样存在浪费大量资本的现象。随便选一家你喜欢但已经不复存在的网络公司就可以证明这一点。数十亿美元的资本流向了那些最终失败的公司。房地产泡沫和华尔街崩盘也造成了同样的后果，而且其损失规模更大。亚当·斯密所说的"看不见的手"将大量资本抛入大海，这些资本就再也不见踪影。与此同时，一些有望盈利的公司却因抵押物不足而资金短缺。例如，经济学家担心，对于那些有意投资人力资本的贫困家庭来说，可获得的信贷太少。大学文凭是一项极好的投资，但一旦违约，投资也就无法被收回。

尽管如此，金融市场在调配资本方面的作用与其他市场对各类资源的配置作用如出一辙，均采用一种高效的方式，但这种方式并不完美。资本会流向预期回报最高的地方（而非流向权势人物的亲朋好友经营的企业），这并不是件坏事。与经济的其他部分一样，政府可以是敌人，也可以是朋友。政府可能会搅乱资本市场，比如通过征收繁重的税费和实施过多的监管，通过将资本转移到个人偏好的项目上，通过阻止创造性破坏这一严酷而又高效的机制发挥作用。然而，政府同样能够促进金融市场更好地运作，比如最大限度地减少欺诈行为，强制系统保持透明度，建立并执行监管准则，提供降低经营成本的公共物品，等等。同样重要的是，要明智地将两者区分开来。

显然，金融危机给了我们一些可资借鉴的经验。金融监管体系即使不需要被彻底改革，也需要被完善。我们面临的挑战将是如何发挥现代金融体系的最佳作用——将资本配置到富有成效的投资中，保护我们免受无法承受的风险，同时遏制过度行为，也就是那些会让投机者致富，最终留下一堆烂摊子让其他人收拾的愚蠢行为。

一个人渴望在市场中致富是正当的，但究竟如何做到呢？我在《经济学人》杂志的一位前同事建议，这本书应该名为"你足够富有吗？"。他的逻辑在于，大多数人会回答"不够"，然后迫不及待地把这本书从书架上拿下来。遗憾的是，我不相信存在万无一失的交易致富策略。就像看似神奇的减肥计划往往有悖于我们对健康和营养的认识一样，快速致富的计划也违反了最基本的经济学原则。

让我先举一个例子。假设你正在芝加哥林肯公园附近选购房屋。经过几周的搜索，你发现该地区的三层独栋褐砂石住宅的价格大约为 50 万美元。有的房屋的挂牌价是 45 万美元，但需要装修；有的房屋的挂牌价是 60 万美元，因为配备了额外的设施。就在你逐渐接受自己必须花 50 万美元才能买到心仪的房子时，你发现了一栋标价仅为 25 万美元的褐砂石住宅，而这栋房子符合你所有的要求。经过一番考察，你发现这栋房子和你之前看过的房子别无二致，在地理位置、面积大小、建筑结构方面都一样。你仍心存疑虑，于是向房地产经纪人询问她的评估意见。她向你保证，这栋房子确实非常划算，应该以 50 万美元的价格出售。在她看来，你可以用 25 万美元买下这栋房子，几个月后再以 50 万美元或更高的价格卖出，这一点毫无疑问。接下来，你看到了最后的证据。《克瑞恩芝加哥商业报》第三版的一篇文章标题赫然是，"本月最佳交易推荐：林肯公园褐砂石住宅标价 25 万美元"。

于是，你迅速以 25 万美元的价格买下了这栋房子。果然，6 个月后，你以 50 万美元的价格将其售出，你的资产翻了一番。①

这个故事有多少不妥之处？确实不少。一个理性的人可能会首先提出如下疑问：

（1）如果这栋房子真的值 50 万美元，那么哪个白痴会以 25 万美元的价格将其出售？难道这个人不愿或无法花几分钟时间核实一下市场价，然后发现附近同类房子的售价是两倍吗？若果真如此，难道他家里没有人愿意指出这个巨大的差异吗？难道房地产经纪人（房地产经纪人的佣金直接取决于房屋售价）不会提醒他吗？

（2）也许不会。如果是这样，那为什么房地产经纪人不把这栋房子买下来？如果这栋房子的售价"肯定"会翻倍，有 25 万美元摆在房地产经纪人眼前，为什么房地产经纪人还要从卖房子这笔交易中赚取区区 3% 的佣金呢？

（3）可能这个房地产经纪人也是个白痴。其他购房者去哪儿了，尤其是当这栋房子已经登上了《克瑞恩芝加哥商业报》时？如果购买这栋褐砂石住宅非常划算，而且已经被广泛宣传，想必所有人都会想买它。这将引发竞购，潜在买家的出价会越来越高，直到价格达到市场的合理水平（约 50 万美元）。

换句话说，你几乎不可能在林肯公园附近以 25 万美元的价格买到一栋褐砂石住宅（除非其地下室里隐藏着什么秘密）。为什么？经济学中最基础的原理可以告诉你答案。每个人都在追求自身效用的最大化，你如

---

① 实际上，你的收益将更加可观，因为购房款项大多来源于借贷。举例来说，如果你仅支付了 5 万美元首付，那么你 5 万美元的初始投资就获得了 25 万美元的收益（没有扣除你在持有房产期间为抵押贷款支付的利息）。

此，他人亦然。在这个世界上，每个人都在寻求有收益的投资，没有人会不在乎 25 万美元的收益。然而，人们以为股市一直都是这样运行的。我们认为，只要在《商业周刊》上看到有关"热门股"的报道，或者看到华尔街分析师的买入建议（这些通常是对所有客户开放的），我们就能大举买入那些预期收益会超越市场平均水平的股票。但是，这些所谓的"热门股"就像林肯公园附近那栋标价 25 万美元的褐砂石住宅，只是披了不同的外衣。其中的原因如下：

让我们从一个非常简单但常被忽视的问题开始：每当你买入一只股票（或任何其他资产）时，总要有人把它卖给你。把这只"热门股"卖给你的人做出了一个选择，即他更倾向于持有现金。他看了看当前的"交易价格"，在你买入的时候，他却想卖出。当然，他可能需要用这笔钱去做其他事情，但他仍然会要求一个合理的市场价格，就如同我们期望一个要搬离林肯公园的人以 50 万美元而非 25 万美元的价格出售一栋褐砂石住宅一样。股票市场，顾名思义，是一个市场。股票的价格在任何时候都是买方数量与卖方数量相等时形成的价格。在交易那只"热门股"的投资者中，有一半人正在努力卖出这只股票。

或者，你掌握了卖家不知道的信息。也许所有出售 XYZ 公司股票的人都没看到《华尔街日报》的那篇报道，报道指出该公司研发出了一款治疗男性脱发的特效新药。好吧，这种情况可能会发生。但其他经验丰富的买家又在哪里呢？如果以每股 45 美元的价格买入这只股票稳赚不赔，那么为何沃伦·巴菲特、高盛集团的交易员和富达共同基金公司的顶级投资组合经理却并未争相购入它呢？（如果他们抢购，这只股票的价格就会被炒到更高，就如同林肯公园附近的那栋住宅一样。）你是否知道华尔街其他人尚不了解的信息（要知道，利用非公开信息进行交易是违法的）？

又或者，华尔街的某个人向你推荐了这只股票。美国的经纪公司雇用了大量分析师，他们的日常工作就是研究美国公司。这些分析师提供的信息都是错误的吗？并非如此，但确实存在不少无用和利益冲突的案例。分析师会提供各种合法信息，就像房地产经纪人一样。当你买房时，你的房地产经纪人会向你提供有关社区、学校、税率、犯罪率的重要信息。华尔街的分析师也是一样，他们会提供关于公司管理、未来产品、行业和市场的竞争情况等信息。然而，这并不能保证你能从股票投资中获得高于平均水平的回报。

问题在于，其他所有人也能获得同样的信息。这正是有效市场理论的精髓。尤金·法玛因提出这一简单而有力的观点获得了 2013 年诺贝尔经济学奖。他解释道："其基本思想简单易懂，即市场价格反映了所有信息，仅此而已。"[8] 因此，要想持续稳定地挑选能够跑赢市场的股票，即使不是不可能的，也是十分困难的。为什么你不能以 25 万美元的低价购入林肯公园附近的一栋褐砂石住宅？因为买卖双方都明白，这一房产的价值更高。XYZ 公司的股票也一样，基于当前我们所知或可合理预测的因素，它会达到一个合理的价格水平；未来股价的涨跌只是对我们无法预测的事件（即我们现在无法获知的信息）做出的响应。

选择股票的过程就像在超市挑选等候时间最短的结账队伍一样。有哪条队伍的结账速度更快吗？当然有，就如同有些股票的表现会优于其他股票一样。你能否找到一些说明一条队伍的相对结账速度更快的信号？答案是能。你不会选择排在推着两辆堆满商品的购物车的顾客后面，也不会排在攥着一大把优惠券的老太太后面。那么，为什么你在商店里排队结账时，很少能排在结账速度最快的队伍里呢（就如同大多数专业选股者不会超越市场平均水平一样）？原因在于，其他排队的人都在关注你所关注的事情，并据此采取行动。他们也能看到推着两辆购物车的人，三号收银台正在接受培训的收银员，六号收银台前手握优惠券的人。每一个等待结账的人都试图选择最快的队伍。你的选择有时候是对的，有时候是错的。随着时间的推移，人们的排队时长会趋于平均。因此，你如果经常去超市，就会发现自己的排队时长可能和其他顾客相差无几。

我们可以进一步类比。假设你在农产品通道附近看到一位老太太兜里塞满了各种优惠券。当你走到收银台时发现她在排队，于是你机智地推着购物车换了条队伍排。当她拿出零钱包，开始慢悠悠地把优惠券递给收银员时，你自鸣得意。然而，片刻之后，你发现排在你前面的那个人忘记给牛油果称重。"三号收银台，需要核对牛油果价格！"收银员反复呼叫，然后你眼睁睁看着那位用优惠券的老太太推着满满的购物车走出超市。谁能事先预见这一幕？没有人能做到，就像没人能预见在2000年3月19日那天，发展势头强劲的软件公司微策略会宣布重报收入，实际上将数百万美元的收益从账面上抹去。结果，该公司股价在一天之内下跌了140美元，跌幅高达62%。购买微策略公司股票的投资者和投资组合经理预见到了这种情况吗？当然没有。那些无法预见的事情最关键。下一次，当你想用大笔资金投资某只股票，即使是历史悠久的大公司的股票时，不妨默念这句咒语来提醒自己：安然，安然，安然。或者，你也可以念：雷曼、雷曼、雷曼。

有效市场理论的支持者给投资者提出了建议：随便选择一条队伍站进去即可。如果资产的定价有效，那么让一只猴子向股票列表投掷飞镖来选定投资组合，该投资组合的平均表现也并不逊于华尔街明星经理选择的投资组合。（伯顿·G.马尔基尔指出，考虑到分散投资的重要性，猴子实际上应该扔一条湿毛巾。）在现实生活中，投资者现在可以接触到他们自己的"扔毛巾的猴子"，即指数基金。作为一种共同基金，指数基金不以精选个股为目的，而是购买并持有预先确定的一揽子股票，比如标准普尔500指数，该指数成分股包含美国最大的500家公司。由于标准普尔500指数是一个广泛的市场平均指数，我们可以预计美国有一半主动管理型共同基金比该指数表现更好，另一半比该指数表现更差。不过，这是在扣除管理成本之前。基金经理的研究和分析工作是要收取费用的，而且他们在频繁交易时也会产生成本。与此相比，指数基金就好比扔毛巾的猴子，其管理成本要低得多。

然而，这些仅停留在理论层面。那么，数据告诉了我们什么？事实证明，"扔毛巾的猴子"可能是投资者最好的朋友。作为一家密切关注共同基金的机构，晨星公司创建了一个晴雨表来衡量主动管理型共同基金相对于可比的指数基金的表现，结果对选股式投资者来说并不乐观。2016年，约44%的美国大型股票基金跑赢了标准普尔500指数。后面的数据更糟糕，只有不到12%的基金在5年内跑赢了标准普尔500指数，只有约8%的基金在15年内跑赢了标准普尔500指数，而15年正好是人们为退休或子女教育存钱的关键时段。换句话说，92%自称具有某种特殊选股能力的共同基金在15年内的表现不如简单的指数基金，我们可以称指数基金为"扔毛巾的猴子"的现代版。[9]

我们还可以换个角度，如果选股者比扔毛巾的猴子更善于挑选个股，那么出色的选股者的业绩应该能够连续多年名列前茅。（如果你是一个跑步健将，那么每次比赛你都应该位于领先位置。）2014年，一项研究调查了2 862只成立至少5年的共同基金。在这些基金中，有多少基金的业绩连续5年位居前1/4？答案令人震惊：两只。2015年，在多了12个月数据的基础上，研究结果不得不稍微进行修改。之前连续5年表现出色的那两只基金在第6年的表现均相对较差。正如《纽约时报》报道的那样，"有多少只共同基金能持续战胜市场？答案是一只都没有"。[10]

尽管有数据支持，但有效市场理论显然没有在华尔街占据主流地位。有这样一则古老的笑话，说的是两位经济学家走在街上。其中一人看到路上有一张100美元钞票，就指给朋友看。"那边水沟里的是一张100美元钞票吗？"他问。

"不是，"朋友回答，"如果真的是100美元钞票，早就有人把它捡起来了。"

于是，二人继续前行。

无论是房地产市场还是股票市场，近年来的表现都不符合这种对人类行为理性有序的认知。金融领域有一些杰出人物一直在抨击有效市场理论。颇具讽刺意味的是，有效市场理论之父尤金·法玛与罗伯特·希勒共同获得了2013年诺贝尔经济学奖，而后者认为有效市场理论"半真半假"。虽然希勒认同价格反映了现有信息，业余投资者不太可能战胜市场，但他指出，市场价格的波动幅度往往超过了基本面的变动程度，这也是我们屡屡遭遇泡沫的原因。[11] 希勒最有名的一本书是《非理性繁荣》，他在书中指出2000年的股市估值过高。他说对了。5年后，他又指出房地产市场存在泡沫。他的判断再次正确。有时，资产价格看似异常是因为它们确实偏离了正常轨道。尽管如此，我们还是可以将法玛和希勒的研究成果结合。《经济学人》在二人共同获得诺贝尔奖时指出："正如投资者应该牢记法玛的研究成果，将大部分投资组合配置到低成本的指数基金中，当股市相对于长期利润趋势显示出较高估值时，投资者也应该对股市保持警惕。"

行为经济学家记录了个人做出错误决策的各种原因，比如容易盲目从众，对自己的能力过于自信，在预测未来时过于看重过去的趋势，等等。鉴于市场不过是个人决策的集合，如果个人以系统性的方式犯错（如对好消息和坏消息反应过度），那么市场会崩溃（如泡沫和萧条）实属正常。

作为一个崭新的领域，神经经济学应运而生。它结合了经济学、认知神经科学和心理学，旨在探索生物学在人们的经济决策中扮演的角色。其中一项最为奇特且引人关注的研究发现表明，脑损伤患者可能是特别优秀的投资者。为什么？因为大脑某些部位受损会影响情绪反应，而情绪反应会令人们做出非理性的抉择。来自卡内基梅隆大学、斯坦福大学和艾奥瓦大学的研究团队做了一项实验，将15名大脑情绪控制区域受损（但逻辑和认知功能完好）的一组受试者与对照组在投资决策上的表现进行了比较。游戏结束时，脑损伤投资者比对照组多赢得了大约 13% 的收益，研究人员认为，这主要是因为他们不会感到恐惧和焦虑。当潜在收益较高时，脑损伤投资者敢于承担更大的风险，而当他们遭受损失时，他们也不会那么情绪化。[12]

　　本书并非提倡将损伤脑作为一种投资策略。不过，行为经济学家确实相信，通过预测普通投资者可能做出的错误决定，我们可能会战胜市场（或至少避免被市场踩踏）。如果非理性投资者将 100 美元钞票散落一地，我们难道不应该想办法把它们捡起来吗？诺贝尔奖得主理查德·塞勒对此给出了肯定的回答，本书前面曾提到他从客人面前拿走了一碗腰果。塞勒甚至愿意用钱将他的理论付诸实践。他和合作伙伴共同创办了一只名为"行为成长基金"的共同基金，充分利用了我们人类的弱点。（基金的座右铭：投资者犯错，我们找错。）我得承认，在我受芝加哥公共电台委托采访塞勒后，我决定放弃我对有效市场理论的坚定信念，投一小笔钱购买他的基金。结果如何？这只基金表现相当出色。自成立以来，行为成长基金的年均回报率达到 12.5%，而同类指数基金的年均回报率为 8.6%。

　　有效市场理论在短期内不会过时。事实上，出于两个原因，它仍然是每位投资者都必须了解的重要概念。首先，尽管市场中可能会出现非理性行为，但这并不意味着某些人可以轻易从这些疯狂的波动中获利，至少无法长期如此。当投资者利用市场的反常现象，比如买入价格被低估的股票时，他们实际上是在消除自己所利用的市场无效性（通过抬高被低估股票的价格，直到它们的价格不再被低估）。回顾一下在超市寻找结账速度最快队伍的那个比喻。假设你确实发现了一条预计比其他队伍结账速度更快的队伍，可能是因为一个快速的收银员和一个手脚麻利的装袋员在为这条队伍的顾客结账。然而，其他购物者也会注意到这一点，他们会选择加入这条队伍，直到它不再具有明显的优势。你持续找到排队时间最短的结账队伍的可能性近乎为零。共同基金也是如此。如果某个投资组合经理开始战胜市场，其他人会注意到他的超额收益，并纷纷效仿他的策略，从而使该策略的效果大打折扣。因此，即使你相信偶尔会有一张100美元钞票遗落在街上，你也应该意识到它不会在那里停留太久。

其次，即使是那些对有效市场理论提出最强有力批评的专家也认为，普通投资者可能无法战胜市场，也不应该尝试这样做。麻省理工学院罗闻全和沃顿商学院A.克雷格·麦金利共同撰写了一本名为《非随机漫步华尔街》（*A Non-Random Walk Down Wall Street*）的书，他们在书中明确提出，拥有超级计算机等优质资源的金融专家可以通过识别和利用定价异常来战胜市场。《商业周刊》在对该书的评述中提到："也许令人惊讶的是，罗闻全和麦金利实际上赞同马尔基尔给普通投资者的建议。他们认为，你如果没有任何特殊的专业知识，也没有时间和金钱去寻找专家的帮助，就去买指数基金吧。"[13]

沃伦·巴菲特可以说是有史以来最出色的选股大师，他也说过同样的话。[14]众所周知，巴菲特2007年打了一个赌。他拿出100万美元打赌，在接下来的10年里，标准普尔500指数基金的表现将超过由顶级资产管理经纪人精挑细选的对冲基金组合。2017年，这场赌局的结果揭晓，两者的差距很远。在这10年当中，标准普尔500指数基金的年均回报率为7.1%，而对冲基金的年均回报率仅为2.2%。[15]（巴菲特将赌赢的100万美元捐给了慈善机构。）即使是以行为成长基金战胜市场的理查德·塞勒也曾向《华尔街日报》透露，他把大部分退休储蓄都投入了指数基金。[16]投资时选择指数基金就像减肥时坚持定期锻炼和低脂饮食一样，是一个非常好的起点。任何宣称有更好方法的人都应该拿出充分的证据。

如先前所述，本章不是什么投资指南。诸如大学储蓄计划、市政债券、变额年金以及其他各种现代投资选择的利弊，暂且留待他人详述吧。尽管如此，基础经济学依然能够为我们提供一个直观的评估框架。它确立了一套基本原则，任何合理可行的投资建议都必须符合下列原则。

储蓄，投资，如此反复。让我们回到本章最基本的观点：资本是一种稀缺资源。这是任何投资产生回报的唯一原因。如果你有闲置资本，自然会有人愿意支付费用来借用你的资本。但是，你必须先拥有闲置资本，而获得闲置资本的唯一方法就是使你的支出小于收入，也就是储蓄。你储蓄得越多，开始储蓄的时间越早，你就能在金融市场上获得越多的"租金"。任何一本关于个人理财的好书都会向你展示复利的好处。这里我们只说一点，据说阿尔伯特·爱因斯坦曾称复利为有史以来最伟大的发明。

当然，反过来说，如果你的支出大于收入，那么你就必须"租赁"资金来填补这一差额，而你必须为此付出相应的代价。支付资本的租金与支付其他任何东西的租金没有什么不同：这笔开支会挤掉你以后可能想要消费的其他东西。现在活得更好的代价就是未来不得不降低生活质量。反之，当下生活节俭的回报就是未来生活得更好。因此，先把应该用退休储蓄投资股票还是债券的问题放一放。我们要做的第一件事简单得多：早储蓄，勤储蓄，还清信用卡欠款。

承担风险，赚取回报。好了，现在我们来讨论一下你的退休储蓄应该投资于股票还是债券。假设你有可出借的资金，你同时面临两个选项：一是把资金借给美国联邦政府（国债），二是借给你的邻居兰斯，他在地下室捣鼓了3年，声称发明了一种以葵花子为燃料的内燃机。美国联邦政府和你的邻居兰斯都愿意支付你3%的贷款利息。怎么选？除非兰斯用你的不雅照要挟你，否则你应该毫不犹豫地选择美国政府债券。葵花子内燃机有很大风险，而美国政府债券没有。兰斯最终可能会筹集到完成发明所需的资金，但不是通过提供3%的收益。风险较高的投资必须提供较高的预期收益，才能吸引资本。这并不是什么深奥的金融法则，而是市场运作的基本规律。当理性的投资者可以在其他领域以较低风险获取同等预期收益时，他们自然不会选择风险更大的项目。正如投资公司美林证券前市场风险监督主管指出的那样："如果一项投资看起来既赚钱又无风险，那肯定是你不懂其中的门道。"[17]

对投资者而言，其中蕴含的道理显而易见：承担更多的风险就会得到更多的补偿。因此，你的投资组合风险越大，平均回报率就越高。不过，这里再次出现了那个令人讨厌的"平均"概念。如果你的投资组合风险很大，这也意味着偶尔你会有非常糟糕的投资结果。关于这一点，《华尔街日报》过去一篇报道的标题可谓一针见血："债券虽可令你安眠，但要付出代价"。[18] 这篇报道考察了1945年至1997年股票和债券的回报。在此期间，完全由股票构成的投资组合的平均年回报率为12.9%，而完全由债券构成的投资组合在同一时期的平均年回报率相对较低，为5.8%。那么，你可能会问自己，哪个傻瓜愿意持有债券呢？请不要着急。这篇文章还分析了不同投资组合在最糟糕年份的表现。纯股票投资组合在最差的一年损失了26.5%的价值，而纯债券投资组合在任何一年的损失从未超过5%。此外，从1945年至1997年，纯股票投资组合共有8个年度出现了负回报率，而纯债券投资组合只出现过一次亏损。总之，风险会带来回报，只要你有承受风险的能力。

让我们回到哈佛大学的捐赠基金，在2008年金融危机期间，该基金损失了约1/3的价值。耶鲁大学的捐赠基金也在短短一年内损失了1/4的价值。而在同样惨淡的经济环境下，我岳母几乎将她所有的资金都投到了大额存单和支票账户中，结果获得了约3%的回报。我的岳母是投资天才吗？哈佛大学是否应该把更多资金转入巨大的支票账户中？这两个问题的答案都是否定的。我岳母总是把资金投入安全但收益较低的投资项目，因为她对风险的承受能力有限。当然，这也意味着，如果某一年股市大涨18%，她的投资回报率依旧是3%。与此同时，哈佛大学、耶鲁大学和其他拥有庞大捐赠基金的学校在经济繁荣时期通过承担巨大风险和投资流动性相对较差的投资产品赚取了巨额回报。（流动性反映了资产转换为现金的速度和可预测性。流动性差的投资产品，如稀有艺术品或委内瑞拉公司债，必须支付溢价以弥补这一缺点。当然，如果你急需将这些投资变现，问题就会出现。）这些机构偶尔也会为其高风险的投资组合付出代价，但从长远来看，它们取得的收益远高于大额存单，足以抵消这些损失。最重要的是，这些捐赠基金与为子女上学或自己退休而规划的普通投资者所购买的投资品不同，它们的投资期限理论上是无限的，这意味着如果能在未来一两百年内实现回报最大化，它们可以承受一些极其艰难的年份，甚至是数十年的低迷期（尽管哈佛大学和耶鲁大学都不得不在金融危机期间大幅削减预算，以弥补捐赠基金收入的损失）。耶鲁大学前任校长理查德·莱文在接受《华尔街日报》采访时表示："在市场上升阶段，我们收获了巨大的超额回报。当一切结束并稳定下来时，我相信我们将看到捐赠基金的整体长期业绩好过我们不这样做的情况。"[19] 我猜想他是对的，但对我岳母来说，这并不一定是一个明智的策略。

分散投资。 在教授金融学课程时，我喜欢让学生们玩抛硬币的游戏。这是阐明某些观点的最佳方式，下面就是其中一例：一个多元化程度高的投资组合会大大降低严重亏损的风险，而且并不会牺牲预期收益。让我们用抛硬币来解释一下。假设你在401（k）个人养老金账户中存有10万美元，其收益取决于一枚硬币的抛掷结果：正面朝上，它的价值翻两番；反面朝上，你将一无所有。平均来说，结果很好。（你的预期收益率是100%。）① 当然，问题在于其负面结果令人难以接受。你有50%的概率会失去全部积蓄。试想一下，你该如何向配偶解释。

现在，让我们多加一些硬币。假设你将401（k）个人养老金账户中的10万美元分散到10项不同的投资中，每项投资都遵循相同的收益规则：正面朝上，价值翻两番；反面朝上，一无所有。你的预期收益没有任

---

① 平均预期回报为 0.5×40万美元 + 0.5×0 美元 = 20万美元，相当于10万美元投资的回报率为100%。

何变化：平均来说，你会抛出 5 个正面和 5 个反面。你的 5 项投资将增值 3 倍，另外 5 项将化为乌有。这样算来，你依然能获得 100% 的丰厚收益。不过，看看你的下行风险有什么变化。要想 401（k）个人养老金账户归零，唯一的办法是抛出 10 个反面，这种情况发生的概率极其微小（不到千分之一）。现在，设想一下，你购买了几只包含来自世界各地数千只股票的指数基金，并进行相同的操作。① 这么多的"硬币"绝不可能全部都抛出反面。

当然，你最好确保所有这些投资的结果都是真正相互独立的。抛硬币是一回事，一次抛硬币的结果与下一次抛硬币的结果不相关。而买入微软公司和英特尔公司的股票，然后认为自己已经安全地将投资组合分散到了两个篮子里，这完全是另一回事。诚然，它们是两家不同的公司，拥有不同的产品和不同的管理团队，但如果微软公司今年的业绩非常糟糕，英特尔公司很有可能也会受到影响。在金融危机期间，雪上加霜的一个错误观点是，人们认为将大量抵押贷款捆绑在一起，形成一种单一的抵押支持证券，就能创造出比任何单一抵押贷款都更安全、更可预测的投资，就好比抛一百枚硬币而非只抛一枚。如果一家银行只有一笔未偿清的抵押贷款，那么这笔贷款一旦违约，会带走银行所有的资本。但是，如果你购买的是由成千上万笔抵押贷款组成的金融产品，其中大部分贷款都能被正常偿还，这就抵消了偶尔发生违约的风险。

在正常情况下，这一观点或许站得住脚。当某人生病或失业时，抵押贷款可能会违约，这种情况在各个家庭之间的关联度十分有限。如果某个街区中有一栋房子被收回，没有理由认为其他房屋也会如此。然而，当房

---

① 这个操作有点儿过于简化。抛硬币的结果是独立的，而单只股票的表现并非如此。有些因素，比如利率上调，会影响整个市场。因此，购买两只股票所提供的分散投资效果，并不及抛两次硬币那样明显。尽管如此，关于分散投资能够降低风险这个更广泛的观点仍是成立的。

地产泡沫破裂时，局势则截然不同。全美各地的房价都在暴跌，随之而来的经济衰退意味着很多人失业。原本看似高明的住房抵押贷款支持证券沦为"有毒资产"，自那以后，美国人便一直努力处理这些资产。

长期投资。你在赌场目睹过他人赢得巨额赌注吗？有人赢钱时，庄家也会高兴。为什么？因为从长远来看，赌场最终将收获颇丰，偶尔的大赢家不过是途中的一个小插曲。假设你是赌场经营者，经营赌场的妙处在于概率对你有利。如果你愿意等待足够长的时间，在大赢家偶尔出现时支付巨额支票并开心地跟他合照，那么你将积累可观的财富。

投资的益处与经营赌场相同：如果你有耐心，愿意忍受偶尔的挫折，那么概率将站在你这一边。任何合理的投资组合都应该有正向的预期收益。要知道，你把资本租给了各种实体，理应得到回报。事实上，风险越高的投资项目，平均而言，你期望得到的收益就越高。因此，你持有（多元化）投资组合的时间越长，概率就有越长的时间发挥其魔力。明天道琼斯指数的收盘点数是多少？我无从知晓。明年的收盘点数是多少？我也不知道。5年后呢？可能会比现在高，但并不确定。25年后呢？比现在高得多，我可以肯定这一点。日内交易是指买入股票，期待数小时后卖出股票获利，此举的不高明之处在于，日内交易产生了股票交易的所有成本（如佣金、税费，更不用说时间了），却未能获得长期持有股票带来的任何好处。

此刻，你已经掌握了快速评估个人投资策略的方法。下次，当投资顾问向你承诺20%或40%的投资收益时，你会知道以下三种情况之一必定是真的：（1）这项投资风险一定很大，因此才可能带来如此高的预期——想想哈佛大学的捐赠基金；（2）你的投资顾问偶然发现了一个机会，而这个机会尚未被全球众多资深投资者察觉，他好心与你分享这一秘密——若真如此，请打电话通知我；（3）你的投资顾问不称职或不诚实——想想庞氏骗局的制造者伯纳德·麦道夫。答案往往是（3）。

经济学的魅力在于其基本思想不会改变。中世纪的君主需要筹集资金（通常是为了打仗），就像今天的生物技术初创公司一样。我不知道100年后地球会变成什么样子。也许人们会在火星上定居，也许人们能将盐水转化为清洁的可再生能源。但我可以肯定的是，这两项事业都会利用金融市场来筹集资金和降低风险。此外，我也坚信一点，美国人不会通过只吃西柚和冰激凌就能变得又瘦又健康。

8

利益团体的力量

经济学对政治的启示

多年前，我和一群朋友去度假。身为队伍里唯一的学者，同行的人多少对我有些好奇。当我解释说自己在研究公共政策时，一位同伴怀疑地问："如果我们对公共政策了解得如此透彻，那为什么一切还那么混乱？"这个问题很愚蠢，有点儿像问："如果我们对医学了解得如此透彻，那为什么还会有人死去？"人们总能在10年后想出巧妙的反驳。（当时，我只是含糊地说了句："嗯，这很复杂。"）我本可以指出，在公共政策领域，就像在医学领域一样，人们已经取得了诸多显著的进步。美国人比历史上任何时候都更健康，更富有，受教育程度更高，也更不容易受到经济繁荣和萧条的影响——尽管2008年发生了金融危机。

事实上，这个问题多年来一直萦绕在我的心头，很大程度上因为它触及了一个重要观点：即使经济学家就那些有望改善民众生活的政策达成共识，这些政策也常常会遭遇政治阻力。国际贸易就是一个很好的例子。据我所知，在主流经济学界，几乎无人质疑国际贸易对富裕国家和贫困国家的福祉同等重要。当芝加哥大学布斯商学院向由经济学家组成的专家小组询问"对华贸易能否提升大多数美国人的生活水平"时，所有受访专家均表示"赞同"或"非常赞同"。[1] 只不过有一个小问题：此类议题确实会引发街头骚乱。1999 年，当世界贸易组织在西雅图举行会议时，约 4 万名抗议者涌入市区，他们堵塞道路，砸碎窗户。唐纳德·特朗普当选美国总统的部分原因在于其对国际贸易强烈反对的态度，尤其是对与中国贸易的反对态度。美国两党的政治家通常都敌视贸易协议，即使经济学家大力称赞《北美自由贸易协定》和《跨太平洋伙伴关系协定》等协议带来的益处。特朗普当选后，美国退出了《跨太平洋伙伴关系协定》这项由 12 国共同签署的贸易协议。

与此同时，彰显猪肉桶政治的法案在美国国会轻松通过，导致大量资金被分配到了与美国国家利益关联甚微的小项目上。在将近 40 年的时间里，美国联邦预算中一直包含向美国马海毛生产者提供的现金补贴。（马海毛来自安哥拉山羊，是一种羊毛替代品。）马海毛补贴始于 1955 年，应美国武装部队的要求设立，目的是确保在战时有足够的纱线用于制造军服。对此，我不做评价。然而，美国军方早在 1960 年前后就改用合成纤维制作军服。在之后的 35 年里，美国政府仍继续向马海毛生产者发放大笔现金补贴。最终，马海毛补贴还是被取消了，因为它成了猪肉桶政治的典型代表，并因其荒谬性注定走向失败。

随后，当其他美国人的关注点转移时，这一现象再度出现。2008 年的农业法案重新引入了对羊毛及马海毛生产者的补贴措施。那么，这是如何发生的？

这并非缘于马海毛生产者势力庞大、资金雄厚或政治手腕高超。他们不具备这些条件。事实上，马海毛生产者数量稀少反倒是一种优势。他们的优势在于，他们能够从政府那里获取巨额补贴，而不会引起纳税人的注意。假设有 1 000 名马海毛生产者，每个人每年春天能从美国联邦政府那里拿到一张 10 万美元的支票，而这仅仅是因为他们生产马海毛。得到这笔补贴的生产者对这笔款项非常在意，可能远超他们对其他任何美国政府政策的关注度。与此同时，其他纳税人只需多缴纳几分钱的税款来维持不必要的马海毛供应，所以他们对此毫不在意。任何倾向于保住仕途的政界人士都能算明白，投票支持马海毛补贴会赢得马海毛生产者的大力支持，而不会引发其他选民的反对。此乃政治上的不二选择。

问题在于，马海毛生产者并不是唯一一个排队等候补贴、税收减免、贸易保护或其他政府援助政策的群体。事实上，最精明的政客可以互相交换利益——如果你支持我所在地区的马海毛生产者，我就支持你所在地区的宾果游戏名人堂。在我担任缅因州州长演讲稿撰稿人期间，我和其他缅因州政府官员曾把州预算称为一棵圣诞树，每位立法者都有机会在上面挂上一两个装饰品。如今，我住在伊利诺伊州第五国会选区，丹·罗斯滕科夫斯基数十年担任这个选区的议员，后来由拉姆·伊曼纽尔接任这一职位。作为芝加哥居民，我可以在市区驾车穿梭，沿途指出众多由罗斯滕科夫斯基推动建设的设施。当科学与工业博物馆需要数千万美元建造地下停车场时，罗斯滕科夫斯基争取到了美国联邦资金。[2] 难道西雅图或佛蒙特州乡村地区的纳税人应该为芝加哥博物馆的停车场买单吗？当然不应该。然而，当我在下着瓢泼大雨的一天带孩子们去博物馆时，我很高兴能把车停在室内。这也解释了为什么罗斯滕科夫斯基从美国联邦监狱出来没多久后，在芝加哥的政治集会上仍能赢得全场民众的起立鼓掌。

在金融危机最严重的时候，奥巴马政府通过的经济刺激法案犹如一棵巨大的圣诞树，上面挂满了各项政策提案。我将在后面论证，鉴于当时的情况，刺激经济是合理的。不过，任何一个理智的人都不会设计出那样的法案，其内容涵盖了为从环保型高尔夫球车到极地破冰船等项目提供资金支持。没错，数十年来为马海毛生产者提供现金补贴的政策也在其中。现在，让我们来谈谈乙醇，这是一种以玉米为原料制造而成的汽油添加剂，据说有一定的环境效益。掺有乙醇的汽油每加仑比纯汽油少征税 5.4 美分，从表面上看，这是因为它比燃烧纯汽油更清洁，并且能降低美国对外国石油的依赖。当然，科学家和环保人士都不认同乙醇有这么大的好处。1997年，美国国会下属的无党派研究机构总审计局（后更名为美国政府问责局)做过一项研究,研究结果显示乙醇对环保和减轻对美国外国石油的依赖并无显著效果。然而,乙醇补贴政策使美国财政部损失了71亿美元的税收收入。更糟糕的是,乙醇实际上可能会加剧某些类型的空气污染。混合了乙醇的汽油比纯汽油蒸发得更快,在高温天气下会导致臭氧问题。2006年,在《美国国家科学院院报刊》上发布的一项研究显示,与汽油相比,乙醇确实减少了12%的温室气体排放,但即便将美国的全部玉米用于生产乙醇,乙醇也只能替代美国汽油消耗总量的很小一部分。此外,由于化肥和杀虫剂的径流,玉米种植还造成了环境退化。[3]

但是,过度关注科学层面的问题容易忽略重点。正如《纽约时报》在2000年美国总统竞选如火如荼时指出的那样:"不管乙醇是不是汽车的理想燃料,在艾奥瓦州的竞选活动中,它确实有奇效。"[4]乙醇税收补贴刺激了玉米需求的增长,这让艾奥瓦州农民的腰包鼓了起来。就在艾奥瓦州党团会议前夕,玉米种植者马文·弗莱尔对《纽约时报》说:"有时我觉得那些候选人只是在迎合我们。"他随后又补充道:"当然,这或许并非最坏的情况。"美国玉米种植者协会指出,乙醇补贴带动了玉米需求的增长,使每蒲式耳玉米的售价提高了30美分。

在担任美国新泽西州(该州并非玉米种植重要区域)参议员的三届任期内,比尔·布拉德利始终反对乙醇补贴。作为一名参议员,他最重要的成就包括消除税收体系中弊大于利的补贴和漏洞。然而,1992年,当身为民主党总统候选人的比尔·布拉德利走访艾奥瓦州时,他"与当地农民进行了交流",突然热心支持对乙醇进行减税的政策。简言之,他意识到乙醇补贴政策对艾奥瓦州选民至关重要,而艾奥瓦州对总统竞选也至关重要。自此以后,每一位主流总统候选人都支持乙醇补贴政策,只有一人例外,那就是约翰·麦凯恩。值得称赞的是,参议员麦凯恩在2000年和2008年竞选总统期间,坚持反对乙醇补贴政策。虽然麦凯恩的"直言不讳"令人钦佩,但我们要记住一个重要细节:约翰·麦凯恩未能当选美国总统。贝拉克·奥巴马是乙醇补贴政策的支持者，唐纳德·特朗普在 2016 年竞选美国总统期间也是乙醇补贴政策的支持者。事实上，特朗普在艾奥瓦州可再生燃料协会主办的一次活动上表示，美国联邦政府应该要求在美销售的汽油中掺入更多乙醇，这一言论让人大跌眼镜。[5]

乙醇补贴并非美国强大利益集团迫使美国其他人屈服的案例。农民只占美国总人口的 2%，其中真正种植玉米的农民更少。如果从政治进程中谋取利益只是蛮力问题，那么连母牛和公牛都分不清的人应该可以随意摆布农民。美国惯用右手的选民可以联合起来，要求牺牲惯用左手的选民的利益来实现减税目标。其他美国选民甚至可以好好整治一下那些马海毛生产者。然而，现实情况并非如此。

经济学家提出的政治行为理论更符合实际观察。说到利益集团政治，"规模小"是有好处的。我在阐述人力资本时提到的芝加哥大学诺贝尔奖得主加里·贝克尔，在 20 世纪 80 年代初撰写了一篇具有开创性的论文，很好地概括了规制经济学。贝克尔以米尔顿·弗里德曼的博士论文为基础，提出了一个理论：在其他条件相同的情况下，组织有序的小团体在政治过程中最为成功。为什么呢？因为无论他们从政策体系中争取到什么好处，其成本都会分摊到缺乏组织的广大群众身上。

再想一想乙醇补贴的例子。70 亿美元的税收补贴惠及了美国一小部分农民，使他们每个人都获利颇丰。与此同时，成本却分摊到了美国其余 98% 的人身上。结果呢？在美国人日常关注的问题清单中，乙醇的优先级还不如保持良好的口腔卫生。而我提出的让惯用左手的美国人为惯用右手的美国人提供补贴恰恰相反。大约每 9 个美国人中就有一个惯用左手的人，因此，如果每个惯用右手的美国选民都能获得价值 100 美元的政府补贴，那么每个惯用左手的美国选民就必须承担 900 美元的补贴费用。惯用左手的美国人会为他们所承受的 900 美元税负感到极为不满，甚至可能会将其视为自己最关心的政治议题，而惯用右手的美国人只会为他们得到的

100美元补贴略感欣喜。一个精明的政界人士可能会通过投票支持惯用左手的美国人来改善自己的政治前景。

对比刚刚的探讨，下面这个看似奇怪的发现更容易理解。在美国和欧洲等农民只占总人口一小部分的国家或地区，政府为农业提供大量补贴。但在农业人口相对较多的国家，比如印度，补贴却流向了那些非农民群体。农民不得不以低于市场的价格出售农产品，以便城市居民能够以低廉的价格获得基本粮食供应。在前一种情境中，农民在政治上得到了优待；而在后一种情境中，他们却成了补贴政策的实际承担者。尽管情形各异，但在逻辑上两者具有一致性。在这两种情况下，都是多数群体补贴少数群体。

在政治上，少数群体的力量可以影响全局，从而对经济造成深远的影响。

无数补贴如同死亡之剑。 丹·罗斯滕科夫斯基为科学与工业博物馆修建地下停车场的费用，在美国20万亿美元的经济体量面前显得微乎其微。乙醇补贴、针对食糖生产商的贸易保护、为在波多黎各开展业务的制药公司提供的税收减免，以及对奶农实施的价格支持都是如此。然而，这些补贴与其他成千上万种类似补贴加起来，累积价值便不再微小。这些单个看来微不足道的低效行为开始扰乱市场经济最基本的功能：尽可能高效地获取资源并生产商品和提供服务。如果政府必须维持牛奶价格，那么真正的问题是奶农数量过多。关于税收庇护的本质，我曾听到过一个最佳定义：如果不考虑税收补贴，某种投资或行为就会毫无意义。这正是问题所在：政府不应通过提供激励措施，诱导人们去做那些在经济上并不合理的事情。

第3章阐述了为何一个好的政府不仅重要，而且不可或缺。然而，当美国国会将注意力转向某个问题时，往往会在解决问题的方案上添加很多不必要的内容。1982年诺贝尔奖得主、已故芝加哥大学经济学家乔治·施蒂格勒提出了一个违反直觉的观点，并为之进行了有力辩护。他指出，企业和行业往往能从监管中受益。事实上，企业和行业协会可以利用政治程序来制定有利于自己或阻碍竞争对手的法规。

这听起来是不是不大可能？以教师资格认证为例。美国各州普遍要求公立学校的教师在获得任教资格前完成某些事项或达到一定标准。大多数人认为这样做非常合理。在伊利诺伊州，教师资格认证的要求随着时间的推移不断提高，考虑到美国对公立学校改革的高度重视，这似乎也是合理的。然而，一旦深入探究认证背后的政治力量，事情就变得扑朔迷离了。美国教师工会作为美国最强大的政治力量之一，历来积极倡导对教师进行更为严苛的培训与考核。不过，仔细看看相关法案的细则。这些法律几乎无一例外地规定，在职教师可豁免遵循任何新增要求。换句话说，想成为教师的人必须参加额外的课程或通过新的考试，现有教师则不必如此。如果教师资格认证法是为了学生的利益而制定的，这样的规定就说不通了。如果某些要求是教师必须达到的，那么站在教室前面讲课的任何人都应满足这些要求。

美国教师资格认证制度的其他方面同样存在不合理之处。许多在私立学校执教数十年的教师，如果不通过一系列往往不必要的程序（包括教学实习），就不能在公立学校任教。大学教授也是如此。当阿尔伯特·爱因斯坦来到新泽西州普林斯顿时，他在法律上并不具备教授高中物理课程的资格。

最令人震惊且沮丧的是，研究人员发现，教师资格认证要求与实际课堂教学效果几乎没有任何关联。关于这一点，最有力的证据（与我所接触到的所有其他证据一致）来自洛杉矶。20世纪90年代末，加利福尼亚州通过了一项法律，要求全州学校缩小班级规模，洛杉矶的学校不得不大规模招聘新教师，其中许多人尚未取得教师资格证。洛杉矶相关部门还搜集了班级数据，以追踪每位教师教授的学生的具体学业表现。公共政策智库"汉密尔顿项目"的一项研究调查了15万名学生三年的学业表现，得出两个结论：（1）好老师很重要，那些被分配给前25%优秀教师的学生，其成绩比分配给后25%教师的学生高出10个百分点（控制了学生的初始成绩水平）；（2）教师资格证并不重要，研究"发现，拥有资格证书的教师与没有资格证书的教师教授的学生的成绩并无显著差异"。研究人员因此建议美国各州消除阻碍优秀人才成为公立学校教师的准入门槛。[6]大多数州的做法恰恰相反。

施蒂格勒或许会指出，上述现象其实不难解释。只要想一想，这个过程对教师而非学生有什么好处就明白了。提高教师准入门槛会减少新教师的供给，这对在职教师来说是件好事。对于已经进入某一行业的从业者来说，任何准入门槛都是有益的。

我个人对各种职业许可（美国各州对个体在从事特定职业前设定的许可获取要求）很感兴趣。我的博士论文就解释了伊利诺伊州一种看似反常的模式：该州要求理发师和美甲师必须持有执业许可证，电工却无须持有此证。一次拙劣的电路作业可能会烧毁整个社区，而一次糟糕的修甲或剪发经历的危害程度显然较低。然而，理发师和美甲师却受到了州政府的监管。对这种模式的简单解释是4个字：利益集团。在伊利诺伊州，从事某个职业是否需要获得许可的最佳预测指标是这个职业所属行业协会的规模和预算。（相较于伊利诺伊州的总人口而言，每个行业协会的规模都很小，因此所有这些群体都具有"马海毛生产者"那样的优势。行业协会的规模和预算反映了该行业成员可以在多大程度上为利用这一优势而团结起来。）值得注意的是，相较于行业从业者对公众构成的实际风险（以其责任保费来衡量），其内部的政治组织因素对于是否颁发许可证的决定更具影响力。乔治·施蒂格勒是对的：团体会积极争取为其自身设立准入门槛。

有组织的小团体暗中活动，说服立法者推行一些未必对其他人有益的政策。经济学家，尤其是那些秉持自由市场理念的"芝加哥学派"，时常被视为对政府持敌对态度。然而，更为确切的说法是，他们对政府持怀疑态度。政府的职能范围越广，特殊利益集团为自己谋取利益的空间就越大，而这些私利与我们第 3 章所阐述的政府正当职责毫无关系。

现状的统治力量。如果小团体可以从立法程序中得到他们想要的东西，那么他们也能阻挠自己不想要的事情发生，或者至少尝试这样做。发明了"创造性破坏"一词的约瑟夫·熊彼特将资本主义描述为一个不断摧毁旧体制、创造新体制的过程。虽然这个过程对世界可能是有益的，但对那些构成"旧体制"的企业和行业却是不利的。面对资本主义的进步，身处"旧体制"中的个体（在他们看来是毁灭）会利用一切手段（包括政治）来避免进步的发生。他们有何理由不去奋力一搏呢？立法程序有助于自助者。受到竞争围困的团体可能会寻求贸易保护、政府援助、税收优惠、限制竞争性技术或其他特殊待遇。在裁员或破产迫在眉睫的情况下，向政界人士寻求帮助的呼声可能极具说服力。

那么，症结究竟何在呢？问题在于，如果政治决策者选择去维护旧的经济结构，人们就无法从新的经济结构中获益。美联储前董事会副主席罗杰·弗格森解释说："决策者如果不能理解竞争环境的不断变化与财富创造之间的关系，就最终会把精力集中在那些正走向衰落的方法和技能上。这样一来，他们制定的政策便会倾向于保护那些脆弱且过时的技术，最终导致经济发展缓慢。"[7]

无论是出于同理心还是政治考量，人们都应该向那些在竞争中失败的人伸出援手。如果某种艰难的变革带来了进步，那么蛋糕肯定会变得更大。如果蛋糕变大了，那么至少应该分一部分蛋糕给失败者——无论是以过渡援助的形式，或是以就业再培训的形式，还是以其他任何有助于他们重整旗鼓的方式。《北美自由贸易协定》有一个特点使其更容易被美国人接受。协定中有这样一条规定，如果美国工人的失业可能与扩大同墨西哥的贸易有关，那么这些失业的美国人应得到补偿。同样，美国许多州正利用与烟草行业达成的巨额法律和解款项，来补偿因烟草消费减少而面临生计困境的烟农。

然而，利用政治机制为遭受创造性破坏冲击的群体构建保障体系，与利用政治手段直接阻止创造性破坏发生之间，存在至关重要的区别。想一想电报取代驿马快信的例子。通过再培训帮助驿马快信工人转型成为电报员是一回事，通过禁止电报发展以保护驿马快信工人则是另一回事。有时，基于与马海毛问题相似的原因，政治程序会采取后一种做法。竞争带来的经济效益巨大，但分散在众多人身上；竞争带来的经济损失往往较小，但遭受损失的人群高度集中。因此，创造性破坏的受益者几乎察觉不到自身在受益；"受害者"则会像我们任何人一样，在自己的生计或所在社区受到威胁时，跑到政府官员办公室的门前抗议，寻求保护。

国际贸易领域就是如此。贸易有利于美国消费者，美国消费者可以花更少的钱买到来自世界各地品质更优或价格更低的产品，比如鞋子、汽车、电子产品、食品（或者由于外国竞争而降低价格的国产商品）。美国消费者的生活在无数细微之处得到了改善，这些改善累积起来效果显著。回顾克林顿总统执政时期，前财政部长罗伯特·鲁宾曾说："在过去 8 年中，我们通过谈判降低关税所带来的经济效益，堪称世界历史上规模最大的减税举措。"[8] 还记得上文提到的那些看好对华贸易的经济学家吗？他们认为这能"提升大多数美国人的生活水平"。芝加哥大学布斯商学院又向这些专家提出了一个后续问题："是否有部分美国人的境况会因此恶化？"经济学家们对这个问题的回答同样近乎一致：96%的人给出了肯定回答。这就是贸易背后的政治因素。失去工作的美国人并不关心贸易带来的"整体利益"或"使蛋糕增大"。他们关心的是自己被夺走的那一部分"蛋糕"。在 2016 年美国总统大选后，《华盛顿邮报》的一项分析发现："在最近的总统选举中，与其他共和党候选人相比，在那些面临来自墨西哥尤其是中国进口商品激烈竞争的州，特朗普获得了更多的选票。"[9]

尽管可以买到更便宜的鞋子或质量更好的电视，但这可能还不足以让普通民众飞到某处，为支持世界贸易组织而游行。相反，那些受到全球化影响最直接的群体有更强大的动机。有一个例子令人难以忘怀。1999 年，美国劳工联合会 – 产业工会联合会（简称"劳联 – 产联"）和其他工会派了约三万名会员前往西雅图，发起反对世界贸易组织进一步吸纳成员的抗议活动。其声称关心发展中国家工人的工资水平和工作条件，这个托词站不住脚，简直是胡说八道。劳联 – 产联真正担心的是美国人的工作。更多的贸易意味着数以百万计的美国消费者可以买到更便宜的商品，但也意味着美国就业岗位的流失和工厂的关闭。这才是促使工人上街游行的原因，历史上一直都是如此。最初的"卢德派"是一群群英国纺织工人，他们破坏织布机，抗议机械化带来的低薪和失业。试想一下，如果他们当年取得了胜利，那么现在世界会是什么样子的？

回顾历史，在 15 世纪初，中国的科技远比西方先进。中国在科学、农业、工程，甚至兽医方面的知识都更胜一筹。春秋战国时期，中国人就开始铸造铁器，比欧洲人早了约 1 500 年。然而，工业革命发生在欧洲，中国文明在当时却徘徊不前。原因何在？一种历史解释认为，中国的精英更重视稳定而非进步。因此，当时的领导者阻止了使工业革命成为可能的各种社会变革。例如，在 15 世纪，中国的统治者颁布禁令，严禁远洋贸易，这扼杀了随之而来的经济发展、科学发现和社会变革。

为了确保整体利益能够胜过小团体的利益（尽管可以理解），美国设计了一些制度。例如，当美国政府就国际贸易协定进行谈判时，美国总统通常会向国会提出"快速通道授权"。无论最终协定为何，美国国会将会迅速对其进行整体表决。在此过程中，立法者可以添加修正案的正常程序被免除。这一做法背后的逻辑在于，防止立法者通过为各个行业争取豁免条款来削弱协议的约束力。为各个地区少数特殊利益集团提供保护的贸易协议，根本就不是真正的贸易协议。快速通道程序迫使美国政界人士在口头上倡导自由贸易时也真正付诸行动。

备受指责的世界贸易组织实际上就是一个国际版的"快速通道程序"。

在众多国家及地区间进行谈判，以降低贸易壁垒，是一项艰巨的任务，因为每个国家都存在国内利益集团。世贸组织规定各国及地区加入时必须采取的行动，使这一进程在政治上更易于管理，这些行动包括开放市场、取消补贴、逐步取消关税等。这就是加入世贸组织的代价。新加入的国家或地区可以进入所有现有成员的市场，这是一个巨大的诱惑，促使各国政客们有动力对世界上的马海毛生产者说不。

对政界人士宽容一些吧。2000年秋天，我前途无量的政治生涯开始了，我当选为神学院联排别墅协会主席。（也许"当选"这个词用得太重了，实际上是即将离任的协会主席问我是否愿意接任，而涉世未深的我并没有拒绝。）在那个时候，芝加哥交通局宣布了一项计划，打算对我家附近的高架火车站进行扩建。该计划将使车站符合《美国残疾人法案》的标准，并容纳更多的乘客。同时，高架火车轨道（以及相关的所有噪声）向我的住宅靠近10米左右。简言之，该计划对芝加哥公共交通有利，对联排别墅协会不利。在我的出色领导下，我和协会其他成员撰写信函、组织会议、咨询建筑师，并提出了替代方案（其中一些方案需要征用并拆除附近其他地方的房屋）。最终，富勒顿大道还是建了一个新的高架火车站，但在此之前，我和协会其他成员已竭尽全力阻挠该项目。

是的，女士们、先生们，我们皆是特殊利益团体的一员，无一例外。你可能不养安哥拉山羊（马海毛的来源），你可能不种玉米（乙醇的原料），但你属于某个独特的利益群体，比如职业群体、种族群体、特定人口群体、社区、行业乃至国家。正如一句老话所说："位置决定立场。"宣称政治家只需做正确的事，无疑是肤浅的。关于艰难决策的老生常谈蕴含着真谛。做正确的事，做出对国家利大于弊的决定，并不会让人们起立欢呼。更有可能的情况是，你让大多数人过上了更好的生活，但他们几乎不会察觉，而你伤害的一小部分人会用西红柿砸你的车。

2008年，我的政治生涯变得更有趣了（但未必更有前途）。奥巴马总统任命众议员拉姆·伊曼纽尔为白宫办公厅主任，伊利诺伊州第五国会选区的代表席位因此出现空缺。那是我所在的国会选区，我和其他20多名候选人决定参加特别选举，竞争这一席位。（我们的竞选活动与前州长罗德·布拉戈耶维奇企图兜售的伊利诺伊州参议院席位可不一样。）我想，如果我打算写一本像本书这样批评公共政策的书，我就应该亲身参与到政治实践中去，而不只是作为一个旁观者发表意见。（顺便说一下，我反对乙醇补贴。鉴于第五国会选区完全是城市地区，这里没有一个玉米种植者，我的这一立场相对来说没有什么意义。）

　　那次竞选活动的经历可以很好地概括本章的重点。在第一次候选人辩论会上，主持人——芝加哥一家报纸的政治专栏作家——请每名候选人谈谈自己对美国联邦专项拨款的看法。专项拨款这种机制可以让美国国会议员在法案中加入有利于自己选区的内容。专项拨款将联邦资金直接用于国会议员所在选区的特定项目，因此该项目是否合理不会受到任何正式审查。举个例子，交通法案中的专项拨款会分配给特定的项目，比如阿拉斯加臭名昭著的"绝路桥"，即使交通部永远不为其提供资金，它也有联邦资金的支持。奥巴马总统签署的第一份支出法案中便有近9 000项专项拨款（不，这并非夸张），因此专项拨款的话题才会出现在辩论会中。

　　每名候选人都逐一抨击了专项拨款现象和支持专项拨款的政客。其中一位候选人甚至提议逮捕达成此类协议的国会议员。然而，专项拨款议题其实是一个陷阱，而且是一个巧妙的陷阱。主持人抛出了一个后续问题，大意是"那么，各位是否同样反对支持儿童纪念医院的专项拨款呢"。你可能已经猜到了，这家儿童医院位于第五国会选区，距离所有候选人当时所坐的位置不到300码。面对这一后续问题，候选人的回答相较于先前对专项拨款的普遍抨击缓和了许多，其中包括"当然，医院的情况有所不同"，"该专项拨款关乎儿童"，"作为国会议员，我将竭力支持儿童纪念医院"，等等。没有人建议支持医院专项拨款的政客应该被抓起来。

每个美国人都对专项拨款嗤之以鼻，除非拨款对自己有利。如果一名美国国会议员争取到了扩建儿童纪念医院的专项资金，那将是成功之举。届时人们将举行剪彩仪式加以庆祝，用蛋糕、果汁和演讲颂扬这位政界人士在国会的辛勤努力。那么，资金是如何争取到的？并不是因为他在众议院发表了感人至深、鼓舞人心的演讲，进而促使其余534位议员一致同意为伊利诺伊州的一家儿童医院慷慨解囊。相反，他是通过支持一项包含9 000项专项资金的法案来实现这一目标的，其中一笔专项资金会用于他所在的选区。这就是美国民主制度下的政治现实：美国人民喜欢这位为医院获取资金的国会议员，却讨厌那些支持专项拨款的政客。

美国竞选财务改革会改变现状吗？即便会引发变化，也可能仅限于某些方面。金钱无疑是吸引政界人士注意力的一个手段，但还有其他手段。如果美国奶农（他们受益于联邦价格补贴）不能获得资金，他们就会雇用游说者，挨家挨户拉票，组织集会，书写信函，绝食抗议，并进行集体投票。竞选财务改革并不能改变这样一个事实，即奶农极为重视他们的补贴，而承担补贴成本的广大美国公众对此并不在乎。民主进程总是有利于组织严密的小团体，而不利于分散的大群体。关键不在于有多少人关心此事，而在于他们的关心程度。对某一问题深切关注的2%人口，远胜于那98%虽有共鸣却缺乏实际行动意愿的人群，前者是更强大的政治力量。

内布拉斯加州前民主党参议员鲍勃·克里曾说，他认为竞选财务改革根本不会带来什么变化。"即使我们为竞选活动提供全额公共资助，美国政治领域中最严重的腐败现象依然不会消失。"他在《纽约客》杂志的采访中表示，"这种腐败体现在，我不想告诉你一些会让你不喜欢我的事情。如果我可以在发表26秒的讲话获得掌声和说出真相获得嘘声之间做出选择，我宁愿选择获得掌声。"[10]

因此，倘若再有人问我，为什么随着公共政策知识的不断增长，人们却并不是总能使世界更美好，本章将是我更完整的一份答案。

9

比比看

谁的经济体更大？

之前我有讲过，20世纪80年代末，我还很年轻的时候，曾为美国缅因州州长撰写演讲稿。我的主要职责之一便是在演讲稿中加入笑话。"有趣的笑话，"州长会告诫我，"能令人捧腹的笑话，而不是令人微微一笑的笑话。"20年后，其中一个笑话脱颖而出。究其原因，与其说它现在听来很好笑，不如说它揭示了我们当时的想法。记得当时乔治·赫伯特·沃克·布什是总统，丹·奎尔是副总统。美国新英格兰地区正深陷经济低谷，缅因州受到的冲击尤为严重。与此同时，日本似乎正崛起为世界经济强国。这个笑话是这样的：

乔治·赫伯特·沃克·布什在肯纳邦克波特度假期间，被他心爱的一只马蹄铁击中头部，结果陷入昏迷。9个月后，他苏醒过来，奎尔副总统正站在他的床边。"国家是否安定？"乔治·赫伯特·沃克·布什问道。

奎尔总统答道："是的，国家正处在和平之中。"

"失业率是多少？"乔治·赫伯特·沃克·布什问。

奎尔总统说："大约4%。"

乔治·赫伯特·沃克·布什又问："通货膨胀呢？"

奎尔总统答："在控制之中。"

"不错。"乔治·赫伯特·沃克·布什说,"一条面包要多少钱?"

奎尔副总统紧张地挠挠头说:"大约240日元。"

不管你信不信,这个笑话确实具备令人捧腹的效果。其幽默感部分来自丹·奎尔可能担任总统的前景,但更主要的是源于美国民众借此宣泄对日本即将成为世界经济霸主这一流行观点的焦虑。显然,时移世易。我们现在知道,日本后来经历了10余年的经济停滞,美国则开启了其历史上最为持久的经济扩张期。就在缅因州州长讲这个笑话的时候,作为日本股市晴雨表的日经225指数达到了38 916点。2017年,日经225指数已回落至约22 000点。

当然,近来美国人并没有幸灾乐祸。经历了一场自大萧条以来最为严重的金融危机,美国变得更为谦逊。为什么所有经济体,无论贫富,都断断续续地发展,从增长滑向衰退,再从衰退回到增长?在20世纪90年代的经济强劲增长期,美国劳动力短缺,快餐店支付签约金,大学毕业生获得价值数百万美元的股票期权,任何人都能在股市中赚取两位数的回报。不断上涨的房价和股价让美国消费者倍感振奋。全球资本涌入美国,其中最主要的来自中国,美国人很容易就能以低息贷款。

随后,一切急转直下,犹如美国全国运动汽车竞赛协会赛事中的撞车事故一样。美国消费者突然债务累累,房子砸在手里卖不出去。股市暴跌。失业率攀升至10%。美国最大的银行濒临破产。中国人开始公开讨论是否应该继续购买美国国债。美国人无不怀念先前那个相对稳定的经济环境。这一切究竟是如何发生的?

想要洞悉经济衰退和复苏的周期(经济学家称之为"经济周期"),我们首先需要了解衡量现代经济的工具。如果总统先生真的在遭遇马蹄铁事故后从昏迷中苏醒过来,那么他首先肯定会问一个数值:国内生产总值,也就是GDP。GDP代表了一个经济体生产的所有商品和服务的总价值。当新闻头条宣告美国某年经济增长2.3%时,其所指即为GDP增长率。

它的意思是，美国相较于上一年，产出的商品与服务总量增长了2.3%。同理，如果说公共教育促进了经济增长，那么这指的是公共教育提高了GDP增长率。再者，如果有人问我，某个非洲国家2010年的经济状况相较于2000年是否有所改善，我的回答首先会描述这10年间该国GDP的变化情况（不过，这仅是开端而非结论）。

真的能以某国民众生产的所有商品和服务的总价值来衡量他们的集体福祉吗？答案既是肯定的，又是否定的。我先对肯定的观点进行探讨，在本章的尾声，我将转向对否定论点的剖析。GDP是一个很好的用来衡量国民福祉的指标，原因很简单，人们的消费能力受制于人们的生产能力。无论是直接享用这些商品，还是用其换取他国生产的商品，均受限于本国的生产能力。如果一个国家的人均GDP为1 000美元，其公民的人均消费水平不可能达到2万美元。价值1.9万美元的额外商品与服务究竟从何而来？在短期内，人们的消费可能与人们的生产不一致，就像一个家庭的支出可能在一段时间内与收入不一致一样。但从长远来看，一个国家的生产和消费几乎是一致的。

我必须引入两个重要的限定条件。首先，我们关注的是实际GDP，即剔除通货膨胀因素的数值。相比之下，名义GDP是未经通胀调整的数值。如果2018年的名义GDP增长了10%，但通胀率也是10%，那么我们实际上并没有生产更多的东西。我们只是以更高的价格卖出了同样数量的产品和服务，我们的生活质量并没有提升。你的工资很可能上涨了10%，但你买的所有东西的价格也上涨了10%。这就相当于把一张10美元的钞票换成了10张1美元的钞票，虽然钱包里的钱看起来多了，但你并没有变得更加富有。我将在下一章更深入地探讨通货膨胀问题。现在，只需明确一点，我们的生活水平取决于我们实际获得的商品和服务数量，而非收银机上显示的价格。

其次，我们关注的是人均GDP，即一个国家的国内生产总值除以其人口的结果。为了避免得出极具误导性的结论，这一指标同样重要。2017年，印度GDP约为2.6万亿美元，而以色列的GDP约为3 572亿美元。哪个国家更富有呢？显然是以色列。印度有超过13亿人口，而以色列只有约870万人口；以色列人均GDP约为4万美元，而印度人均GDP只有约2 000美元。同样道理，如果一个国家的经济在某一年增长了3%，但人口增长了5%，该国的人均GDP就会下降。尽管该国生产了更多的商品和服务，但GDP增长幅度与更快的人口增长速度不匹配。

我们如果看一下美国的实际GDP，就会发现几个值得关注的现象。首先，按照全球标准，美国经济规模庞大。2017年，美国GDP大约为19万亿美元。按照全球人均标准和美国的历史标准，美国民众是富裕的。2017年，美国的人均GDP约为6万美元，虽然低于瑞士、挪威和一些坐拥丰富石油资源的小国，但仍是世界上比较富裕的国家之一。2017年，美国的实际人均GDP是1970年的两倍多，1940年的5倍。

换句话说，2017年，普通美国人的富裕程度是1940年的5倍。这是如何实现的呢？答案是美国人的生产率提高了。尽管一天的时间没有变长，但美国人在同样24小时内能够完成的工作量却发生了巨大变化。美国达拉斯联邦储备银行提出了一种新颖的方法来描述美国人在20世纪取得的经济进步：将美国人在2000年购买基本物品所需的工作时间，与美国人在1900年购买相同物品所需的工作时间进行比较。正如美国达拉斯联邦储备银行官员解释的那样："赚钱需要时间，所以我们在购物时，实际上是在支出时间。真正的生活成本不是用美元和美分来衡量的，而是用我们为获得生活所需付出的小时和分钟数来衡量的。"[1]

好，我们来看一个例子。1900年，一双长袜的价格是25美分。当然，当时美国人的平均工资仅为每小时14.8美分。所以，对于20世纪初的普通美国人而言，购买一双长袜的成本是1小时41分钟的劳动。如今步入商场，长袜（连裤袜）的价格看似比1900年要贵，但事实并非如此。到

2000年，长袜的价格上涨了，但美国人的工资涨得更快。2000年长袜的价格约为4美元，而美国人的平均工资已超过每小时13美元。因此，普通美国工人购买一双长袜只需付出18分钟的工作时间，与一个世纪前的1小时41分钟相比，进步十分惊人。

如果把时间线拉长，大多数商品都是如此。如果你的祖母抱怨说，现在一只鸡的价格比她那个年代要贵，从最严格的意义上讲，她说得没错。一只3磅重的鸡的价格确实从1919年的1.23美元上涨到了2009年的3.86美元。然而，祖母其实没有什么理由因此感到不满。买一只鸡所需的"工作时间"已大幅缩减。1919年，美国工人平均要工作2小时3分钟才能挣够买一只鸡的钱（我猜至少还要工作45分钟才能赚够买土豆泥的钱）。简言之，他们要工作将近一个上午才能挣到午饭钱。现在赚取足以买一只鸡的钱需要工作多长时间呢？不到13分钟。少打一通私人电话，周末晚餐就搞定了。再少上一会儿网，甚至足以款待邻里。

你是否还记得，过去在餐馆里看到有人用手机通话是一件多么新奇的事，甚至足以在心中留下深刻印象？（好吧，虽然这种情况持续的时间不长，但在20世纪80年代中期，手机确实很特别。）这也难怪，当时一部手机需要"耗费"普通美国人约456个小时的辛勤工作。在近30年后的今天，手机已经变成令人厌烦的物件，这在很大程度上是因为每个人都有手机。之所以能够实现人手一部，是因为现在普通美国劳动者购置手机的"成本"约为9小时的劳动时间，这一"成本"比20年前减少了98%。

我们总是把这种物质进步视为理所当然，其实不然。纵观历史，生活水平迅速提高并非常态。1995年，罗伯特·卢卡斯因为对宏观经济学的诸多贡献而荣获诺贝尔经济学奖。他认为，即使在最富裕的国家，生活水平持续增长的现象也只出现数百年的时间。其他经济学家得出的结论是，在公元500年至1500年的欧洲，人均GDP的增长率几乎为零。[2] 他们称那个时期为"黑暗时代"并非毫无道理。

我们还应该弄清楚一点，在 21 世纪初，按照全球标准，一个国家贫穷意味着什么。正如我所提到的，2017 年，印度的人均 GDP 为约 2 000 美元。但让我换个方式，让这一数字更直观一些。现代印度有超过 10 万例汉森氏病（也就是公众所熟知的麻风病）患者。麻风病是一种传染性疾病，会侵蚀人体组织和神经系统，留下可怕的疤痕，导致肢体畸形。麻风病有一个显著特点，即它很容易被治愈，而且如果及早发现，患者可以完全康复。治疗麻风病需要多少钱？一剂 3 美元的抗生素可以治愈轻度麻风病；一剂 20 美元的三联抗生素可以治愈重度麻风病。世界卫生组织甚至免费提供此类药物，但印度的医疗基础设施不够完善，无法识别患者并为他们提供所需的药物。[3]

因此，印度有超过 10 万人因一种治疗费用仅为 3 美元的疾病而惨遭身体损毁。这就是人均 GDP 为约 2 000 美元意味着什么。

说了这么多，但 GDP 和其他统计数据一样，只是一种衡量标准。尽管我们会用一个分值概括花样滑冰选手和高尔夫球选手的比赛表现，但很难将一个国家纷繁复杂的经济社会实体归结为一个数字。将 GDP 作为衡量社会进步的标准，受到的质疑不胜枚举。GDP 并未将无偿的经济活动纳入考量，比如各种家务。做饭、照顾孩子、打扫卫生，这些都不被计入国家的正式经济产出。但是，如果人们叫外卖、把孩子送到托儿所、请保洁人员，所有这些都会被计入 GDP。另外，GDP 也不考虑环境退化问题。如果一家公司为了造纸而砍伐原始森林，那么纸张的价值会体现在 GDP 数据中，而那片已经消失的森林的价值却没有相应地从 GDP 中扣除。

中国对这一点有着深刻的认识。近几十年来，中国 GDP 的增长速度令世界艳羡，但这是以给环境带来破坏为代价的。2004 年，当时的中国国家环境保护总局开始计算"绿色 GDP"，旨在通过扣减环境破坏所造成的成本，来评估经济增长的真实质量。根据这一指标，如果将 640 亿美元的污染成本计算在内，中国 2004 年 10% 的 GDP 增长率实际上接近 7%。

绿色 GDP 背后的逻辑显而易见。《华尔街日报》解释说："虽然 GDP 反映了一个国家每年创造的商品和服务的市场价值，但它忽略了这样一个事实，即一个国家可能通过污染或以不可持续的方式消耗自然资源来推动经济增长。事实上，计算 GDP 的常规方法会让破坏环境看起来对经济有利。如果一个行业在生产产品的过程中造成污染，而政府出资清理污染，那么这两项活动都会增加 GDP。"[4]

传统的 GDP 计算方法不涉及任何价值判断。尽管没有监狱，没有遭遇自然灾难，我们会过得更好，但不管是建造监狱，还是救助自然灾害，所投入的每一笔钱都会提高 GDP。休闲时光对 GDP 来说毫无意义。如果你花一天时间陪祖母在公园散步，那么你并没有为 GDP 做出贡献。你如果为此请假，实际上可能在削减 GDP 的数值。（当然，如果你带祖母去打保龄球或看电影，那么你花的钱会显示在 GDP 数据中。）此外，GDP 并没有考虑收入分配情况。人均 GDP 只是一个简单的平均数，它可能掩盖巨大的贫富差距。如果一个国家的一小部分人富得流油，而大多数人却日益贫困，那么人均 GDP 的增长依然可以十分显著。

联合国编制了人类发展指数，这个指标可以更为全面地衡量国家经济健康状况。人类发展指数将经济产出作为其组成部分之一，同时纳入了预期寿命、识字率和受教育程度等衡量指标。根据 2016 年的报告，美国排名第 10，挪威位居榜首，澳大利亚和瑞士紧随其后。人类发展指数是评估发展中国家进步情况的良好工具，但对于国民预期寿命较长、识字率和受教育程度已经相对较高的富裕国家来说，该指数在揭示其国民总体福祉上的作用相对有限。

对 GDP 最有力的质疑或许在于，它无法精准衡量我们内心对自己生活富足程度的真实感知。经济学对幸福的看法过于同义反复：我们所做的事情一定会让我们感到幸福，否则我们就不会去做。同样，财富的增长一定会让我们过得更好，因为我们可以做更多喜欢的事情，拥有更多喜欢的东西。然而，调查结果却揭示了另外一番景象：更富有未必更幸福。还记得20世纪90年代美国经济的强劲增长吗？它似乎并没有给美国人的心理幸福感带来多少益处。事实上，从1970年到1999年，在美国人实际收入不断增长的同时，自称"非常幸福"的人的比例却从36%下降到29%。[5] 经济学家姗姗来迟，以他们特有的量化手段开始探究这一现象。例如，达特茅斯学院经济学家戴维·布兰奇弗洛尔和华威大学经济学家安德鲁·奥斯瓦尔德分别研究发现，持久的婚姻每年价值10万美元，因为已婚人士平均而言与那些收入高10万美元的离异（且未再婚）人士一样幸福。所以，今晚入睡前，一定要告诉你的伴侣，除非每年给你10万美元，否则你不会放弃他/她。

有些经济学家正致力于直接研究幸福感，他们要求参与者每天写日记，记录他们在不同时间所做的事情以及这些事情给他们带来的感受。不出所料，"亲密关系"在积极体验方面名列榜首，早起上班则排在末尾，低于烹饪、家务、晚上的通勤以及其他所有事情。[6] 这些发现并非微不足道，因为它们揭示了人们在追求快乐过程中所采取的某些行为实际上并未产生预期效果。（在此，你可以看到行为经济学家的影响。）例如，与所换取的东西相比（通常是更大的房子和更高的薪资），长途通勤可能得不偿失。通勤本身既不愉快，又往往伴随着高昂的机会成本，人们进行社交、锻炼、休闲等愉悦活动的时间会被挤占。同时，人们很快会对以前梦寐以求的物品所带来的好处习以为常，如同习惯了洗热水澡；相反，诸如全家度假及其留下的长久回忆等体验性事物带来的幸福感则更加持久。《经济学人》总结了现有研究给出的解决办法："纵观经济学对个人偏好的研判，我们推荐'体验'而非商品，推荐休闲娱乐而非小摆设，推荐身体力行而非单纯拥有。"[7]

既然GDP作为衡量经济进步的标尺存在缺陷，我们为什么不能想出更好的指标呢？

福特汉姆大学社会科学教授马克·米林霍夫认为，我们是能够做到的。他主张，国家应该有一张"社会成绩单"。[8] 米林霍夫提出了一种社会健康指数，该指数整合了儿童贫困、婴儿死亡率、犯罪率、医疗服务覆盖率和经济适用房等16项社会指标。保守派作家兼评论员威廉·贝内特部分认同米林霍夫的分析。他认为，我们确实需要一个比GDP更宽泛的进步衡量标准，但要摒弃那些自由派提出的哗众取宠的成分。贝内特提出的"领先文化指标指数"包括他认为至关重要的几个方面：非婚生育率、离婚率、毒品使用状况、宗教团体参与度以及对政府的信任度。

2008年，新当选的法国总统尼古拉·萨科齐委任法国国家统计局编制一项衡量国家经济健康状况的指标，该指标应包含比GDP更广泛的生活质量衡量标准。为此，萨科齐召集了一个专家小组，由著名经济学家、诺贝尔经济学奖得主约瑟夫·斯蒂格利茨和阿马蒂亚·森主持，旨在研究一个看似矛盾的问题：尽管GDP持续攀升，人们感受到的生活压力和困难却并未相应减小，反而有增加之势。萨科齐希望构建一种衡量标准，这一标准既能考虑到艺术和休闲带来的愉悦，也能考虑到环境破坏和压力造成的痛苦。[9] 衡量人类境况的这些要素可谓高尚之举，但仅凭一个数字吗？《华尔街日报》评论道："如果约瑟夫·斯蒂格利茨和阿马蒂亚·森能赋予这些精神层面的事物一个量化指标，我们理当向他们致敬——但不要期待过高。"最终，他们并未成功。2009年，法国国家统计局负责人拒绝采用覆盖更广泛的经济福祉衡量指标，称其过于耗时、成本过高且过于复杂，特别是在法国正竭力理解并应对全球金融危机的紧要关头。他在一次新闻发布会上表示："我们将继续把GDP作为衡量经济活动的指标。面对宏观经济危机，我们需要一个能以相当精细的方式捕捉市场活动波动的指标。"[10]

现在，你应当发现问题所在了。任何衡量经济进步的标准都取决于你如何定义进步。GDP只是对数值进行累加，这一做法无可厚非。在其他条件相同的情况下，一个国家生产的商品和服务越多越好，而非越少越好。一旦 GDP 增长率变成负数，损失是真实存在的：就业机会减少，企业倒闭，生产能力闲置。然而，我们为何会陷入这样的困境？为何现代经济会从繁荣转为衰退？如果美国可以生产并消费价值 20 万亿美元的东西，并让大多数美国人就业，美国又为何要任由一部分人失业，并在下一年减少 5% 的产量呢？

最好的答案是，经济衰退就像战争一样，我们如果能预防，肯定就会这么做。然而，每一次衰退都与上一次显著不同，因此很难防范。（政策制定者可能曾多次成功阻止了战争和经济衰退的发生，但只有当他们失败时，我们才会注意到。）一般来说，经济衰退源于经济受到某些冲击，也就是说，某些不利事件发生了。这可能是股市或房地产泡沫的破裂（如 1929 年和 2007 年的美国、1989 年的日本）、石油价格的急剧上涨（如 1973 年的美国），甚至可能是美联储为抑制经济过热而采取的措施（如 1980 年和 1990 年的美国）。在发展中国家，冲击可能来自对本国经济至关重要的某种商品的价格突然下跌。很明显，原因可能是多方面的。始于 2001 年的美国经济放缓源自"科技股崩盘"——对技术的过度投资最终以互联网泡沫的破裂而告终。"9·11"恐怖袭击及其后续影响进一步加重了这一经济困境。

无论原因是什么，经济衰退最引人关注之处在于其扩散机制。让我从一个简单的例子说起，然后逐步分析 2007 年的"大衰退"。或许你并未留意到，2001 年前后，咖啡豆的价格从每 100 磅 150 美元骤降至 50 美元。[11] 虽然这一跌势可能让星巴克拿铁咖啡的价格略微下调，但咖啡主产区中美洲却陷入了困境。《纽约时报》曾报道称：

> 咖啡市场的崩塌引发了一系列连锁反应，波及整个区域。由于税收减少，许多城镇财政捉襟见肘，不得不缩减服务，进行裁员。农场

纷纷缩减规模或关闭，导致该地区数以千计的弱势群体没有钱购买食物、衣服或支付房租。那些小规模种植者曾向银行和咖啡加工厂借钱种地和雇工，现在债务缠身，土地闲置，其中一些人还面临失去土地的风险。

无论你是住在中美洲还是住在美国圣莫尼卡，他人的经济困境都可能很快影响你的生活。2007年开始的经济衰退（2008年演变为金融危机）是很长一段时间以来最可怕的一次衰退。此次经济冲击源于股市和房地产市场的暴跌，两者共同导致美国家庭财富大幅缩水。据奥巴马政府白宫经济顾问委员会主席克里斯蒂娜·罗默估算，2007年12月至2008年12月，美国家庭财富缩水17%，是1929年大萧条期间家庭财富下降幅度的5倍（当时拥有股票或住房的家庭较少）。[12] 当消费者的收入受到冲击时，他们会减少消费，进而加剧整体经济损失。这是一个令人深思的悖论：面对经济动荡，我们自然（和理性）的反应是更为审慎地消费，这会使我们的集体境况进一步恶化。经济动荡造成的信心丧失可能比动荡本身更糟糕。我的节俭行为，比如削减广告预算或把今年的购车计划推迟至明年，可能会让你丢掉工作，这反过来又会损害我的生意！的确，如果我们都认为经济可能会变得更糟，它就会变得更糟。如果我们都相信经济会好转，经济就会好转。我们的行为（花钱或不花钱）取决于我们的预期，而这些预期会迅速自我实现。美国前总统富兰克林·罗斯福告诫我们："除了恐惧本身，我们没有什么可害怕的。"这既体现了他卓越的领导才能，也揭示了经济学原理。同样，美国纽约市前市长鲁迪·朱利安尼在世贸中心遭袭后的几周内呼吁纽约市民外出进行假日购物，这一建议并不像听上去那么古怪。消费能提振信心，信心又能促进消费，进而推动经济复苏。

遗憾的是，始于2007年的这场大衰退还伴随着其他方面的问题，使得经济损失以剧烈且可怕的方式广泛扩散。许多美国家庭"过度杠杆化"，即他们借贷的金额远远超出了他们的承受能力。房地产市场的繁荣鼓励美国人购买大房子，同时承担繁重的抵押贷款。与此同时，首付款——购房者为获得贷款必须提供的自有资金——相对于借贷金额却越来越少。次级抵押贷款（必须承认，这是一种金融创新）使原本信用不佳的美国人也能较为容易地借到钱，也让更多美国人得以采用特别激进的借款方式（比如零首付购房）。在房价上涨时，这都没有问题，拖欠房贷的美国人可以随时卖掉房子偿还贷款。然而，当房地产泡沫破裂时，这些贷款造就了一场灾难。杠杆率过高的美国家庭发现，他们无力偿还抵押贷款，也无法卖掉房子。数百万栋房屋被持有抵押债权的银行或金融机构收回。当这些房产在市场上抛售时，房价进一步下跌，加剧了所有由房地产引发的问题。

不过，这还不是最可怕的。美国的抵押贷款问题通过两条相关渠道蔓延到了金融领域。首先，银行面临大量不良房地产贷款，这导致其发放新贷款的能力与意愿都降低了。这样一来，任何想买房的人都会遇到困难，即使是信用良好、能支付高额首付款的人。（正如你所料到的，这进一步加剧了房地产问题。）与此同时，华尔街的投资银行和对冲基金大量购买了房地产衍生品——包括抵押支持证券等复杂产品，其价值与暴跌的房地产市场挂钩。与美国房主一样，这些机构同样为了此类投资大量举债，因此同样面对债权人的压力。这些债务中相当一部分都有之前提及的信用违约互换作为保障，给涉及此类业务的公司造成了严重破坏。

2008年秋季有一段时间，华尔街乃至全球金融体系仿佛处于崩溃的边缘。在最严峻的时刻，投资银行雷曼兄弟意识到自己无法履行短期债务义务，这意味着如果没有外部资本注入，该公司将不得不宣布破产。美国财政部和美联储无力或不愿拯救雷曼兄弟。（当年早些时候，二者曾促成摩根大通收购了另一家陷入绝境的投资银行贝尔斯登。）当雷曼兄弟宣告破产时，所有债权人血本无归，全球金融体系几乎瘫痪。美国财政部一位官员在接受《纽约客》采访时，描述了一系列恐慌的连锁反应："雷曼兄弟的破产导致储备金（一种货币市场基金）崩溃，而储备金崩溃又引发了货币市场挤兑，因此货币市场基金不愿购买商业票据（向通用电气等公司提供的短期贷款），商业票据市场濒临崩溃。此时，银行系统的正常运行戛然而止。"[13]

理智的人开始谈论在后院养山羊维持生计。（好吧，那个人是我。）我的大学室友，如今已成为一家大公司的首席执行官，事后承认，他曾在衣柜中的一只牛仔靴里藏了1万美元。（我当时还纳闷，他为什么会有牛仔靴。）怀抱此类筹谋的不仅只有我们俩。詹姆斯·斯图尔特在《纽约客》上发表了一篇精彩的文章，描述了雷曼兄弟倒闭及其带来的所有损失。下面节选一例：

> 时任纽约联邦储备银行行长盖特纳说："很难形容当时的情况有多危急，感觉有多糟糕。"他接到一位"金融巨头"的电话，对方称自己很担心，但状态还行。他的声音有些颤抖。通话结束后，盖特纳立即把电话拨了回去。"不要给其他人打电话了，"盖特纳说，"要是让人听到你的声音，你会把他们吓个半死。"

你无须对投资银行家抱有好感，也会关注这一切的发展（并理解美国联邦政府为何必须遏制华尔街的恐慌情绪）。一旦金融体系崩溃，没有人能够获得信贷。届时，经营良好的公司也会遇到麻烦，因为它们无法获得开展业务（比如采购库存）所需的贷款。金融危机的危害波及美国社会的每个角落。2009年，女童军饼干的预售额与前一年相比骤降19%。[14] 与此同时，南加州制作的成人电影数量从每年5 000~6 000部下降到3 000~4 000部。《经济学人》报道了色情片减少对宏观经济的影响："有些公司已经关闭，还有些公司正在合并或勉强维持运营。对圣费尔南多谷1 200名活跃的演艺人员来说，这意味着演出机会锐减，困难进一步增多……成人电影业发言人杜克女士表示，每一个演员都有几个辅助人员，从音响师到餐饮人员，当然还有服装师，因此这对圣费尔南多谷经济的整体影响很大。"[15]

经济衰退能够迅速跨越国界。如果美国经济疲软，美国人从国外购买的商品就会减少。很快，超过80%出口产品销往美国的墨西哥就会陷入困境。尽管在商界和体育界，竞争对手的不幸会使你受益，但在全球层面，情况恰恰相反。如果其他强大的经济体陷入衰退，它们就会停止购买美国的商品和服务，反之亦然。试想一下，如果日本或德国的失业率翻了一番，这怎么会对美国人有益呢？金融危机期间，华尔街的问题迅速蔓延到其他国家。作为全球最大的消费市场，美国购买的进口商品减少，这损害了世界各国的出口经济。2008年第四季度，美国GDP同比萎缩5.4%。你以为美国已经糟糕透了吗？新加坡同期的经济年增长率下降16%，日本下降了12%。[16]

形势如何才能好转呢？通常，潜在的问题会自行得到解决。就"科技股崩盘"而言，美国对互联网公司及相关技术领域进行了大规模的过度投资。有些公司破产，还有些公司削减了信息技术支出。资源被重新分配，此时离开硅谷的搬家货车超过了涌入的数量。再比如，面对能源价格上涨，美国重组经济，以应对石油每桶100美元而不是每桶10美元的态势。在金融危机爆发前，消费者和企业借贷过多；投机者建造了本不该建造的房屋；华尔街在交易经济价值有限的产品中获利颇丰，从中攫取丰厚利润。这些失衡状态开始（痛苦地）自我修复。实际上，经济衰退可能有利于长期的经济增长，因为它会淘汰经济中生产力较低的企业，就像严冬虽然不一定有利于那些会被冻死的动物，但却对某些物种的长期健康有益。

经济周期会给人类福祉造成损失，频繁的裁员报道便是有力的证据。人们越发寄希望于政策制定者能够平滑经济周期，经济学家则应该提供相应指导。政府有两种可用的工具：财政政策和货币政策。这两种政策的目标是一致的：鼓励消费者恢复消费信心，鼓励企业重振投资热情，使经济产能不再被闲置。

财政政策把政府的税收和支出能力作为杠杆，撬动经济从衰退转向增长。如果紧张的消费者不愿意消费，那么政府会替他们消费，从而形成良性循环。当消费者坐在家里，把钱包塞在床垫下面时，政府可以着手修建高速公路和桥梁。建筑工人重返工作岗位，带动企业增加材料订单，水泥厂将闲置的工人召回。随着世界开始变得美好，人们又可以放心购买大件商品了。上文描述的循环开始逆转。这就是2009年《美国复苏与再投资法案》背后的逻辑。作为奥巴马政府的第一部重要立法刺激法案，该法案批准了5 000多亿美元的联邦支出，用于扩大失业救济金范围，重铺我家附近的主干道（路旁的巨大牌子明确说明了资金来源）等各种项目。

政府还可以通过减税来刺激经济。《美国复苏与再投资法案》也是这样做的，最终的法案包含近3 000亿美元的税收减免与信贷优惠政策。其背后的经济逻辑在于，消费者月底发现自己到手的工资更多了，就会决定花掉其中一部分。同样，这种消费也有助于摆脱经济衰退。减税带来的购买力会让员工重返工作岗位，从而激发更多的消费并增强人们的信心，如此循环下去。

政府能够利用财政政策来"微调"经济，包括支出、减税或双管齐下，这源自约翰·梅纳德·凯恩斯的核心观点。其正确性毋庸置疑。大多数经济学家都会认同，从理论上讲，政府拥有平滑经济周期的方法。问题是，以美国为例，财政政策不是在理论层面制定的，而是在国会制定的。要使财政政策成为经济衰退的有效解药，必须做到以下3点：（1）国会和总统必须就包含适当补救措施的计划达成一致；（2）他们必须及时通过该计划；（3）规定的补救措施必须迅速见效。同时满足上述3项要求的可能性微乎其微。值得注意的是，在大多数战后的经济衰退中，美国国会直到经济衰退终结后才通过立法来应对经济衰退。有一个极端的例子，1977年5月，美国国会仍在通过立法，以应对1975年3月就已经结束的经济衰退。[17]在

2001年至2002年的轻微经济衰退结束之际，《纽约时报》刊登了如下标题："美联储主席认为衰退已经结束；众议院通过复苏法案。"这可不是我瞎编的。

奥巴马的经济刺激计划成效如何呢？《美国复苏与再投资法案》似乎很及时，但大部分资金并没有被立即投入使用（尽管仅仅宣布大规模支出即将实施，就能在心理层面产生正面效应，从而带来经济上的好处）。这一大规模经济干预措施的批评者认为，此举无异于把借来的政府资金挥霍在各种匪夷所思的项目上，其中不乏愚昧的项目，这会大大增加国家债务负担。经济刺激政策的支持者，如奥巴马政府白宫经济顾问委员会主席克里斯蒂娜·罗默，则认为7 870亿美元的经济刺激计划将实际GDP增长率提高了2个至3个百分点，并保住了100万个工作岗位。[18] 据我了解，双方的观点都有道理。我当时在竞选美国国会议员，所以我的观点有公开记录（尽管关注者寥寥）。当时美国经济深陷危险的循环——取消抵押品赎回权导致银行无法正常运转，银行无法正常运转引发了裁员，裁员又加剧了取消抵押品赎回权的现象，等等。我常说的一句话是："糟糕的刺激总比没有刺激好，而我们得到的正是糟糕的刺激。"美国政府需要采取行动来打破这种循环（部分原因是货币政策的效果欠佳，详情后述）。我更希望美国政府将更多支出用于基础设施和人力资本投资，以提高长期生产能力。我承认，政府负债攀升是一个隐患，我会在之后讨论这个问题。不过，鉴于本章前面所讲的金融恐慌，以及糟糕的经济事件可能引发更多类似事件，人们有理由认为，即使付钱让人们挖了坑再填埋，也比什么都不做好。

政府可以用的第二个工具是货币政策，其影响经济的速度可能比你读完这段文字的速度还要快。美联储主席只需拨打一通电话，就能提高或降低短期利率，无须与国会辩论，也不必等待数年才能减税。因此，经济学家目前已经达成共识，常规经济周期最好由货币政策来应对。下一章将专门介绍美联储神秘的运作机制。在此,你只需了解,降息能够降低消费者购买房屋、汽车和其他大件商品以及企业投资新工厂和机器的成本。美联储提供的低成本资金再次打开了人们的钱包。

然而,在 2007 年"大衰退"最严峻之时,美联储无法进一步降低资金成本。尽管美联储将短期利率一路压低至零,但消费者和企业仍然不愿借贷和消费(运营不佳的银行也无力放贷)。至此,货币政策已经无能为力,就像凯恩斯早年的比喻,仿佛"在煮熟的湿面条上用力"。这也是政府转向财政刺激的经济依据。

我在本章前面已经承认,GDP 并不是衡量经济进步的唯一指标。经济体由亿万民众构成,每个人的幸福感千差万别。任何一位从马蹄铁事故中苏醒过来的总统都会询问一些其他的经济指标,就像急诊室医生询问病人的生命体征一样(至少在《实习医生格蕾》中他们是这么做的)。如果要检查地球上任何经济体的生命体征,除 GDP 之外,以下是决策者首先会问到的经济指标。

失业率。我母亲没有工作,但她并没有失业。这怎么可能呢?这并不是什么奇怪的逻辑谜题。失业率是想工作但找不到工作的劳动者所占的比例。(我母亲已经退休,也不再有工作的意愿。)美国的失业率在 20 世纪 90 年代经济鼎盛时期曾降至 4% 以下。金融危机期间,失业率攀升至 10%。即便如此,这个数值也可能低估了实际失业情况。当失业的美国人放弃找工作时,他们就不再被算作失业者,而是成为"沮丧的劳动者"。随着经济逐年回暖,失业率再次回落至 4% 左右。

任何关心失业问题的人都应该关心经济增长。根据经济学家阿瑟·奥肯的研究,即后来被称为"奥肯定律"的一般经验法则是,GDP 年增长率为 3% 时,失业率将保持不变。在此基础上,GDP 年增长率每上升(下降)1 个百分点,失业率就会下降(上升)0.5 个百分点。因此,GDP 年增长率若达到 4%,失业率会下降 0.5 个百分点,而 GDP 仅增长 2% 会使失业率上升0.5个百分点。这种关系并非铁律,而是描述了奥肯研究的50年间(大约1930年至1980年)美国GDP增长率与失业率之间的关系。

贫困人口。 即使在最繁荣的时代,驱车穿越芝加哥的住房项目区,也能清楚看到并非所有人都能共享经济发展的成果。那么,美国有多少贫困人口呢?究竟该如何界定"贫困"呢? 20世纪60年代,美国政府制定了贫困线,以此定义购买基本生活必需品所需的收入(尽管这一界定有些武断)。根据通货膨胀率进行调整后,贫困线仍是衡量美国民众是否处于贫困状态的统计标准。例如,2017年,美国单身成年人的贫困线为12 752美元;一个由两名成人与两名儿童组成的家庭,贫困线为24 858美元。

在美国,贫困率是指收入低于贫困线的人口比例。2017年,大约有13%的美国人处于贫困状态,这并不比20世纪70年代的情况好多少。整个20世纪80年代,美国贫困率稳步上升,在20世纪90年代逐渐回落。金融危机期间,贫困率攀升至15%,随着美国经济复苏,贫困率有所回调。美国总体贫困率背后隐藏着触目惊心的事实:2017年,有大约1/5美国儿童处于贫穷状态,大约35%的黑人儿童也是如此。唯一的巨大进步是老年人贫困问题的改善,老年人贫困率从20世纪60年代的30%下降到不足10%,这主要得益于社会保障制度。

收入不平等。 我们关心经济"蛋糕"的大小,也关心它是如何分配的。经济学家有个工具,可以将收入不平等简化为一个数字,即基尼系数。① 基尼系数为0代表完全平等,即每个劳动者的收入完全相同。基尼系数为100代表完全不平等,即所有收入都由一个人赚取。世界各国可以依此标尺排列。2007年,美国的基尼系数为45,而法国为28,瑞典为

---

① 要推导基尼系数,首先将一国公民的个人收入按升序排列。通过绘制洛伦兹曲线,可以展现个人收入的累积比例与人口的累积比例之间的关系。完全平等的情况表现为45度线。基尼系数等于对角线和洛伦兹曲线之间的面积与对角线下方总面积的比值。

23，巴西为57。从这个角度看，美国的收入不平等程度在过去几十年不断加剧。1980年和1950年，美国的基尼系数分别为36.5和37.9。

政府规模。如果我们要抱怨"大政府"问题，我们至少应该知道政府的实际规模。衡量政府规模有一个相对简单的指标，也就是各级政府支出（涵盖地方、州和联邦）占GDP的比例。美国政府的支出历来占GDP的30%左右，这一水平在发达国家中是较低的。金融危机期间，美国政府支出攀升，一方面是因为美国政府为刺激经济而增加开支（分子），另一方面是因为GDP缩减（分母）。英国的政府支出约占GDP的40%。日本超过45%，法国和瑞典超过50%。另一方面是因为，美国是唯一一个政府并不承担国民主体医疗服务费用的发达国家。美国政府规模较小，但民众得到的公共服务也较少。

预算赤字/盈余。这个概念非常简单：当政府支出大于收入时，预算赤字就会出现，反之，预算盈余就会出现。更有趣的问题在于，这两种情况是好还是坏。与会计师不同，经济学家并不执着于平衡预算。相反，他们更倾向于认为在经济形势好的时候，政府应该有适度的盈余；在经济形势不好的时候，政府应该有适度的赤字。预算只需在长期保持平衡。

原因如下：如果经济陷入衰退，税收就会减少，失业保险等项目的支出就会增加。这可能会导致赤字，但也可能有助于经济复苏。在经济衰退期间增税或削减开支，几乎肯定会加剧经济的下行压力。赫伯特·胡佛在大萧条时期坚持平衡预算，此举被视为有史以来最愚蠢的财政政策之一。在经济向好时，情况恰恰相反：税收会增加，某些支出会减少，从而形成盈余，20世纪90年代末美国的情况就是如此。（当经济风向转变时，这些盈余蒸发的速度很快。）总之，只要适度的赤字和盈余与经济周期相吻合，就没有什么问题。

不过，请允许我提出两点注意事项。首先，如果政府出现赤字，就必须通过借钱来弥补差额。美国的做法是发行国债。国债是赤字的累积。大约从 2001 年开始，美国政府的支出一直超过收入，赤字逐年累积。预计到 2047 年，美国国债将从 2001 年占 GDP 33% 的近期低点攀升至占 GDP 150% 的高位。这一趋势尤其令人不安，因为美国经济目前已接近全面复苏，但美国政府赤字依旧居高不下。在经济强劲时，美国财政状况应该不断改善，而不是持续恶化。如果美国债务规模膨胀至一定程度，投资者可能不再愿意借给美国政府更多的资金。

其次，全球资本总量是有限的；政府借得越多，留给其他人的就越少。巨额预算赤字会通过提高实际利率来"排挤"私人投资。20 世纪 90 年代，美国的巨额预算赤字（暂时）得到缓解，这带来了一个深远的有利影响，即长期实际利率下降，这让所有人的借贷成本降低。

经常账户盈余/赤字。 2017 年，美国的经常账户赤字约为 4 700 亿美元，占 GDP 的 2.4%。美国人是不是应该赶紧去超市囤积罐头和瓶装水？也许是的。经常账户余额可能是盈余，也可能是赤字，它反映了美国从世界其他国家赚取的收入与其他国家从美国赚取的收入之间的差额。其中大部分收入来自商品和服务贸易。因此，美国的贸易差额——可能是顺差，也可能是逆差——是经常账户的最大组成部分。① 如果美国与世界其他国家存在贸易逆差，那么美国的经常账户几乎也总是赤字。（对于纯粹主义者来说，美国的经常账户还包括支付给持有外国股票的美国人的股息、在海外工作的美国人汇回国内的款项，以及在国外通过各种方式赚取的其他收入。）

当一个国家的经常账户出现赤字时，就像当今的美国，通常是因为出口额不足以平衡进口额。换句话说，如果美国出口价值 500 亿美元的商

---

① 美国总统唐纳德·特朗普经常忽略服务贸易，以此夸大美国的贸易赤字。美国在商品贸易方面大多出现赤字，在服务贸易方面大多出现盈余。因此，将服务业排除在外，会使整体贸易赤字看起来比实际情况更为严峻。

品，进口价值 1 000 亿美元的商品，美国的贸易伙伴就会希望用一些东西来交换另外价值 500 亿美元的商品。美国可以动用国民储蓄直接支付，可以向贸易伙伴借贷来弥补缺口，或者卖给贸易伙伴一些美国的资产，比如股票和债券。作为一个国家，美国如果消费量超过了生产量，就必须以某种方式弥补这一差额。

奇怪的是，这可能是件好事，也可能是件坏事，或者介于两者之间。正如《纽约时报》的标题指出的："特朗普痛恨贸易赤字，而大多数经济学家持不同见解。"[19] 回溯至美国立国之初的百年间，美国的经常账户赤字显著。美国从国外大量举债，以便进口商品和服务，夯实美国的产能。这是一件好事。事实上，经常账户赤字可能是实力的象征，因为资金会涌向那些显示出未来增长潜能的国家。不过，如果一个国家只是进口多于出口，而没有进行能提高未来产出的投资，问题就会出现。这就好比滥用 10 万美元的助学贷款却没有拿到学位一样，你现在必须偿还本金和利息，但你却未能提高自己未来的收入。还债的唯一办法就是减少未来的消费，这一过程无疑是痛苦的。一方面，经常账户出现巨额赤字的国家未必有财政困难；另一方面，深陷财政困难的国家，经常账户往往会出现巨额赤字。

国民储蓄。每个人都会存钱，以满足个人所需，比如上大学、养老等。企业也是一样，通过留存部分利润而不是将其支付给股东来积累资金。这些私人储蓄决策，连同政府的财政赤字或盈余决策，对经济有深远的影响。原因很简单，储蓄是为投资提供资金的必要条件，而投资可以提高社会生产力。如果你把 10% 的收入存入银行，那么这笔钱可能会在国内其他地方用于建造工厂或资助大学教育。如果美国人不进行储蓄，美国就必须放弃重要的投资或向国外借贷。同样，前提是外国投资者愿意以合理的利率放贷，而对于一个岌岌可危的经济体来说，这可能无法实现。随着时间的推移，一个国家的投资率与其国内储蓄率呈现出显著的相关性。

美国的国民储蓄率反映了一段令人警醒的历史。美国个人储蓄率从20世纪60年代至70年代的超过9%一路下滑,到20世纪80年代的6%,并在20世纪90年代中期进一步跌至5%以下,到20世纪90年代末几乎为0。[20] 美国政府(华盛顿特区和各州)一直处于赤字状态,即"负储蓄"。(在经济衰退促使美国家庭开始储蓄之前,美国企业是唯一留存资金的部门。)美国能够而且已经从国外借钱,为国内投资提供资金,但这是有代价的。没有人会白白借钱,对外举债意味着美国必须向外国出借者支付部分投资回报。任何严重依赖外国贷款的国家都必须时刻担心,一旦形势变得严峻,国际投资者会因紧张而携资撤离。

人口统计。美国正步入人口老龄化阶段。正如经济学家保罗·克鲁格曼指出的那样,美国的人口年龄分布终将像佛罗里达州一样。这对生产沙狐球设备等休闲产品的公司来说是个利好消息。然而,这对政府财政来说却不是什么好事。政府的大部分福利,尤其是社会保障和医疗保险,都是面向退休人群的。这些保障计划的资金来自在职的年轻美国人缴纳的工资税。如果美国年轻人与老年人的比例开始发生变化,那么社会保障和医疗保险等计划在财政方面的稳健性也会开始发生变化。

事实上,下面两段内容将解释人口统计的重要性和社会保障问题的解决方法。社会保障是一项"现收现付"计划。当美国劳动者为社会保障缴纳费用(即工资单上那一大笔联邦社会保险捐款法扣除项),这笔钱不会像私人养老基金那样用于投资,以待二三十年后提取。相反,这笔钱的用途是支付当前退休人员的退休金,钱直接从年轻的缴纳者手中转到了年老的退休者手中。这个计划就像一个巨大的金字塔骗局,而且和任何成功的金字塔骗局一样,只要底层有足够多的劳动者持续向顶层的退休人员支付退休金,它就能正常运作。

问题就出在这里。美国人的生育率下降且寿命延长。这种变化意味着,为退休人员支付退休金的劳动者越来越少,远低于以往水平。1960

年，每 5 个劳动者对应一个退休人员。后来这一比例已缩减至不足 3 人对应一人，到 2032 年，将只有两人对应一人。把社会保障（或医疗保险）想象成一个跷跷板，一边是劳动者支付的费用，另一边是退休人员领取的福利。只要跷跷板保持平衡，该计划就有偿付能力。当一边的劳动者数量减少，而另一边的退休人员数量增加时，跷跷板就会开始倾斜。从理论上讲，解决这个问题很容易。美国可以提高工资税，或者提高劳动者的生产力和收入水平（在相同税率下产生更多的财政收入），以此从现有劳动者那里拿走更多的钱。或者，美国可以削减退休人员的福利或提高退休年龄来减少支出。这个问题在经济上的解决办法就是这么简单。当然，如果你认为这些解决方案中的任何一种在政治上是可取的，请重温一下第 8 章。

全民幸福感。关于这一点，你可以自行决定，美国还没有这方面的数据。

底特律的一名汽车工人在其职业生涯中有过多次这样的经历，失业数月后被召回，他会问一个简单的问题：美国在应对此类困境上有进步吗？答案是肯定的。自第二次世界大战以来，美国历经了 11 次经济衰退。[21] 包括 2008 年金融危机在内，任何一次衰退的严重程度都不及大萧条。从 1929 年到 1933 年，实际 GDP 下降了 30%，同时失业率从 3% 攀升至 25%。相比之下，2008 年金融危机期间，GDP 下降 5%，失业率的峰值也仅为 10%。在大萧条之前，美国经常遭遇严重的经济衰退，包括金融恐慌，其严重程度远超我们这代人经历的任何一次衰退。[22] 尽管美国尚未消除经济波动，但这些波动的幅度已显著变小。

有人可能还会指出，从过往的经济衰退，尤其是大萧条中吸取的教训，对制定现行政策有所帮助。金融危机时期的美联储主席本·伯南克（曾任普林斯顿大学教授）就是一位研究大萧条的学者。同样，奥巴马政府白宫经济顾问委员会主席克里斯蒂娜·罗默（之前是伯克利大学教授）也是这方面的专家。我可以向你保证，50 年后的今天，经济学家们仍会就应对经济衰退及随后的金融危机应该或不应该采取什么措施而争论不休。然而，即使是最严厉的批评者也应该承认，乔治·沃克·布什政府晚期和奥巴马政府初期的政府官员成功避免了20世纪30年代最严重的错误。当时，美联储在大萧条期间上调利率，国会则提高税收，将货币政策和财政政策双双推向错误的方向。

仅仅避免重蹈覆辙已十分可取，而我揣测，历史终将评判，当时决策者的作为比仅避免重蹈覆辙更出色。

10

美联储
为什么你兜里的钱不仅仅是纸张？

有时，简洁的声明也能掷地有声。2001年9月11日，在美国遭受恐怖袭击仅数小时后，美联储发表了如下声明："联邦储备体系正常开放并运行，贴现窗口随时为满足流动性需求提供服务"。

寥寥数语，专业性十足，给全球市场注入了镇静剂。接下来的周一，即袭击事件后的首个交易日，美联储将利率下调了0.5%，这进一步缓解了恐怖袭击对金融和经济的冲击。

这句毫无修饰的话语，究竟是如何对世界最大的经济体乃至全球经济产生如此深远影响的？

与全球任何其他公共或私营机构相比，美联储拥有的工具能够对全球经济产生更直接的影响。在2007年爆发的经济危机中，美联储动用了手中的所有工具，还额外添置了几个新工具，将金融体系从恐慌的边缘拉了回来。自此以后，有人批评美联储及其时任主席本·伯南克在危机期间做得太多，也有人批评美联储做得太少。尽管观点不一，但所有人都认同，美联储的举措至关重要。

美联储作为一个并不直接对选民负责的机构，从哪里获得如此大的权力？这种权力对普通美国民众的生活有何影响？这些问题的答案都是一致的：美联储控制着货币供应，因此也控制着经济的信用阀门。当这个阀门大大打开时，利率会下降，美国人可以更自由地采购需要借钱来购买的各种东西，从新车到新的制造工厂。因此，美联储能够利用货币政策来对抗经济衰退（或防范经济衰退的发生）。美联储能在1987年股市崩盘、2001年9·11恐怖袭击或美国房地产泡沫破裂等突然冲击发生后向金融体系注入资金，避免消费者和企业可能因恐慌停止消费。美联储也能通过提高利率来收紧阀门。当借贷成本上升时，美国人的支出就会放缓。这种力量十分惊人。保罗·克鲁格曼曾写道："如果你想用一个简单的模型来预测美国未来几年的失业率，那就是美联储主席格林斯潘的意愿，加上或减去一个随机误差，以反映出他并非上帝的事实。"现在的杰罗姆·鲍威尔也是如此。

上帝无须通过委员会来管理事务，但杰罗姆·鲍威尔需要。联邦储备体系由全美12家储备银行以及总部设在华盛顿的7人理事会组成。杰罗姆·鲍威尔是理事会主席，也就是众人熟知的"美联储主席"。美联储负责监管商业银行，支持银行业的基础设施建设，总体上确保金融体系的正常运行。确保美联储履行这些职能需要的是能力，而不是天才或远见。美联储的另一项职责制定货币政策则不同。它可以说是一项相当于脑外科手术的经济活动。对于美联储应该如何管理美国的货币供应，经济学家的看法并不一致。他们甚至对货币供应量如何变化及为何会产生特定效果也莫衷一是。然而，经济学家一致认为，有效的货币政策非常重要；美联储必须精准调控信贷投放，以保持经济的稳定增长。错误的货币政策会带来灾难性的后果。1999年诺贝尔经济学奖得主罗伯特·蒙代尔指出，20世纪二三十年代的货币政策失误造成了长期通货紧缩，破坏了世界的稳定。他写道："如果在20世纪20年代末提高黄金价格，或者主要中央银行奉行价格稳定政策而非固守金本位制，大萧条、纳粹崛起和第二次世界大战就不会出现。"[1]

这项工作看似并不复杂。如果美联储能够通过降低利率加速经济增长，那么更低的利率似乎永远是更优选择。为什么要限制经济增长的速度呢？如果当利率从7%降至5%时，人们可以更自由地消费，那为什么要止步于此呢？如果还有人没有工作，还有人没有新车，可以进一步将利率降至3%，乃至1%，让每个人都有更多的钱可用！遗憾的是，任何经济的增长速度都是有限的。如果低利率或"宽松货币"政策导致消费者对新款大切诺基的需求比去年增加5%，克莱斯勒公司就必须将产量提高5%。这就意味着该公司要聘请更多的工人，购买更多的钢铁、玻璃、电子元件等。到达一定程度后，克莱斯勒公司将很难甚至无法寻得这些额外资源，尤其是合格的工人。这时，该公司根本无法生产足够的大切诺基来满足消费者的需求。于是，该公司开始提高价格。与此同时，汽车工人意识到克莱斯勒公司急需劳动力，工会将要求提高工人工资。

一切并没有止步于此。同样的事情会贯穿整个经济领域，而不仅仅是克莱斯勒公司。如果利率异常偏低，企业就会借贷投资新的计算机系统和软件；消费者就会用信用卡购买大屏幕电视和皇家加勒比游轮旅行——所有这些都是有限的。当游轮客满，苹果公司的每台电脑刚生产出来便被销售出去时，这些公司也会提价。（当供不应求时，企业能够在提高价格的同时，仍确保船只满载或电脑售罄。）简言之，美联储的宽松货币政策可能导致美国消费者的需求超过经济的生产能力。面对超额需求，唯一的办法就是提高价格。结果就是通货膨胀。

大切诺基的标价上涨，没有人会因此受益。诚然，克莱斯勒公司赚了更多的钱，但它也向供应商和工人支付了更多的钱。虽然这些工人的工资提高了，但生活必需品的价格也随之水涨船高。各种数值都在变化，而美国的生产能力和衡量国民福祉的标准"实际GDP"陷入了停滞。通胀周期一旦开始，就很难停下来。美国各地的企业和劳动者普遍预期物价将持续上扬（进而导致价格持续上涨成为现实）。美国仿佛重返20世纪70年代。

经济在不引发通货膨胀的情况下所能达到的增长速度，可被合理地视为一种"速度极限"。毕竟，只有少数几种方法可以提高国家的生产总量。我们可以延长工作时间，可以通过降低失业率或引入移民（当然要认识到可用工人可能不具备市场所需的技能）来扩充劳动力，还可以增添机器和其他有助于生产的资本。或者，我们可以提高生产效率，即利用现有资源产出更多产品，这可能得益于创新或技术变革。每一种增长途径自然都有限制：工人稀缺，资本稀缺，技术变革的速度有限且不可预测。20世纪90年代末，美国汽车工人因过度加班而威胁要罢工。与此同时，快餐店却在为新员工提供签约奖金。美国已经到了极限。据经济学家评估，美国经济的"速度极限"是每年增长3%左右。

美联储的任务有多艰巨，从"大约在某个区间"这个表述中可见一斑。美联储必须取得微妙的平衡。如果经济增长未能匹配其潜能，美国就是在浪费经济潜力。生产大切诺基的工厂闲置，那些可能在这些工厂找到工作的工人失业。一个有能力以3%的速度增长的经济体，却以1.5%的速度蹒跚前行，甚至陷入衰退。因此，美联储必须提供足够的信贷，以创造就业和繁荣，但又不能太多，以免导致经济过热。在20世纪五六十年代担任美联储主席的威廉·麦克切斯尼·马丁曾经指出，美联储的工作就是在派对逐渐热闹时拿走酒杯。

有时，美联储必须在派对失控很久之后才能控制住它。美联储曾多次刻意引发经济衰退，以遏制通胀。最值得注意的是美联储前主席保罗·沃尔克，他堪称结束20世纪70年代通胀狂潮的强硬人物。当时，通胀形势犹如赤裸的人们在桌子上跳舞一样疯狂。通货膨胀率从1972年的3%飙升至1980年的13.5%。沃尔克踩下"刹车"，采取了紧缩性货币政策。他通过提高利率来抑制经济发展。1981年，美国短期利率达到峰值，突破16%。最终，通货膨胀周期痛苦地结束了。在美国利率达到两位数的情况下，未售出的克莱斯勒K系列汽车大量积压。经销商被迫降价（或停止提价)。美国汽车公司闲置工厂，解雇工人。尚有工作的美国汽车工人意识到，现在不是要求加薪的时候。

当然，同样的情况在美国经济的各个领域发生。随着时间的推移，人们付出了巨大的代价，逐步将价格稳步上涨的预期从经济体系中清除。其结果是 1981 年至 1982 年间的经济衰退，其间美国 GDP 缩水 3%，失业率攀升至近 10%。最终，沃尔克确实驱散了在桌子上跳舞的人。到 1983 年，美国通货膨胀率降至 3%。很显然，如果派对一开始没有失控，那么事情处理起来会更容易，痛苦也会更少。

美联储对利率进行调控的巨大权力从何而来？毕竟，商业银行是私营实体。美联储不能强迫花旗银行提高或降低针对消费者的汽车贷款和住房抵押贷款利率。其实，这一过程是间接的。回顾一下之前的内容，利率实际上就是资本的租金，或者"货币价格"。美联储控制着美国的货币供应，我稍后将讨论相关机制。现在，我们只需知道，资本和房屋没有什么不同：供应越多，租金越便宜。美联储通过改变商业银行的资金供应量来调整利率。如果银行资金充裕，为了吸引借款人借贷，利率就必须相对较低。当资金稀缺时，情况恰恰相反，银行可以提高利率，但仍能吸引足够多的借款人以消耗所有可用资金。这就是供求关系，而美联储正是供给的掌控者。

这些货币政策决策——决定利率是需要上调、下调还是保持不变——由美联储内部的"联邦公开市场委员会"做出。该委员会成员包括美联储理事、纽约联邦储备银行行长，另外 11 家联邦储备银行中 4 家银行的行长轮流担任成员。美联储主席也是联邦公开市场委员会主席。当联邦公开市场委员会做出利率决策时，杰罗姆·鲍威尔坐在会议桌的首位，他的权力来自这一事实。

如果联邦公开市场委员会想要通过降低借贷成本来刺激经济，该委员会有两个主要工具可以使用。首先是贴现率，即商业银行直接从美联储借贷的利率。贴现率与花旗银行的贷款成本之间的关系简单易懂：当贴现率下降时，银行能以更低的成本从美联储获得资金，从而能以更低的利率向客户发放贷款。但这一过程隐含一层复杂性。直接向美联储借款有点儿见不得人，这意味着银行无法通过私人渠道筹集资金。因此，向美联储借贷就好比 25 岁左右还向父母借钱：你虽然会拿到钱，但最好先看看其他渠道。

一般来说，银行之间会相互借贷。美联储调节货币供应的第二个重要工具是联邦基金利率，即银行间短期借贷所采用的利率。美联储不能规定富国银行向花旗银行提供贷款的利率。不过，联邦公开市场委员会通过设定联邦基金利率的目标值，比如 4.5%，然后调整货币供应量来实现这一目标。如果资金供应量增加，那么为了吸引借款人消化多余资金，银行就必须降价，即降低利率。我们可以把货币供应量想象成一个火炉，而联邦基金利率就是它的恒温器。如果联邦公开市场委员会将目标联邦基金利率从 4.5% 下调至 4.25%，美联储便会向银行系统注入资金，直到促使富国银行向花旗银行提供的隔夜贷款利率降至非常接近 4.25% 的水平。

所有这些引出了最后一个难解之谜：美联储是如何将资金注入私营银行体系的？杰罗姆·鲍威尔（大家都叫他"杰伊"）会不会印制 1 亿美元新钞，然后用装甲车将它们运送至花旗银行的某一分行？并不完全是这样。不过，这幅画面倒是有助于理解实际情况。

杰罗姆·鲍威尔和联邦公开市场委员会确实会创造新货币。在美国，只有他们拥有这种权力。（美国财政部的任务仅限于铸造新货币来替换流通中的货币。）的确，美联储会向花旗银行等银行提供新资金，但这并非简单的资金供应，而是用新资金换取银行目前所持有的政府债券。借用上一段的比喻，花旗银行分行经理在银行外迎接杰罗姆·鲍威尔的装甲车，将 1 亿美元的新资金放入银行的保险库，然后将银行投资组合中价值 1 亿美元的政府债券交给美联储主席作为回报。需要强调的是，花旗银行并没有因为这笔交易而变得更加富有。它只是将 1 亿美元的一种资产（债券）换成了 1 亿美元的另一种资产（现金，或者更准确地说，其电子等价物）。

银行持有债券的原因与个人投资者一样。债券较为安全，可以用来存放非即时使用的资金。具体来说，银行利用储户的资金购买债券，而这部分资金并不参与放贷活动。对经济而言，花旗银行将债券换成现金这一事实的意义非同小可。当银行有 1 亿美元的存款以债券形式存放时，这些资金并没有被贷出，因此不会用于资助建造房屋，开办企业或新工厂。但是，当杰罗姆·鲍威尔的装甲车开走后，花旗银行手中就有了可以放贷的资金。这就意味着它可以为所有经济活动提供新的贷款。事实上，注入银行系统的资金会产生连锁反应。银行用债券换取美联储的资金后，会按照法律规定将部分资金留作准备金，然后将其余资金投放为贷款。无论谁拿到这些贷款，都会在某个地方把它们花掉，也许是在汽车经销店，也许是在百货商店。这些钱最终会流入其他银行，而这些银行同样会留存部分资金作为准备金，余下用作放贷。美联储向银行系统注入 1 亿美元的新资金，最终可能会使货币供应量增加 10 倍。

当然，美联储主席并不会真的开着装甲车去花旗银行分行把现金换成债券。联邦公开市场委员会可以利用债券市场达成这一目的。（除了买卖的是债券，债券市场的运作方式与股票市场一样。）代表美联储的债券交易员从商业银行购买债券，并用新创造的货币支付，而这些资金在 20 分钟前尚不存在。(出售债券的银行大概率是那些最有望发放新贷款的银行。) 美联储将继续用新货币购买债券，这一过程被称为公开市场操作，直到达到目标联邦基金利率。

显然，美联储给予的，美联储也可以收回。为了提升利率，美联储可以采取与上述措施相反的行动。联邦公开市场委员会将投票决定提高贴现率或目标联邦基金利率，并发布指令向商业银行出售其投资组合中的债券。当银行放弃可贷资金以换取债券时，货币供应量就会缩减。原可供消费者及企业借贷的资金变为债券。利率上升，用借来的资金购买任何东西都会变得更加昂贵。累积效应就是经济增长放缓。

美联储的工作机制不应掩盖其宏大目标。美联储的任务是促进经济的可持续增长。然而，我们要知道实现这一目标有多么困难。首先，我们只是在猜测经济在不触发通胀的前提下能够扩张的速度。经济学家之间的一个争论焦点是，计算机和其他类型的信息技术是否显著提升了美国人的生产力。如果答案为是，正如格林斯潘在其任期内所说的那样，经济的潜在增长率可能已经上升。如果答案为否，正如其他经济学家有理有据指出的那样，以往的速度极限仍然适用。显然，要遵守没有被明确确定的限速是很难的。

但这只是第一个挑战。美联储还必须考虑利率变化会产生什么样的影响，以及需要多长时间影响才会显现。利率下调0.25个百分点，究竟会促使得梅因市出现12个还是27个购买大切诺基的人？具体是什么时候？下周还是6个月后？与此同时，美联储对短期利率的控制力最强，但短期利率未必与长期利率同向变动。为什么杰罗姆·鲍威尔无法对长期利率施加同等影响？因为长期利率并不取决于当前的货币供应量，而是取决于市场对未来10年、20年乃至30年货币供需状况的预期。美联储主席鲍威尔无法控制2043年的货币供应。此外，需铭记的是，当美联储试图利用货币政策来实现特定的经济目标时，美国国会的财政政策——政府在税收和支出方面的决策——可能会产生截然不同的效果（或者产生相同的效果，从而使美联储的调控政策出现过度的情况）。

让我们继续用限速这个比喻，回顾一下美联储的职责到底是什么。美联储必须确保经济的增长速度既不过快也不过慢。我们需要牢记以下几点。（1）我们不知道确切的经济增长速度极限。（2）油门和刹车都有滞后性，也就是说，当我们踩下油门或刹车时，它们不会立即起作用。相反，我们需要等待一段时间才能得到回应——短则数周，长则数年，且没有任何可预测的模式。一个没有经验的司机可能会逐渐加大踩油门的力度，却对车子没有任何反应感到困惑（同时承受外界对其缓慢行车的种种非议），直至9个月后，车辆猛然失控。(3)货币政策和财政政策对经济的影响各自独立，因此，当美联储轻踩刹车时，美国国会和总统可能在猛踩油门。或者，当美联储轻踩油门时，美国国会却大力将其压下。(4)最后，还有全球事件的障碍，这里是金融崩溃，那里是油价飙升。不妨将美联储想象成总是在不熟悉的地形上驾驶的旅人，而其所用地图至少已经过时10年。

鲍勃·伍德沃德为艾伦·格林斯潘撰写的传记名为《别了，格林斯潘》。20世纪90年代，美国经济经历了历史上最长久的扩张期，格林斯潘因其"金发姑娘"式的货币政策而备受赞誉——他所做的一切都恰到好处。然而，随着时间的推移，这一光环已逐步黯淡。现在，格林斯潘因长期保持利率处于低位，助长了房地产和股市泡沫而备受批评。"廉价资金"并未引发通货膨胀，民众没有购买大切诺基和乘游轮旅行，而是购买了股票和房地产，而这些不断上涨的资产价格并没有体现在美国居民消费价格指数上。货币政策面临一个新挑战：美国在超速行驶，尽管美国习惯参照的仪表显示美国没有超速。

这是一项艰巨的任务，但即便如此，这一结论也与诺贝尔经济学奖得主罗伯特·蒙代尔关于不良货币政策为二战埋下伏笔的可怕论断相去甚远。要理解为什么不负责任的货币政策可能带来灾难性的影响，我必须先说点儿题外话，介绍货币的本质是什么。在经济学家看来，货币与财富截然不同。财富涵盖了所有有价值的东西，包括房子、汽车、商品、人力资本。货币只是财富的一小部分，它只是一种交换媒介，起到促进贸易和商业发展的作用。理论上，货币甚至并非不可或缺。一个简单的经济体系可以仅靠物物交换维持运转。在一个初级的农业社会中，用5只鸡换一件新衣服，或者用一只山羊和3袋大米来支付教师的工资都很容易。在经济更发达的国家，物物交换就没那么有效了。用鸡作为媒介在亚马逊网站上购书，其中的物流挑战将是巨大的。

几乎在每个社会，货币都是为了方便贸易而出现的。英语中的"薪资"（salary）一词即源自古罗马士兵领取的报酬，他们得到的是一袋袋的盐（salt）。无论是金币、鲸牙还是美元，任何交换媒介的基本用途都是相同的。首先，它是一种交换手段，即使屠夫没有兴趣购买本书，我也可以在今晚吃猪排。其次，它是一种记账单位，这样就可以用一种尺度来衡量和比较各种商品和服务的成本。（想象一下，如果生活中没有记账单位，一条盖璞牌的牛仔裤卖三只鸡，而一条汤米·希尔费格牌的类似裤子卖11张河狸皮，哪条裤子更贵呢？）再次，货币必须便于携带且经久耐用，保龄球和玫瑰花瓣都不能满足这一要求。最后，货币必须相对稀缺，这样它才能作为一种价值储存手段。

聪明人总能找到行之有效的交换媒介。在禁止使用现金的监狱里，香烟长期以来一直作为交换媒介。（某个囚犯是否吸烟并不重要，只要有足够多的其他囚犯吸烟，香烟就有价值。）那么，美国联邦监狱实施禁烟后发生了什么呢？囚犯转而使用另一种便携耐用的价值储存物：鲭鱼罐头。据《华尔街日报》报道，鲭鱼罐头，即"鲭币"已经成为监狱中的标准货币单位。（有些监狱已将罐头的包装换成了塑料，因为常规罐头包装可以用来制作武器。）罐装或袋装鲭鱼不易变质，可以在监狱商店赊购，其价格约为一美元，便于记账。在隆波克联邦惩教所，理一次发的价格是两袋鲭鱼。[2]

纵观美国历史，商业活动大多使用价值与贵金属挂钩的纸币。20世纪以前，私人银行发行自己的货币。1913年，美国政府禁止私人发行货币，并垄断了货币供给。尽管如此，货币的基本理念并没有改变。无论是公共货币还是私人货币，纸币的价值都来自用它可以从银行或政府兑换一定数量的黄金或白银这一事实。随后，奇怪的事情发生了。1971年，美国彻底废除了金本位制。自此之后，每张纸币什么都不能兑换。

不妨审视一下你钱包里的那一沓 100 美元的钞票。（如有必要，可以用一美元面额的纸币代替。）这些钞票不过是纸而已。你不能吃它们，不能喝它们，不能抽它们，最重要的是，你不能拿着它们去找政府要求任何回馈。它们本身没有内在价值。世界上几乎所有的货币都是如此。如果你孤身携带 1 亿美元流落荒岛，你很快就会死掉。但若你获救并能带走这些现金，那么你从此便会过上美好的生活。这就是现代货币的价值所在：它具有购买力。美元之所以有价值，是因为出售实际商品或服务（不管是食品、图书，还是修脚服务）的人会接受它们。而这些人之所以愿意接受美元，是因为他们相信，出售其他商品或服务的人也会接受美元。一张美元是一张纸，它的价值完全建立在人们对于未来能够用它购买自己需要的东西的信心之上。

为了更好地说明为何现代货币是一种信任游戏，让我们看看印度的一个奇怪现象。大多数从事商业活动的印度人，包括店主、出租车司机等，普遍拒收破损、皱巴巴或污损过于严重的卢比纸币。由于印度人知道他们的许多同胞不会接受残破的纸币，所以他们也会拒收。于是，游客来到这个国家，很快也会只接受完好无损的纸币，以免日后因残破的纸币发生争执。整个过程毫无合理性，因为印度央行规定任何有序列号的纸币，不论是撕裂的、肮脏的、皱巴巴的，还是其他状态的，都是合法货币。任何银行都会把残破的卢比换成崭新的卢比。然而，这并不重要。理性的人拒绝接受破损的法定货币，因为他们认为别人可能不会接受。这一奇怪现象揭示了这样一个事实：人们对纸币的信任是建立在他人对同一纸币的信任之上的。

由于纸币本身并无内在价值，它的价值取决于其购买力，而其购买力会随着时间逐渐发生变化，有时甚至会急剧波动。1997 年夏天，我花了几天时间驱车穿越艾奥瓦州，为《经济学人》杂志"探察美国农民的情况"。在得梅因郊外的某个地方，我与一个种植玉米、大豆并养牛的农民攀谈。他带我参观他的农场时,指着停在谷仓外的一辆旧拖拉机说:"我1970年花了7 500美元买那辆拖拉机。"他指着旧拖拉机旁边一辆闪耀的新拖拉机生气地说,"再看看这个,买这辆拖拉机花了我足足4万美元。你能说说为什么吗？"①

我可以解释这个问题,但却未向那位农民细说,恐怕来自城里、打着领带、开着本田思域的年轻的我,已让他心存疑虑。(次年,当我再度受命撰写一篇关于肯塔基州烟农的类似报道时,我很理智地租了一辆皮卡。)我的回答其实只有一个词:通货膨胀。按实际价格计算,新拖拉机可能并不比旧拖拉机贵,也就是说,他为购置新拖拉机付出的劳动量,可能并未增多,甚至有所减少。尽管拖拉机的标价上涨了,但他出售的农产品和牲畜的价格同样上升了。

简单地说,通货膨胀意味着平均物价上涨。通货膨胀率,即消费价格指数的变化,是政府试图用一个单一数字来反映物价变化的指标,比如4.2%。颇为意外的是,该数值的计算方法并没有什么技术含量。政府工作人员定期查询成千上万种商品(包括衣服、食品、燃料、娱乐、住房)的价格,然后将它们汇总成一个数字,用来反映普通消费者日常购买的商品的价格变化情况。

思考通货膨胀最具启发性的方式不是认为物价在上涨,而是美元购买力在下降。一美元现在能购买的东西比过去少了。美联储或任何央行与经济冲击之间的联系就在于此。纸币之所以有价值,只是因为它稀缺。中央银行控制着这种稀缺性。因此,腐败或管理不善的中央银行可以侵蚀甚至完全摧毁货币的价值。假设监狱的管理人员出于善意,决定给每名囚犯500罐鲭鱼罐头。以鲭鱼罐头计价的监狱理发价格会发生什么变化呢？鲭

---

① 我记不清确切的数字了,但大致如此。

鱼总比纸好，因为它至少还有一些内在价值。

1921年，德国一份报纸的价格约为1/3马克；两年后，一份报纸的价格达到了7 000万马克。在那段时期发生变化的不是报纸，而是德国马克，因为德国政府无节制地增发货币，马克变得一文不值。事实上，当时马克剧烈贬值，家庭焚烧马克取暖竟比用马克购买木柴还便宜。20世纪80年代，拉丁美洲的通货膨胀非常严重，以至于有些国家的最大进口项目变成了纸币。[3] 20世纪90年代末期，白俄罗斯卢布被称为"兔子币"，这不仅是因为这种货币上印着兔子，还因为这种货币惊人的增发能力。1998年8月，仅一周时间，白俄罗斯卢布的购买力就骤降10%。我的办公桌上摆放着津巴布韦的一张100万亿面额钞票，它无须额外的防盗措施。在津巴布韦发生恶性通货膨胀之后，这张纸币唯一的价值就是作为一种新奇的物品。

大规模通货膨胀严重扭曲了经济。工人急于在现金变得一文不值之前花掉它们。在这种文化中，工人在午饭时段就急着把工资花掉，因为到吃晚饭时物价可能就会上涨。固定利率贷款变得不再可能，因为没有金融机构会同意在货币可能变得一文不值的情况下收回固定数量的钱。试想一下，1921年在德国持有固定利率抵押贷款的人，在1923年只需用比买一份报纸还少的马克就能还清全部贷款。即使在今天，由于担心通货膨胀会卷土重来，在拉丁美洲大部分地区，人们仍然难以获得30年期固定利率抵押贷款。

美国从未遭遇过恶性通货膨胀。不过，美国人经历过数次温和的通货膨胀。虽然它们的成本较小，不易被察觉，却仍旧不容忽视。在最基本的层面上，通货膨胀会导致具有误导性或不准确的比较。记者们很少区分名义值与实际值，而这是必要的。假设去年美国人的收入增长了5%。在我们知道通货膨胀率之前，这个数字毫无意义。如果物价上涨7%，那么美国人的生活水平实际上下降了。美国人的工资看起来多了，但工资的购买力却比去年低2%。好莱坞在这方面做得极其过分,一个又一个夏天频繁宣称某些平庸的电影创造了新的票房纪录。将2018年的总票房与1970年或1950年的数据进行比较是一种愚蠢的做法,除非对这些数字进行通货膨胀调整。1939年的影片《乱世佳人》的票价是19美分,而2000年的影片《猪头,我的车咧?》的票价是10美元。相比之下,后者的总票房当然会显得很高。

如果我们不妥善管理自己的资产,即使是温和的通货膨胀也有可能侵蚀我们的财富。任何以现金形式持有的财富都会随着时间的推移而贬值。即使是因本金有保险而被视为"安全"投资的储蓄账户和定期存单,也容易受到低利率可能追不上通货膨胀的风险的影响,这一点常为人所忽视。具有讽刺意味的是,一些不成熟的投资者避开了"高风险"的股票市场,却未意识到自己的本金正在悄无声息地被蚕食。通货膨胀对退休人员或靠固定收入维生的人群尤其有害。如果收入未能根据通货膨胀进行调整,其购买力就会逐渐下降。1985年尚能维持舒适生活的月收入,到2020年已不足以购买基本必需品了。

通货膨胀还会随意重新分配财富。假设我向你借了1 000美元,并承诺明年还清借款,外加100美元的利息。这一安排在双方看来似乎公正合理。现在,假设一个不负责任的中央银行行长任由通货膨胀率飙升至100%。我明年还给你的1 100美元的价值将远低于我们双方的预期,其购买力将减半。按实际价值计算,这相当于我向你借1 100美元,只归还550美元。意料之外的通货膨胀对债务人有利,对出借人不利——这一点至关重要,我们后面还会回到这个问题上。

顺便提一下,你应该知道实际利率和名义利率的区别。名义利率用于计算你需要偿还的金额,也就是你在银行窗口或贷款文件首页上看到的数字。如果富国银行的支票存款利率为2.3%,这就是名义利率。实际利率则不同,它将通货膨胀因素考虑在内,因此反映了"租用"资本的真实成本。实际利率等于名义利率减去通货膨胀率。举个简单的例子,假设你从银行获得了一笔为期一年的贷款,名义利率为5%,而当年的通货膨胀率也是5%。在这种情况下,你的实际利率为零。虽然你还的钱比借的钱多了5%,但你还的钱的价值在这一年中贬值了5%,所以你偿还的钱与你借的钱的购买力完全相同。你借用这笔资金一年的实际成本为零。

通货膨胀还会扭曲税收。以资本利得税为例,假设你买了某家公司的股票,一年后将其卖出,收益率为10%。如果其间的通货膨胀率也是10%,那么你实际上并没有赚到钱。你的收益正好抵消了投资组合中每1美元的购买力下降10%带来的损失——而这一点往往被某些国家的政府所忽视。你仍要为这10%的"收益"缴税。赚钱时缴税令人不快,未赚钱时还需缴税,无疑更令人难以接受。

尽管如此,温和的通货膨胀,只要是比率恒定的或是可以预测的,其影响还是非常小的。举例来说,假设我们知道通货膨胀率将永久保持在每年10%,既不高于此,也不低于此,我们就能轻松地应对通货膨胀。任何储蓄账户都会支付一定的实际利率,外加10%以抵消通货膨胀。我们的工资将每年增长10%(此外我们希望还能根据个人业绩再增加一些)。所有贷款协议都将收取一定的实际资本租金,外加每年10%的溢价,以反映还款时相较于借款时货币价值的变化。政府福利将根据通货膨胀进行调整,税收也是如此。

但是,通货膨胀并不是恒定或可预测的。事实上,其最大的隐性成本之一就是不确定性。个人和企业在做出经济决策时,不得不对未来的物价进行猜测。当汽车工人和福特汽车公司协商一份为期4年的劳动合同时,双方都必须对未来的通货膨胀水平做出预估。当通胀率为1%时,一份每年加薪4%的合同无疑是十分优厚的,但如果通胀率上升到10%,对工人而言,这份合同将变得极为不利。贷款人也必须进行类似的计算。在通货膨胀的环境下,以固定利率向别人提供30年的贷款,会面临巨大的风险。

因此，当出借人担心未来的通货膨胀时，会设立一个缓冲空间。对通胀的恐惧越大，缓冲空间就越大。相反，如果中央银行成功展现出遏制通货膨胀的决心，缓冲空间就会变小。20世纪90年代，美国持续的低通胀带来了一个显著的好处，出借人对未来通胀风险的恐惧减轻了。因此，长期利率大幅下降，这提升了美国公众购买住房和其他大宗商品的能力。哈佛大学经济学家罗伯特·巴罗几十年来对近百个国家的经济增长进行了研究。他证实，严重的通货膨胀与实际GDP增长放缓有关。

显而易见，政府和中央银行会把抗击通胀列为优先事项。即使它们在以"极限速度"推动经济发展时犯了无心之过，我们仍预期仅会出现轻微的通货膨胀，而非长期的物价上涨，更不用说恶性通货膨胀了。然而，我们看到的情况并非如此。各国政府，无论贫富，在推动经济发展时不仅超过限速，而且达到了引擎冒烟、车轮呼啸的地步。为什么会这样？因为短视、腐败或绝望的政府能够通过刺激通货膨胀为自己争取喘息的时间。我在前文中已探讨过激励机制的力量。不过，看看你能否把这些线索串联起来：（1）政府经常背负巨额债务，而身陷困境的政府欠债更多；（2）通货膨胀对债务人有利，因为它减少了债务的实际价值；（3）政府可以控制通货膨胀率。综合起来：政府能够通过推动通货膨胀来减轻自己的债务。

当然，这会导致各方受害的局面出现。借钱给政府的人按出借金额收回债务，但所获得的货币已经贬值。与此同时，那些持有货币的人同样会遭受损失，因为他们的货币的购买力下滑。最后，甚至未来的国民也将为此付出代价，因为政府会发现很难或无法再以合理的利率借到钱（不过，银行家们确实有一种奇怪的倾向，那就是一而再，再而三地犯同样的错误）。

政府在短期内还可以从经济学家所说的"通货膨胀税"中获益。假设你正领导一个政府，面临无法通过常规手段提高税收的困境，也许是因为缺乏征税所需的基础设施，也许是因为民众无力或不愿支付更多的税款。然而，你手下有政府工作人员，甚至可能有一支庞大的军队，等待你支付工资。此时，有一个非常简单的解决方案：买些啤酒，点一份比萨（或任何合适的本国菜肴），然后在国家造币厂开动印刷机。一旦崭新的比索、卢布或美元上的墨水干了，即可用其支付政府工作人员和士兵的工资。这样一来，你已经间接向国民征税了。你没有直接从他们的钱包里把钱拿走，而是通过让他们钱包里的钱贬值做到这一点的。美国独立战争时期的大陆会议、美国南北战争时期交战的双方、两次世界大战期间的德国政府都采取过这种措施，如今委内瑞拉等国家正在这样做。

　　政府未必只在危急存亡之际才会打出通货膨胀这张牌。即使在当今美国，精明的政客也可以利用适度的通货膨胀为自己谋利。不负责任的货币政策有一个特点，它就像一个失控的派对，在一段时间内令人欢愉。从短期来看，宽松的货币政策让每个人都感觉更富有。当消费者涌向得梅因的克莱斯勒汽车经销店时，店主的第一反应是他在销售方面做得非常好，或者他可能认为克莱斯勒的新款车型比福特汽车和丰田汽车更具吸引力。无论是哪种情况，他都会提高价格，增加收入，并认为自己的生活越来越好。但他会逐渐意识到，大多数其他企业正经历相似的境遇。由于他们也在提价，这位店主增长的收益终被通胀所吞噬。

　　到那时，政客们可能已经如愿以偿，获得连任。一家未能完全摆脱政治干预的中央银行可能会在投票前举办一场盛大的派对，届时，人们纷纷跳上桌子狂舞。当选民察觉到通货膨胀带来的危害时，选举已然落幕。宏观经济学界有这样的说法，美联储主席阿瑟·伯恩斯曾通过这种方法为理查德·尼克松1972年的连任做出了贡献，而布什家族至今仍对艾伦·格林斯潘心存不满，因为他在1992年大选前没有采取更多的刺激措施，结果导致乔治·赫伯特·沃克·布什在美国经历轻微的经济衰退后失去了总统宝座。

为了确保货币政策的制定部门负责任地履行职责，政治独立性至关重要。有证据表明，拥有独立央行的国家，即那些央行基本能够不受政治干预的国家，长期以来的平均通货膨胀率较低。美联储就是相对独立的央行之一，其理事会成员由总统任命，任期14年。虽然这并不等同于最高法院大法官的终身任期，但这样的安排确保了任何一位新任总统都不可能在美联储内部安插亲信。值得注意的是，美国民主政府中最重要的经济职位是通过任命而非选举产生的，这一点甚至引发了批评。美国是故意这样设计的，基于一个民主的决定，去建立一个相对不那么民主的机构。中央银行的效能取决于其独立性和可信度，以至于其效能几乎达到了自我实现的程度。如果企业相信中央银行不会容忍通货膨胀的发生，企业就不会觉得有必要提高价格。如果企业不提高价格，通货膨胀问题就不会出现。

美联储官员对政治干预十分敏感。1993年春天，我有幸与美联储前主席保罗·沃尔克共进晚餐。沃尔克当时在普林斯顿大学任教，他热情地带了几位学生一同前往。当时，克林顿总统刚刚在国会联席会议上发表了重要讲话，而沃尔克的继任者、时任美联储主席艾伦·格林斯潘就坐在希拉里的旁边。那次聚餐给我印象最深的是，沃尔克抱怨说，艾伦·格林斯潘坐在总统夫人旁边是不合适的。他认为，这样的座位安排可能会错误地传递美联储与行政部门之间存在某种联系的信号。这充分展现了美国中央银行家对其政治独立性的重视程度。

通货膨胀对消费者不利，而通货紧缩或持续性的价格下滑更糟糕。即使是轻微的通货紧缩，也会对经济造成巨大的破坏，正如日本过去20年所经历的。价格下降可能会进一步恶化消费者的处境，这似乎与直觉相反（尤其是考虑到价格上涨同样不利于消费者），但通货紧缩确实会触发危险的经济周期。首先，价格下降，消费者会延迟消费。如果下周冰箱的价格会更便宜，消费者又何必急于今日购入呢？与此同时，资产价格也在下跌，因此消费者感到自己的财产正在缩水，就更不愿意消费。这就是为什么房地产泡沫破裂会造成巨大的经济损失。消费者眼睁睁看着自己的房产价值急剧下降，而需要偿还的贷款却依旧不变。他们觉得自己更穷了（事实确实如此）。正如我之前阐述的，当消费者减少消费时，经济增长就会放缓。企业通过进一步降低产品价格来应对经济增长放缓。正如保罗·克鲁格曼所指出的，其结果就是经济死亡螺旋：

> 物价正因经济萧条而下滑。而如今我们又得知，经济萧条是物价下跌导致的。这就为自20世纪30年代以来我们从未见过的一种经济怪象的卷土重来创造了条件。这种怪象就是"通货紧缩螺旋"，即价格下降和经济衰退相互作用，将经济拖入深渊。[4]

即使银行家没有做出不负责任的行为，这一螺旋也会侵蚀金融体系。随着贷款变为不良资产，房地产和其他抵押品价值下降，银行和其他金融机构变得更加脆弱。部分银行的偿付能力开始出现问题，其他银行用于新贷款的资金减少，这使得原本健康的企业无法获得贷款，经济困境进一步加剧。乔治·沃克·布什政府晚期推行的"问题资产救助计划"，即所谓的"华尔街救助计划"，旨在为美国银行"补充资本"，重振其为经济提供资金支持的能力。尽管该计划的设计存在缺陷，关于政府正在做什么及其这样做的原因的沟通极为糟糕，但在当时金融危机的背景下，该计划的基本理念还是合理的。

仅凭货币政策可能无法打破通货紧缩螺旋。日本中央银行很久以前就将名义利率下调至接近零的水平，这意味着利率不能再低了。（名义利率不能为负值。任何银行如果放贷100美元，却只要求偿还98美元，那还不如一开始就留着100美元。)① 然而，即使名义利率接近零，资本的租用成本，即实际利率，也可能居高不下。原因如下：如果价格持续下跌，那么今天借100美元，明年还100美元，并非没有成本。偿还的100美元相较于借的100美元，购买力更强，也许要强得多。价格下跌得越快，实际借贷成本就越高。如果名义利率为零，而物价每年下跌5%，实际利率就是5%——在经济发展停滞的情况下，这样的借贷成本太高了。长期以来，经济学界普遍认为，日本亟须一场强力的通胀浪潮以破解这一困局。一位极具声望的经济学家甚至鼓励日本央行采取"与从直升机上撒钱差不多的方法"。[5] 回到前文提到的利益集团政治，对于日本官员为何没有采取更多措施应对物价下行，有一种说法是，日本社会老龄化严重，其中许多人依靠固定收入或储蓄度日，他们认为通货紧缩是件好事，即便这会给整体经济带来可怕的后果。

　　美国也经历过通货紧缩。经济学家一致认为，货币政策失误是大萧条的核心原因。从1929年到1933年，美国的货币供应量下降了28%。[6] 美联储并没有刻意关闭信贷阀门，而是袖手旁观，任由货币供应量自行下降。货币在整个经济体内的流通已经失去了控制。1930年，随着银行纷纷倒闭，银行和个人都开始囤积现金。被塞在床垫下或锁在银行金库里的钱无法通过借贷回到经济中去。在美国信贷枯竭时，美联储无所作为（反而在1931年大幅提高利率以维护金本位制）。实际上，美联储官员理应采

---

① 事实上，这并不完全正确。在金融危机最严重的时刻，也就是雷曼兄弟宣布破产之际，3个月期美国国债的收益率降至零以下，这意味着名义利率已经转为负值。值得注意的是，投资者为持有某种资产支付的费用，超过了其3个月内应获得的回报。对政策制定者来说，这是市场恐慌的一个迹象。白宫国家经济委员会主任基思·亨尼西向《纽约客》的詹姆斯·斯图尔特透露："国债利率为负！民众宁愿承受损失也要确保资金安全。"诚然，储存大量现金既成本高昂，又不便操作。在某些情况下，个人和机构可能会容忍轻微的负名义利率，将其视为确保资金安全的一种支出。

取截然相反的措施，即向经济体系注入资金。

2009年9月，即雷曼兄弟倒闭一周年之际，美国白宫经济顾问委员会主席克里斯蒂娜·罗默发表了题为《力挽狂澜》的演讲，将摆脱经济灾难的大部分功劳归于美联储。她解释说："与20世纪30年代形成鲜明对比的是，当前的政策反应迅速而大胆。美联储去年秋天为维系信贷发放采取了一系列颇具创新性的积极行动，这些举动将在央行历史上留下浓墨重彩的一笔。面对信贷市场的接连冻结乃至蒸发，美联储制定了许多新方案来填补缺口，维持信贷流动。"

美国用直升机撒钱了吗？可以说采取了类似的做法。事实上，10年前建议日本实施这一战略（当然，并非字面意义上的）的普林斯顿大学教授正是本·伯南克（在某些圈子里他被戏称为"直升机本"）。

从2007年问题初露端倪开始，美联储便积极启用全套传统手段，从2007年9月至2008年4月7次下调目标联邦基金利率。当常规手段让人感觉像在煮熟的湿面条上用力时，美联储采取了一系列非常规措施，这些做法近期被一篇经济学论文形容为"超越了现有货币政策的范畴"。美联储是美国的"最后贷款人"，因此它承担着维护美国金融体系平稳运行的责任，尤其是在金融体系因缺乏信贷和流动性而岌岌可危之际。因此，美联储被赋予了极大的权力。《联邦储备法》第13条第3款规定，美联储有权"向任何个人、合伙企业或公司提供贷款，前提是该借款人无法从银行机构获得信贷"。假若你祖母因银行拒绝发放贷款而无法修缮屋顶，且美联储理事会判断此举有利于公共利益，那么美联储可以创造500美元，借给你的祖母。

在金融危机期间，伯南克及其团队推出了堪比强力胶带的货币政策。美联储不仅敦促商业银行通过贴现窗口直接向美联储借款，还允许银行匿名借款（以免向市场发出疲软信号），并提供长期贷款。此外，美联储还有史以来第一次直接向投资银行（贝尔斯登）伸出援手。当贝尔斯登最终面临破产时,美联储给摩根大通发放了 300 亿美元的贷款,使其接管贝尔斯登,此举有效阻止了市场陷入雷曼兄弟倒闭后那种混乱的境地。美联储调整了抵押品规定,在机构已经获得美联储资金的情况下,允许借款人抵押非流动性资产,比如抵押支持证券——这意味着当你的祖母需要 500 美元贷款时,她可以抵押阁楼上的所有东西,即使这些物品的买家或价格并不明确。这样一来,你的祖母就有钱修缮屋顶了,而这正是关键所在。[7]

制定货币政策是一项棘手的任务。恰当的货币政策能促进经济增长,使经济免受冲击,避免可能遭遇的严重破坏。不当的货币政策可能会带来痛苦和不幸。美联储近年来采取的所有非常规措施,是否可能为未来的一系列问题埋下隐患?这种可能性当然存在。然而,至少根据目前的证据来看,更可能的情况是,美联储避免了一场更严重的危机,从而避免了大量人民遭受苦难。奥巴马总统在 2010 年任命本·伯南克连任美联储主席。在任命仪式上,奥巴马指出:"我相信伯南克作为研究大萧条成因的专家,从未预料到自己会身处这样一个团队,肩负着预防另一场大萧条的重任。但是,他凭借自己的学识、性情、勇气和创造力,帮助我们实现了这一目标。"[8] 这是对伯南克极高的评价,而他也确实当之无愧。2014 年,伯南克结束了他的第二个任期,此时全球金融危机的影响已经逐渐消退。

11

国际经济学
冰岛这么好的国家怎么会破产呢？

1992年，乔治·索罗斯在一天之内就为其管理的投资基金赚了近10亿美元。大多数投资人往往需要几个星期甚至一个月才能赚到这么多钱。那是10月的某一天，索罗斯就英镑相对于其他货币的未来价值下了巨额赌注。他赢了这场豪赌，赚了10亿美元，成为有史以来最著名的"货币投机者"。

索罗斯是如何做到的？1992年，英国加入欧洲汇率机制。这一机制旨在管理欧洲各国之间汇率的大幅波动。如果无法预测欧洲多种货币之间的未来汇率，企业在欧洲大陆开展业务会越发困难。（欧元作为单一货币约10年后才出现。）欧洲汇率机制为参与国之间的汇率设定了目标。欧洲各国政府都有义务采取相应政策，确保本国货币在国际货币市场上的交易价格维持在目标汇率区间内。例如，英镑与德国马克的汇率目标是1∶2.95，不能跌破2.778。

当时，英国正处于经济衰退之中，国际投资者纷纷抛售英镑，转而在世界其他地方寻求更有利可图的机会，结果导致英镑贬值。其实，货币与其他商品没有什么不同：汇率，即一种货币相对于另一种货币的"价格"，是由供求关系决定的。随着英镑需求的下降，英镑在货币市场上的价值也下降了。英国政府誓言要"捍卫英镑",确保其汇率不会滑落至欧洲汇率机制设定的阈值之下。索罗斯对此持不同见解,正是这个原因促使他押下巨额赌注。

面对英镑在市场重压之下不断贬值的态势,英国政府有两种方法来稳固英镑的价值:(1)政府可以动用其持有的外汇储备购买英镑,直接提振对该货币的需求;(2)政府可以利用货币政策提高实际利率,在其他条件不变的情况下,此举将提高英国债券(以及购买债券所需的英镑)对全球投资者的吸引力,进而促使资本流入或减少资本外流。

然而,英国当局遇到了问题。英国政府已斥巨资购买英镑:英格兰银行(即英国的中央银行)冒着额外耗费外汇储备的风险,却成效甚微。提高利率对政府来说同样缺乏吸引力。英国经济本就低迷,在经济衰退期间提高利率会使经济发展进一步放缓,从而引发更严峻的经济困境与政治挑战。对此,《福布斯》在事后剖析索罗斯的策略时阐述道:"英国和(面临类似问题的)意大利为了提升本国货币的吸引力,不得不维持高利率以吸引外资,但这削弱了两国政府在经济衰退中采取刺激措施的能力。"[1]

尽管如此,英国首相约翰·梅杰还是强调,他的"首要目标"是捍卫英镑在欧洲汇率机制中的目标价值,即便这项任务似乎日益艰巨。索罗斯断言,英国政府的立场不过是虚张声势。他打赌英国最终会放弃捍卫英镑的价值,届时英镑将大幅贬值。尽管其获利10亿美元的机制错综复杂,①

---

① 索罗斯借入巨额英镑,并立即将其换成更强势的货币,比如德国马克。当英国最终退出欧洲汇率机制,导致英镑贬值时,他用手中持有的强势货币兑换回了远超最初借贷数额的英镑。他还清贷款后的差额即为利润。我们用数字说明一下可能更加直观。假设索罗斯借了100亿英镑,并立即将之换成100亿德国马克。(此处的汇率和金额设定是为了简化计算过程。)当英镑价值下跌超过10%以上,100亿德国马克在新汇率下能兑换超过110亿英镑。于是,索罗斯用100亿德国马克换回了110亿英镑。他偿还了100亿英镑的贷款,并为自己(或者更准确地说,为他的投资基金)赚了一笔可观的收益。此外,索罗斯还根据英镑贬值将如何影响欧洲股票和债券,设计了其他辅助的投资策略,进一步增加了他的收益。

但这一机制的本质简单明了：索罗斯斥巨资打赌英镑会贬值，而且他的判断是对的。[2] 1992 年 9 月 16 日，即所谓的"黑色星期三"，英国退出欧洲汇率机制，英镑旋即贬值逾 10%。英镑贬值意味着索罗斯获得收益，而且是巨大的收益。

国际经济学与国内经济学不应存在什么本质区别。国界是政治上的划分，而非经济上的划分。跨越国界的贸易往来必须使各方获得利益，否则无人会进行此类交易。你购买丰田汽车，是因为你觉得它物美价廉；丰田汽车公司卖车给你，是因为它能够从中获利。资本跨越国界流动的原因与资本在国内流动的原因别无二致：投资者追求在既定风险水平下获得尽可能高的回报。个人、企业和政府从国外借贷，因为这是为投资重要项目或支付账单而"租用"资本最划算的方式。

我刚才描述的一切可能适用于伊利诺伊州和印第安纳州，也可能适用于中国与美国。不过，国际交易又增加了一层复杂性。不同国家拥有不同的货币，以及不同的机构来创造并管理这些货币。美联储可以创造美元，但对墨西哥比索却无能为力。美国人花美元购买丰田汽车，但丰田公司必须用日元支付日本员工和高管的工资。事情从这里开始就变得有趣了。

美元本质上就是一张纸，它并没有黄金、大米、网球或其他任何具有内在价值的东西作为支撑。日元也是一样。欧元、比索、卢比以及其他所有现代货币都是如此。当个人和企业进行跨国交易时，不同货币必须按照一定的汇率进行兑换。如果美元只是一张纸，日元也只是一张纸，那么我们应该用多少张美元纸币换多少张日元纸币呢？

汇率就是两种货币之间的兑换比例，它为我们提供了一个评估不同货币相对价值的逻辑出发点。日元之所以有价值，是因为它可以用来购买东西；美元之所以有价值，也是出于同样的原因。因此，从理论上讲，我们愿意用 1 美元兑换到的日元、比索或卢布数额，应该在相应国家买到近似数量的物品。如果一包日常用品在美国的价格是 25 美元，而在俄罗斯的价格是750卢布，那么我们认为25美元大约值750卢布（1美元大约值30卢布）。这就是购买力平价理论。

沿用同样的逻辑，如果俄罗斯卢布的购买力每年下降10%，美元却保持不变，那么我们就可以预见卢布相对于美元将会以相同的速率贬值。这并不是什么高深的数学问题。如果一定数额的某种货币购买的东西比以前少了，那么任何用这种货币进行交易的人都会要求获得更多的货币来弥补购买力的下降。①

购买力平价是一个十分有用的概念。它是官方机构对各国进行比较的工具。例如，当美国中央情报局或联合国搜集其他国家的人均收入数据，并将其换算成美元时，通常会使用购买力平价，因为它能够最精确地反映一个国家人民的生活水平。如果一个人每年挣1万约旦第纳尔，那么他在美国需要多少美元才能维持同等的生活水平？

从长远来看，基本的经济逻辑表明，汇率应与购买力平价基本一致。如果100美元可以换到足够多的比索，从而在墨西哥买到更多的东西，那么谁会想要100美元呢？大多数人自然倾向于将美元兑换成比索，这样就可以在墨西哥购买更多的商品和服务，过上更好的生活。（更有可能的是，聪明的企业家会利用汇率优势，购买墨西哥的廉价商品，然后将其进口到美国售卖并从中获利。）无论哪种情况，比索的需求相对于美元都会增加，

---

① 经济学家对名义汇率和实际汇率进行了区分。名义汇率是一种货币兑换另一种货币的官方汇率（货币兑换处布告栏上的数字），而实际汇率考虑了两国的通货膨胀，因此更能反映货币购买力的相对变动。例如，假设你可以在当地银行用1美元兑换10比索。进一步假设（1）美国的通货膨胀率为零，墨西哥的年通货膨胀率为10%；（2）一年后，你将可以在当地银行用1美元兑换11比索。按名义价值计算，美元兑比索升值了10%（每1美元多兑换10%的比索）。然而，实际汇率根本没有改变。在货币兑换窗口，你将比去年多获得10%的比索，但由于一年的通货膨胀，现在1比索的购买力比过去减少了10%。因此，今年你从银行柜员那里用100美元兑换的比索，其购买力与去年你从银行柜员那里兑换的（更少的）比索完全相同。本章余下部分提及的汇率均指实际汇率。

比索的"价格"(即汇率)会上升。(墨西哥商品的价格也可能攀升。)从理论上讲,理性的人会继续用美元兑换比索,直到这样做不再有任何经济利益。到那时,在美国用100美元能买到的商品和服务,将与在墨西哥用价值100美元的比索购买的东西大致相同,这也标志着汇率与购买力平价持平。

奇怪的是,官方汇率,即你实际兑换货币的汇率,与购买力平价预测的汇率之间,常常存在显著且持久的偏差。如果购买力平价在经济学上具有深远意义,为什么它在实际中往往不能很好地预测汇率呢?答案就在于可贸易商品和服务与不可贸易商品和服务之间的重要区别。可贸易商品和服务是指能够在国际上贸易的商品和服务,而不可贸易商品和服务,顾名思义,无法在国际上进行贸易。电视和汽车是可贸易商品,而理发和儿童看护不是。

鉴于此,我们再看一下美元兑换比索的例子。假设按照比索和美元的官方汇率,一台索尼电视在蒂华纳的价格仅为圣迭戈的一半。一个精明的商人可以用美元兑换比索,在墨西哥购买便宜的索尼电视,随后在美国市场上销售以赚取利润。若此番操作规模庞大,比索的价值就会攀升(墨西哥电视的价格可能也会上涨),从而使官方汇率朝着购买力平价预测的方向发展。然而,这位商人很难在理发、垃圾清理、家政服务或房屋租赁等方面复制同样的操作。在现代经济中,超过3/4的商品和服务是不可贸易的。

在比较购买力平价时所采用的一揽子典型商品组合,既包括可贸易商品,也包括不可贸易商品。如果官方汇率使得某种不可贸易的商品或服务在某个国家异常便宜(例如,你在孟买花5美元就能享用一顿在曼哈顿要花50美元的饭菜),但商人其实没有办法利用这种价格差异,这种差异就会持续存在。

让我们继续用上面孟买的那个例子,你应该会明白为什么购买力平价是比较各国收入的最准确机制。按照官方汇率,孟买的工资换算成美元后可能会显得很低。然而,由于孟买许多不可贸易商品和服务的价格远低于美国,看似很低的工资可能赋予孟买人民远高于官方汇率所暗示的生活水平。

当一国货币的实际购买力超越了购买力平价理论的预估值时,人们视货币的价值"被高估";反之,则视货币的价值"被低估"。《经济学人》创造了一个诙谐的工具——"巨无霸指数",用于评估官方汇率与购买力平价的预估值之间的偏差。麦当劳的巨无霸畅销全球,它不仅包含一些可贸易成分(牛肉和调味品),还包含大量不可贸易成分(当地劳动力、租金、税收等)。《经济学人》解释说:"从长远来看,各国的汇率应该朝着某个方向发展,使同一组商品和服务的价格趋同。我们研究的这组商品是120个国家生产的麦当劳巨无霸。巨无霸购买力平价是指,使巨无霸的价格在美国和其他国家趋于一致的汇率。将该汇率与实际汇率进行比较,我们可以看出某种货币的价值是被低估了还是被高估了。"[3]

2018年1月,一个巨无霸汉堡在美国的平均价格为5.28美元,在中国的平均价格为20.40元人民币,这表明5.28美元应等价于大约20.40元人民币(即1美元约等于3.86元人民币)。然而,这与官方汇率相差甚远。在银行,1美元可以兑换6.43元人民币。根据巨无霸指数,人民币的价值被严重低估了(40%)。(相反,用同样的标准来衡量,美元的价值则被严重高估了。)这并非偶然现象,中国政府推行的经济政策在很大程度上依赖于"廉价"货币。近来,人民币与美元的汇率一直是中美两国紧张态势的一个关键因素,我将在本章后续部分探讨这个话题。

实际汇率与购买力平价预测的汇率之间可能存在较大差异。这又引出了两个问题:为什么会这样?其后果如何?

我先来回答第二个问题。试想一下,当你在巴黎再次入住最心仪的酒店时,愕然发现房间价格几乎是上次入住时的两倍。你向经理提出了疑问，他回答说房价已经好几年没变了。他说的是实话。真正发生变化的是欧元与美元之间的汇率。美元对欧元"疲软"，也就是"贬值"，这意味着你的每一美元所能换取的欧元比你上次去法国时要少。（欧元则"升值"了。）而对于从法国其他地方来巴黎旅游的人来说，酒店的价格与以前一样。汇率的变化会使外国商品更便宜或更昂贵，更便宜还是更昂贵具体取决于汇率变动的方向。

这就是关键所在。如果美元疲软，即与平常相比，美元可以兑换的日元或欧元数量减少，那么外国商品对美国人而言会变得更加昂贵。巴黎酒店如此，古驰手袋和丰田卡车亦是如此。这些商品以欧元或日元计算的价格并没有改变，但美国人需要付更多的美元才能买下它们，这也正是他们所关心的问题。

与此同时，美元的疲软使美国商品在世界其他国家的价格相对下滑。假设福特汽车公司决定将金牛座轿车在美国的售价定为2.5万美元，而在海外市场的售价则依据官方汇率相应地调整为等值的当地货币。如果欧元相较于美元走强，也就是说每一欧元能够换取更多的美元，对巴黎的汽车买家来说，金牛座轿车就会变得更便宜，但每辆车仍能给福特汽车公司带来2.5万美元的收入。这对美国出口商来说再理想不过了：价格便宜了，但利润并没有因此缩水！

福特汽车公司的利好消息还不止于此。美元的疲软使进口车对美国人来说更加昂贵。一辆标价2.5万欧元的汽车过去在美国卖2.5万美元，现在卖3.1万美元，这并不是因为汽车价格上涨，而是因为美元贬值。在美国港口城市托莱多，每辆丰田汽车和奔驰汽车的标价都在飙升，相比之下，福特汽车就便宜多了。当然，丰田汽车公司和梅赛德斯汽车公司可以选择保持美元售价不变（避免了重新为每辆车定价的麻烦），但把更少的日元和欧元运回本国。无论哪种方式，福特汽车的竞争力都会得到提升。

一般来说，货币贬值对出口商有利，对进口商不利。1992年，当美元相对疲软时,《纽约时报》一篇报道的开头这样写道:"美元贬值使全球最富裕的经济体变成了工业国家的折扣商品购物天堂。"[4] 2001年,当美元按照历史标准衡量处于强势时,《华尔街日报》一篇报道的标题是"通用汽车公司高管认为美元强势正对美国企业构成压力"。如果日元对美元升值1日元,考虑到当下汇率是1美元兑换90日元,这一看似微小的变动,对丰田汽车公司而言,意味着年营业收入骤减4.5亿美元。[5]

相对于购买力平价理论的预测,货币的"强势"或"弱势"本身并无好坏之分。价值被低估的货币会促进出口(因此有利于生产出口产品的行业发展)。同时,价值被低估的货币会提高进口成本,对进口国消费者造成不利影响。(颇具讽刺意味的是,弱势的货币也会使得进口投入增加,间接损害出口商的利益。)一个刻意压低本国货币的价值的政府,本质上是在对购买进口商品的消费者征税,对出口企业提供补贴。相反,一个刻意保持货币的价值被高估的政府,本质上是在人为降低进口商品成本,降低本国出口商品在世界其他地方的竞争力。汇率操纵就像其他任何政府干预手段一样,既有可能导向积极的经济效果,也可能扭曲经济体的资源分配,使资源无法得到最有效的利用。如果对你购买的每件进口商品征收高额税费,并用这笔钱资助出口商,你会表示支持吗?

政府如何影响本国货币的强弱态势?从根本上说,货币市场与其他市场一样:汇率是某种货币的需求相对于供给的函数。影响货币相对需求的最重要因素是全球经济力量。经济蓬勃发展的国家,其货币往往会随之走强。强劲的经济增长带来了投资机会,吸引了来自全球各地的资本。要在该国进行投资(比如在哥斯达黎加建厂或购买俄罗斯股票),外国投资者必须先获取当地货币。当经济衰退时,情况恰恰相反。投资者将资金转移到其他地方,在离开时抛售当地货币。

在所有其他因素保持不变的前提下,一国出口商品面临庞大需求,会促使该国货币升值。举例来说,当全球石油价格飙升时,中东石油生产国就会积累大量美元。(国际石油交易以美元结算。)当这些美元收益汇回本国,例如沙特阿拉伯时,沙特里亚尔相对于美元就会升值。

美联储或其他国家相应的中央银行能在短期内影响本国利率,而本国利率越高,本国货币就越值钱。在所有其他因素保持不变的前提下,利率越高,投资者的资本收益率就越高,从而吸引资金流入一个国家。假设 1 英镑可以兑换 1.5 美元,而且英国和美国政府债券的实际收益率都是 3%。如果英国政府利用货币政策将其短期利率上调至 4%,那么这可能会激励美国投资者抛售美国国债,购买英国国债。当然,要做到这一点,他们必须经由外汇市场卖出美元,买入英镑。如果全球经济没有其他变化(这种情况不太可能发生),对英镑需求的增加将推动英镑相对于美元升值。

当然,"在所有其他因素保持不变的前提下"这句话从来都不适用于全球经济。经济学家在预测汇率变动方面鲜有佳绩,部分原因是有太多复杂的全球因素同时影响着外汇市场。以 2007 年始于美国的全球经济衰退为例。在美国经济如此糟糕的情况下,人们预计美元相对于全球其他主要货币贬值。不过,在经济动荡期间,美国国债实际上是一个安全的资本存放处。因此,随着金融危机的爆发,世界各地的投资者纷纷选择购买"安全"的美国国债,这导致美元在美国经济陷入困境的情况下仍在升值。

各国政府也能直接进入外汇市场,买入或卖出本国货币,从而改变货币的相对价值,英国政府在 1992 年抵御货币贬值时就是这样做的。鉴于外汇市场的庞大规模——每天都有价值数万亿美元的货币易手——大多数国家的政府都没有足够的财力撼动市场趋势。正如英国政府和许多其他国家政府体会到的,货币干预犹如试图用一勺一勺的热水来加热一个冰冷的浴缸,这一过程尤为艰难,尤其是当投机者正在做相反的事情时。在英国政府购入英镑的同时,索罗斯等人却在大举抛售英镑,这无异于向同一个浴缸倒冷水。

我们还没有正面回答本章开头提出的那个基本问题:一美元应当等价

于多少日元、卢布或克朗？这个问题有很多可能的答案，很大程度上取决于特定国家采用的汇率机制。我们有一系列机制可以用来确定不同货币间的兑换比率。

金本位制。最简单易懂的体系就是金本位制。尽管现代工业化国家已不再使用黄金作为流通货币（除了价格过高的纪念币），但在二战后的数十年里，金本位制为协调汇率提供了一套简单明了的机制。各国货币与固定数量的黄金挂钩，因此，隐含地，各国货币之间也相互挂钩。这就像小学数学题一样：如果一盎司[①]黄金在美国价值35美元，在法国价值350法郎，那么美元和法郎之间的汇率是多少？

金本位制有一大优势，它提供了可预测的兑换比率，还抑制了通货膨胀；政府若无充足的黄金储备作为后盾，就不能印制新货币。在这种体系下，你钱包里的纸币确实具有内在价值，你可以拿35美元去换一盎司黄金。尽管金本位制看似不错，但在大萧条时期，这种制度引发了灾难性的货币政策，即使在正常情况下，也可能严重损害货币政策的效果。当以黄金为支撑的货币面临压力时（例如，由于经济疲软），外国人会要求兑换黄金而不是纸币。为了保护国家的黄金储备，中央银行必须提高利率，尽管疲软的经济需要相反的措施。经济学家保罗·克鲁格曼因其在国际贸易方面的研究于2008年获得诺贝尔奖，他最近解释说："在20世纪30年代早期，这种心态导致各国政府不顾大规模失业现象，仍提高利率并削减开支，以捍卫黄金储备。即便在废除金本位制后，这种心态依然盛行，使各国不愿降低利率和创造就业岗位。"[6]如果美国在2007年实行的依然是金本位制，那么美联储很有可能无力抵御危机。在金本位制下，中央银行总能让货币贬值（例如，宣布一盎司黄金能兑换更多美元），但这实质上违

[①] 1盎司（金衡制）≈31.10克。——编者注

背了实行金本位制的初衷。

1933年，富兰克林·罗斯福终止了美国民众用现金兑换黄金的个人权利，但各国在进行国际结算时仍保留此权利。1971年，理查德·尼克松废除了这项权利。彼时，美国的通货膨胀导致美元的吸引力下降。在35美元和一盎司黄金之间做选择时，外国政府更热衷于选择黄金。在戴维营经过一个周末的商议后，尼克松单方面"关闭黄金兑换窗口"。外国政府在周五尚能用美元兑换黄金，而到了下周一就不行了。自那以后，美国（以及所有其他工业化国家）开始使用"法定货币"，这是一种表达美元只是纸张的花哨说法。

浮动汇率制。金本位制将货币之间的汇率固定下来，而浮动汇率制则允许汇率随经济形势的变化而波动，其波动甚至可达到按分钟计的程度。大多数发达经济体都采用了浮动汇率制。货币在外汇市场上交易，就像股票在证券交易所交易或商品通过易贝网交易一样。在任何时候，美元和日元之间的汇率都体现了买卖双方基于自愿达成一致的交换比例，这一过程与其他商品的市价形成原理无异。当丰田汽车公司在美国销售汽车赚取大量美元时，丰田汽车公司可以将这些美元与寻求反向交易的交易者换成日元。（丰田汽车公司同样可以用美元支付美国员工的工资，在美国进行投资，或购买美国生产的原材料。）

在浮动汇率制度下，政府没有义务像在金本位制下那样维持本国货币的特定价值。这种制度的主要缺点在于，汇率波动会给从事国际业务的公司带来更多的不确定性。福特汽车公司可能会在欧洲赚取丰厚利润，在将这些利润从欧元兑换成美元时，却可能在外汇市场上蒙受损失。迄今为止，汇率波动已被证明是浮动汇率制的一个缺陷，但并非致命缺陷。跨国公司可以利用金融市场来对冲汇率波动的风险。例如，在欧洲开展业务的美国公司可以签订一份期货合约，锁定未来某个特定时间特定的欧元兑美元汇率，正如美国西南航空公司能够锁定未来的燃油价格，星巴克能够利用期货市场防止咖啡豆价格意外飙升一样。

固定汇率制（或汇率区间制）。 固定汇率制又称钉住汇率制，与金本位制很像，只不过货币价值并不以黄金为支撑。（黄金的缺失看起来是个问题，而事实也往往如此。）各国承诺与其他国家（如欧洲各国）保持某种预先确定的货币汇率。尽管相关货币在市场上可自由交易，但每个参与国的政府均同意执行相关政策，确保将本国货币汇率的波动限定在既定范围内。本章开篇提及的欧洲汇率机制便是这样一种体系。

固定汇率制的主要问题在于，各国无法可靠地维护其货币价值的稳定。当一种货币疲软时，就像当年的英镑一样，投机者便会蜂拥而至，希望在货币贬值时攫取数百万（或数十亿）美元的利润。当然，当投机者（以及其他担心货币贬值的人）像索罗斯那样积极抛售当地货币时，货币贬值的可能性就更大了。

借用他国声望。 1990年底，阿根廷的年通货膨胀率超过了1 000%。鉴于该国恶性通货膨胀的历史，这一数据并不令人诧异。你愿意持有该国货币吗？阿根廷的通胀率长期以来一直居高不下，就如同一个人连续3次失约，然后坚称下次改正一样。大家都知道，这一点很难改变。因此，当阿根廷终于认真地应对通胀顽疾时，其中央银行不得不采取一些激进的措施。它聘请了美国作为经济监护人。1991年，阿根廷宣布放弃对本国货币政策的控制，不再印钞。取而代之的是，政府实施了货币局制度，并制定严格规则，确保以后每一阿根廷比索都能与一美元等值挂钩。为了实现这一目标（并赢得国际信任），货币局保证流通中的每一比索都将有一美元的储备支持。因此，货币局只有在其金库中有新的美元作为支持时，才能增发比索。此外，每一阿根廷比索都可以按需兑换成一美元。实际上，阿根廷建立了一个以美元代替黄金的金本位制。

此举在一段时间内有效。通货膨胀率骤降至两位数，随后又降至一位数。然而，此举的代价也是巨大的。还记得美联储主席那些微调经济的妙手回春之策吗？阿根廷政府一个也用不了，因为它为抗击通胀放弃了对货币供应的控制。此外，阿根廷也无法独立控制汇率，比索对美元的汇率是固定的。如果美元走强，比索就走强。如果美元走弱，比索就走弱。

最终，对货币供给和汇率调控权的缺失，造成了严重损失。从20世纪90年代末开始，阿根廷经济陷入深度衰退，而政府没有常用的措施来应对衰退。雪上加霜的是，由于美国经济繁荣，美元走强，阿根廷比索随之升值。这对阿根廷的出口商打击很大，并进一步损害了阿根廷经济。相比之下，巴西货币雷亚尔从1999年至2001年底贬值50%以上。对于世界其他国家来说，巴西进行了一场大规模的半价促销，而阿根廷只能眼睁睁看着。随着阿根廷经济的运行步履蹒跚，经济学家就成立货币局是否明智展开了辩论。支持者认为，货币局是确保宏观经济稳定的重要基石；怀疑者则认为，货币局弊大于利。1995年，加州大学伯克利分校经济学家莫瑞斯·奥博斯特弗尔德和普林斯顿大学经济学家肯尼斯·罗格夫发表论文警告说，大多数维持固定汇率的尝试，包括阿根廷货币局制度，都很可能会以失败告终。[7]

时间证明怀疑者是对的。2001年12月，长期处于困境的阿根廷经济彻底崩溃。街头抗议升级为暴力事件，总统辞职，政府宣布无力偿还债务，这造就了历史上规模最大的主权违约事件。（具有讽刺意味的是，肯尼斯·罗格夫当时已离开普林斯顿大学，到国际货币基金组织担任首席经济学家，他不得不应对自己多年前曾预警的经济浩劫。）阿根廷政府废除了货币局制度，终止了比索与美元之间1∶1的保证兑换汇率。比索相对于美元的价值立即暴跌了约30%。

仅限本土流通的货币。 有些货币根本没有国际价值。1986年，我穿过柏林墙，踏入民主德国。在查理检查站过关时，我必须用"硬通货"（美元或联邦德国马克）兑换一定数量的民主德国货币。民主德国马克是一种"软通货"，这意味着其流通范围很有限，在其他任何地方都没有购买力。汇率或多或少是任意的，但我肯定，我获得的购买力低于放弃的购买力。事实上，我在离开民主德国时甚至不能把钱带走。民主德国边防军拿走了我剩下的钱，并"记在账上"（他们确实是这么说的），以备我下次来访时使用。在如今统一的德国某处，有一个我名下的账户，里面有少量毫无价值的民主德国货币。如此说来，我还有这样一笔资产。

在柏林墙倒塌之前，"软通货"对于少数涉足社会主义国家市场的美国公司来说是一个更严重的问题。1974年，百事可乐公司达成了在苏联销售其产品的协议。苏联人也喝可乐。不过，百事可乐公司手中的数百万卢布能用来干什么呢？百事可乐公司和苏联政府选择了老式的物物交换模式。百事可乐公司用软饮料糖浆与苏联政府交换苏联红伏特加，这种伏特加在西方市场拥有实实在在的价值。[8]

这些货币机制听起来都井井有条，除了阿根廷街头的暴乱。事实上，阿根廷式的货币崩溃频繁发生。让我们重温前文的一句话："投资者将资金转移到其他地方，在离开时抛售当地货币。"现在，让我们把这句话修饰一下，使其更接近现实："投资者惊慌失措，泪眼婆娑，尖叫连连，争先恐后地抛售资产和当地货币——尽可能多地抛售，不论价格如何，只求能在市场完全崩溃之前逃离！"

阿根廷、墨西哥、俄罗斯、土耳其、韩国、泰国，以及本章标题中的国家冰岛，它们有什么共同之处？不是地理位置、文化，当然也不是气候。这些国家都曾遭遇货币危机。尽管没有哪两次危机是完全相同的，但它们确实遵循一种模式，通常是一部三幕剧。（1）一个国家吸引了大量外国资本。（2）不好的事情发生了：政府借贷过多，面临违约风险；房地产泡沫破裂；实行固定汇率制的国家面临货币贬值；银行系统深陷不良贷款泥潭；或者这些问题以某种方式组合出现。（3）外国投资者试图将资金转移到其他地方，最好赶在其他人之前。资产价格下跌（因为外国投资者的抛售），货币价值暴跌，两者都会使潜在的经济问题恶化，从而导致资产价格和货币价值进一步下挫。该国向国际社会求助，遏制经济螺旋式下滑。

要想了解这一切是如何发生的，让我们看看近年来的一个受害者：冰岛。冰岛并不是一个贫困的发展中国家。事实上，冰岛在2008年联合国人类发展指数排行榜上名列前茅。以下是我尽力梳理的冰岛三幕剧：

第一幕。在21世纪的第一个10年，冰岛货币冰岛克朗非常坚挺，实际利率按全球标准来看处于高位。由于投资者追求高回报，受监管程度较低的冰岛银行吸引了来自世界各地的资金。在高峰时期，冰岛银行的资产规模是该国GDP的10倍。银行利用这些巨额资金所做的投资在2006年看来十分明智。与此同时，冰岛国内的高利率促使冰岛民众借贷他国货币来满足消费，即使是额度相对较小的消费，也采用这种方式。冰岛大学的一位经济学家在接受美国有线电视新闻网财经频道采访时表示："当人们购买汽车时，销售人员会问他们：'您打算如何支付？一半日元一半欧元？'"[9]

第二幕。全球金融危机给世界各国带来不利影响，对冰岛而言，其影响更是灾难性的。冰岛银行因不当投资和不良贷款蒙受了巨额损失。到2008年秋天，冰岛的三大银行均已倒闭；控制了最大私营银行的中央银行，实际也处于违约状态。《纽约时报》在2008年11月的一篇报道中写道："个人破产司空见惯，企业破产也十分常见，但国家呢？"

随着冰岛克朗的急剧贬值，那些以外币计价的消费贷款的成本飙升。想想看，如果你用欧元贷款，而克朗相对于欧元贬值了一半，你每月以克朗偿还的贷款金额就会翻倍。当然，冰岛民众用这些贷款购置的许多资产，诸如房产，也在贬值。

第三幕。冰岛克朗价值惨遭腰斩，冰岛股市下跌90%，GDP下挫10%，失业率创下40年来的新高。冰岛民众非常愤怒，堪比阿根廷昔日的情景。一名女士在接受《经济学人》采访时说道："如果我遇到一个银行家，那么我会狠狠地踹他的屁股，直到我的鞋跟都深陷进去。"而她是一名幼儿园教师。[10]

即使是巨无霸指数，在冰岛也留下了一段悲哀的故事。2009年10月，位于冰岛的三家麦当劳门店关闭，成为金融危机的受害者。麦当劳要求其冰岛特许经营店必须从德国进口食材及包装材料。由于冰岛克朗相对于欧元大幅贬值，加上政府征收高额进口关税，从德国购买这些原材料的成本大约翻了一番。冰岛特许经营店的店主说，要想获得"可观的利润"，一个巨无霸汉堡的售价不得不超过6美元，这个价格比世界上任何其他地方都要高，对于一个处于严重经济衰退中的国家来说，这无疑是难以承受的。麦当劳因此停止在冰岛开展业务。[11]

因为投资者逃离而造成经济破坏屡见不鲜，这指向了一个显而易见的解决办法：或许应当提高资本外逃的难度。有些国家已经尝试过资本管制，对资本流动施加各式约束。与许多直观的解决办法一样，这种办法隐含问题。如果外国投资者不能带着资本撤离一个国家，他们一开始前来投资的可能性就会降低，这有点儿像百货公司试图通过禁止退货来提高销售额。一组经济学家对52个贫困国家1980年至2001年间的表现进行了研究，旨在考察金融自由化（使资本更容易进出该国）与经济表现之间的关系。这里有一点需要权衡：采取某种资本管制方案的国家，经济增长也更慢。《经济学人》总结了这项研究的结果："偶发危机的代价或许是值得的，因为它可以换取更快的增长。"[12]

那么，如果我们都采用同一种货币呢？这样不就可以避免与货币有关的麻烦了吗？毕竟，艾奥瓦州从未因为伊利诺伊州的投资者把资金撤回密西西比河彼岸而遭遇金融危机。扩大货币区是有好处的，这正是设立通用货币欧元的逻辑，它在欧洲多数地区取代了各国独立货币。无论是在整个欧洲还是在美国的50个州，采用单一货币都能够降低交易成本，提高价格透明度（也就是说，当所有商品都用同一种货币定价时，发现和利用价格差异会变得更容易）。然而，采用这一方案也需要权衡利弊。记住，货币政策是政府调控经济"速度"的主要工具。中央银行通过减少或增加货币供应量来提高或降低利率。与其他国家共用一种货币的国家，比如采用欧元的欧洲国家，必须放弃对本国货币政策的控制权。欧洲中央银行现在控制整个欧元区的货币政策。（显然，美国路易斯安那州和加利福尼亚州也没有自己的货币政策。）如果货币区的某一区域经济不景气，需要降低利率以刺激经济，而同时另一区域的经济增长迅速，亟须提高利率以遏制通胀，问题就会产生。

我们真正关心的并不是货币本身，而是商品和服务的实际流动。这些跨越国家边界的贸易才是提升我们生活质量的原因，而货币只是促进互惠交易的一种工具。从长远来看，我们希望确保自己输出给世界各国的商品和服务的总价值，与我们从国外获得的保持大致平衡。如果不是这样，某一方就在交易中处于不利位置。即使是在餐厅交换零食的小孩子也会认识到，你给别人的理应与别人给你的相当。

但美国除外。美国在吃午餐时给出去了肝泥香肠三明治，但却得到了火鸡肉三明治，外加薯片、饼干、果汁，还有不含花生的零食。美国的经常账户长年呈现巨额且持续的赤字，这意味着美国年复一年从世界其他国家购买的商品和服务多于美国卖给他们的商品和服务。（经常账户衡量的是商品和服务贸易在国外赚取的收入，加上其他一些国外收入来源，比如海外投资的股息和利息，以及在国外工作的美国人汇回国内的汇款。）美国如何能持续享受这种不对等的交换？从长远来看，这会不会是一个问题？第二个问题的答案是肯定的，第一个问题的答案则更复杂。

正如前文所述，经常账户赤字本身并没有什么坏处，而经常账户盈余本身也不一定有什么好处。阿塞拜疆和博茨瓦纳等国 2017 年的经常账户盈余占 GDP 的比例很大，但这并未使它们成为经济强国。尽管如此，一个无法回避的经济现实依然存在：一个经常账户出现赤字的国家，从世界其他国家赚取的收入少于其对外支付的总额。看一个简单的例子：假设美国从日本购买价值1亿美元的汽车，并卖给日本价值5 000万美元的飞机，那么美国就会有价值5 000万美元的经常账户赤字。日本并不是因为美国友好或好看才多送美国价值5 000万美元的商品，日本希望美国弥补差额。为此，美国只有几个选择。一种选择是向日本的贸易伙伴出售国内资产，包括股票、债券、房地产等。

举个例子，美国可以向日本公司出售价值2 500万美元的曼哈顿房地产和价值2 500万美元的美国公司股权（股票）。这样一来，账目就清晰合理了。美国从日本获得1亿美元的商品和服务；作为交换，向日本提供价值5 000万美元的商品（飞机）和另外价值5 000万美元的资产。这是一笔公平的交易。然而，此等交易并非没有代价，美国放弃的资产（房地产和股票）本可以在未来为美国持续带来收入（租金和红利）。现在，这部分收益将归美国的贸易伙伴所有。美国在购买汽车的同时，放弃了未来的一部分收入。

这并非美国唯一的选择，美国还可以赊购商品。美国可以向国际金融市场中愿意提供5 000万美元贷款的实体寻求资金支持。如此一来，美国用价值5 000万美元的飞机和5 000万美元的贷款来支付价值1亿美元的日本汽车。显然，这种方式未来也是要付出代价的。美国必须连本带利地偿还贷款。同样，美国再次预支资金以满足当下的消费需求。

为什么美国会持续出现经常账户赤字？这并非像传统观念认为的那样，与美国的商品和服务质量或劳动力竞争力有关。（想想我上文提出的观点，阿塞拜疆和博茨瓦纳之所以出现经常账户盈余，难道是因为它们的产品更好，工人的生产力更高吗？）美国长期存在经常账户赤字，根源在于美国年复一年的消费超过了生产。换句话说，美国的行为与储蓄背道而驰（储蓄意味着生产多于消费，并将多余部分留存起来）。实际上，美国正在做的事情就是经济学家所说的"动用储蓄"，即支出多于收入。

经常账户余额与一个国家的储蓄率之间的联系至关重要。根据定义，任何消费大于生产的国家势必会出现经常账户赤字，原因如下：（1）超出自身生产能力的那部分消费品必然源自世界其他地方的供应；（2）由于本国已将全部产出用于消费，自然缺乏剩余的商品和服务去交换可以从世界其他地方获得的额外资源。

一如既往，采用农业领域的类比会有助于理解。假设一个美国农民种植玉米。他具有很高的生产能力，且英俊聪明，采用现代化的耕作技术。（这些细节在这里无关紧要，正如在描述一个国家的经常账户是盈余还是赤字时一样。）这个美国农民对其收获的玉米大致只有 4 种处置方式：直接食用（消费）；留起来作为来年播种之用（投资）；上交给政府作为服务费用（政府支出）；交换其他东西（出口换进口）。他大概就有这几种选择。那么，让我们想象一下他一年的情况：

这个美国农民种了 100 蒲式耳玉米，自己消费 70 蒲式耳玉米，交给政府 30 蒲式耳玉米。此外，他需要 20 蒲式耳玉米用于来年播种。然而，如果计算一下，你会发现他一年需要使用 120 蒲式耳玉米，但他只种了 100 蒲式耳玉米。在这种情况下，他必须借 20 蒲式耳玉米。这与经常账户赤字的形成类似，其实就是一个数学问题——如果他用的玉米比收获的多，那么超出的部分就必须源自其他地方。

美国农民的同行是一个中国农民。他只种了 65 蒲式耳玉米，因为他是新手，使用的方法相对原始。这个中国农民自行消费了 20 蒲式耳玉米，向政府交了 10 蒲式耳玉米，留 15 蒲式耳玉米明年播种。同样，通过简单的数学计算，我们发现这位中国农民并没有用光他种的玉米，反而有 20 蒲式耳玉米的盈余。为了方便起见，多余的玉米可以与美国农民进行交易，以便补足后者的缺口。当然，美国农民没有任何作物可以交易，于是写了一张欠条。中国农民给了美国农民玉米（"出口"），相当于借钱给美国农民购买玉米。

让我们从农业类比进入现实：迄今为止，美国欠中国约1万亿美元。

通常情况下，此类全球不平衡现象拥有自我纠正机制。经常账户赤字巨大的国家，其货币往往会开始贬值。假设新西兰的经常账户出现赤字。由于世界各国向新西兰出售的商品多于从新西兰购买的商品，这些国家将逐渐积累新西兰元。外国公司希望用积累的新西兰元换取本国货币。在外汇市场上，待售的新西兰元将供过于求，新西兰元相对于其贸易伙伴的货币将出现贬值。新西兰元的贬值增强了新西兰出口产品的竞争力，同时抬高了新西兰进口成本，从而有助于纠正新西兰的贸易不平衡。例如，如果新西兰元相对于日元贬值，丰田汽车在新西兰就会变得更加昂贵，而新西兰的农产品（奇异果）在日本就会显得更加便宜。与此同时，同样的情况也会在其他国家发生。新西兰将开始减少进口，扩大出口，从而缩小经常账户赤字。

中美两国目前的情况有所不同。可以说，中美两国处于一种不太健康的共生关系中，这种关系随时都有脱钩的可能。中国在"出口导向型增长"的基础上制定了非常成功的发展战略，这意味着大部分新增就业岗位和经济繁荣是由出口企业创造的。其中许多出口产品销往美国。

中国的出口导向型发展战略依赖于维持人民币相对较低的汇率（正如我们在巨无霸指数中看到的那样）。为了实现这一目标，中国政府将积累的美元主要兑换成美国国债，也就是向美国联邦政府提供贷款。至少在短期内，双方都得到了自己想要（或需要）的东西。中国政府借助出口创造就业机会，促进经济增长。美国则利用中国提供的巨额贷款应对支出多于收入的情况。这与前述中美农民的类比其实并无太大区别：美国从中国贷款购买其出口产品。

从长远来看，这种局面给双方都带来了严重的风险。美国已成为一个有庞大债务的国家。债务人总是容易受到债权人意志的左右及要求的制约。美国有借贷的习惯，而中国为其提供资金。詹姆斯·法洛斯表示：

"如果没有中国每天 10 亿美元的援助，美国将无法保持经济稳定，也无法避免美元崩溃。"[13] 更糟糕的是，中国握有大量美元资产作为潜在的施压杠杆。一旦中国抛售这些资产，灾难性后果可能会出现。正如法洛斯指出的，"中国多年的国民储蓄大多以这些面临风险的美元形式存在。如果出现恐慌，中国只能在美元价值下跌前拿回一小部分"。

中国面临的状况或许更为不利。假设美国的债务负担越来越重，超出了美国纳税人能够（或愿意）偿还的范围。美国政府可能会违约，即拒绝履行债务。这种可能性很小，主要是因为还有另一种更隐蔽且不负责任的选择：美国可以通过增发货币引发通货膨胀，稀释掉对中国（及其他债权国）的大部分债务。如果美国不计后果地增印美元，美元就会贬值，美国以美元计价的债务也会缩水。如果通货膨胀率上升到 20%，美国需要偿还债务的实际价值将下降 20%。如果通胀率达到 50%，美国欠中国的一半债务就会化为乌有。这种情况可能发生吗？不太可能。但如果有人欠我一万亿美元，且此人手握印刷美元的权力，我可能会对通货膨胀忧心忡忡。

这种不正常的经济关系终将结束，关键问题是何时、为何以及如何结束。詹姆斯·法洛斯总结了我们现在的处境："实际上，在过去 10 年左右的时间里，每一个相对富有的美国人都从一个相对贫困的中国人那里借了大约 4 000 美元。与经济学中的许多失衡现象一样，这种不平衡状态不可能无限期地持续下去，必有终结的时候。但它结束的方式——是一蹴而就的还是渐进的，是基于可预见的原因还是在恐慌中收场——将对未来数年中美两国的经济产生巨大影响，更不用说对欧洲和其他地区的旁观者了。"[14]

考虑到其中的利害关系，有"成年人"在监督这一切吗？有。不过，"他们"年岁已高。在二战行将结束之际，同盟国代表齐聚新罕布什尔州布雷顿森林的华盛顿山饭店。（如果你想去新英格兰度假，这里无论夏日还是冬日皆很宜人。）他们的任务是为战后的世界建立稳定的金融基础设施。于是，两个国际机构应运而生，这两个机构被喻为"孪生姊妹"。

总部设在华盛顿的世界银行是全球消除贫困斗争的核心机构。（它的首笔贷款，数额达2.5亿美元，于1947年发放给了法国，用于其战后重建。）世界银行由其183个成员国共同拥有，资金来源于成员国的捐献及资本市场的融资。这些资金被借给发展中国家，用于可能促进经济发展的项目。在后面，我会谈到许多国际发展问题，而世界银行位于这些议题的核心。

如果说世界银行是全球福利机构，那么其姊妹机构国际货币基金组织则是负责扑灭国际金融火灾的消防队。冰岛曾向国际货币基金组织求助，阿根廷、墨西哥和其他国家也是如此。国际货币基金组织同为布雷顿森林会议的产物，是一个全球性合作机构。其成员国向国际货币基金组织提供资金，作为交换，其成员国可以在困难时期向国际货币基金组织借款，"条件是求助的成员国必须进行经济改革，以消除这些难题，这不仅符合自身利益，也符合全体成员国的利益"。没有哪个国家必须接受国际货币基金组织或世界银行的贷款或建议。这两个机构的权力和影响力源自它们能提供的激励措施。

很少有机构像世界银行和国际货币基金组织那样，受到如此广泛的政治批评。《经济学人》评论说："如果发展中国家每提出一项改变'国际金融结构'的建议能得到一美元，第三世界的贫困问题就会迎刃而解。"[15]保守派指责世界银行和国际货币基金组织是官僚机构，将资金浪费在未能引领受援国脱困的项目上。保守派还认为，国际货币基金组织的救市行动实则增加了金融危机发生的可能性；投资者之所以会不谨慎地发放国际贷款，是因为他们相信国际货币基金组织会在某个国家陷入困境时施以援手。2000年，美国共和党领导的国会召集了一个委员会，针对世界银行和国际货币基金组织，该委员会建议其缩减规模并进行全面改革。[16]

在政治立场的另一端，反全球化联盟指责世界银行和国际货币基金组织是资本主义的代理人，将全球化强加给发展中国家，使贫困国家在此过程中背负巨额债务。这两个组织的会议召开地点已成为暴力抗议的场合。2000年，当两大机构在布拉格举行秋季会议时，当地的肯德基和必胜客提前订购了备用玻璃。

随着2007年全球经济衰退的深化，美国批评某些欧洲国家没有采取更多措施来刺激本国经济。尽管具体的批评意见值得商榷，但美国提出了一个至关重要的观点。美国经济的复苏亟须欧洲经济同步复苏，还有日本、中国以及其他所有主要经济体的经济振兴。国家之间并不是传统意义上的竞争关系。毕竟，波士顿红袜队永远不会抱怨纽约洋基队在休赛期没有采取足够的措施来提升实力。棒球比赛是一场零和游戏，只有一支球队能赢得世界大赛。国际经济则恰恰相反。随着时间的推移，所有国家都会变得更加富裕，即使这些国家的公司会争夺利润和资源。几百年来，全球GDP持续稳步增长。我们的集体财富多于1500年的时候。这建立在某些群体变穷的基础上吗？不是。全球经济政策的目标，应该是促进各国更顺畅地合作。我们在这方面做得越好，我们就会越富裕，越安全。

12

贸易与全球化

亚洲血汗工厂的福音

试想这样一项令人瞩目的发明：一台能够将玉米转化为电子产品的机器。当加足马力运转时，这台机器能把50蒲式耳玉米变成一部苹果手机。只要拨动一下转盘，它就能把1 500蒲式耳大豆变成一辆四门轿车。然而，这台机器还有更广泛的用途。如果程序设计得当，它能把Windows软件变成最好的法国葡萄酒，或者将一架波音777客机变成足以供一座城市的人口数月食用的新鲜果蔬。最为奇妙的是，这台机器可以安装在世界任何地方，并遵从指令，将当地作物或产品转换为通常难以获取的东西。

值得注意的是，这台机器同样适用于贫困国家。发展中国家得以将其生产的东西，包括日用品、廉价纺织品、基本制成品，投入这台机器，从而获得原本可能无法获得的资源，包括食品、药品、更先进的制成品。显然，能够使用这台机器的贫困国家，在发展速度上会超过没有这台机器的国家。我们有理由相信，将赋予贫困国家对这台机器的使用权纳入我们的战略，能帮助全球数十亿人摆脱极度贫困状态。

令人赞叹的是，这项发明早已经存在，它就是"贸易"。

假如我以写书为生，并用收入购买一辆在底特律制造的汽车，那么这笔交易并不会引发特别的争议。它既提升了我的生活品质，也为汽车公司创造了收益。这一点我之前讲过。现代经济建立在贸易之上。我们付钱让别人做我们做不了的各种事情，包括制造汽车、切除阑尾。同样，我们也会付钱让别人做我们可以做但选择不做的各种事情，通常这是因为我们有更值得的事情要做。我们花钱请别人煮咖啡、做三明治、换机油、打扫房子，甚至遛狗。星巴克并非建立在某项伟大的技术突破之上。它只是认识到，忙碌的人乐于经常花几美元买一杯现成的咖啡，而不是亲自煮咖啡或喝在办公室放了6个小时的咖啡。

要想知道贸易给我们带来了什么好处，最简单的方法就是想象一下没有贸易的生活。你会在自己搭建的透风的小房子里早早醒来，穿上自己织的衣服——织布用的羊毛是你从后院养的两只羊身上剪下来的。然后，你从明尼阿波利斯市那棵稀疏杂乱的树上摘下几颗咖啡豆，同时希望你养的鸡昨天夜里下了蛋，这样你的早餐就有着落了。实质上，我们的生活水平之所以如此高，是因为我们能够专注于做自己最擅长的工作，并通过贸易来获取所有其他东西。

源自德国或印度的产品或服务又有何不同呢？其实没有什么不同。我们跨越了政治边界，但经济本质并没有发生重大变化。无论是个人还是企业，参与贸易的原因始终如一：它能提高各方的福祉。对越南耐克工厂的劳工、底特律的汽车工人、在波尔多吃麦当劳汉堡的法国人、在芝加哥喝上等勃艮第葡萄酒的美国人来说，都是如此。任何关于贸易的理性讨论都必须始于这样一个理念：乍得人、多哥人或韩国人与你我并无不同，无论做什么事，大家的希望无非是让自己的生活变得更好。贸易就是实现这一愿景的途径之一。保罗·克鲁格曼曾指出："你可能会说全球化并非源自人类的善良本性，而是受到利润动机的驱使，我也赞同此观点。但与善意政府和国际机构提供的所有援助和软贷款相比，全球化给更多的人带来了更多的好处。"随后，他幽默地添上一句："不过，基于过往经验，我知道这样说肯定会收到大量恐吓信。"[1]

这就是"全球化"的本质。全球化是指在全球范围内商品与服务流动的增加。美国人以及世界上大多数人比以往任何时候都更有可能从另一个国家购买商品或服务，并向其他国家出售商品和服务。20 世纪 80 年代末，我去亚洲旅行，同时为新罕布什尔州一家日报撰写系列报道。在巴厘岛一个相对偏远的地方，我惊讶地发现了一家肯德基餐厅，于是写下一篇报道。"山德士上校成功把快餐店开到了世界上最偏远的地区。"我写道。假如我当时能预见"文化同质化"会在 10 年后成为美国社会热点话题，我可能会成为最早评论全球化的人，从而收获名誉与财富。然而，当时的我只是指出："在这个相对与世隔绝的环境中，肯德基餐厅显得颇为突兀。"[2]

那家肯德基餐厅不仅激发了我的好奇心，还是一个鲜明的标志，印证了统计数据呈现的趋势：世界在经济上越来越相互依存。全球出口额占全球 GDP 的比重已从 1950 年的 8% 上升到 1998 年的近 30%。[3] 与此同时，美国出口额占其 GDP 的比重从 5% 增长到 12%。值得注意的是，美国经济的核心依旧是为满足美国国内消费需求而生产的商品与服务。同时，由于经济规模庞大，美国是世界上最大的出口国之一，出口总额仅次于中国。美国可以从开放的国际贸易体系中获益良多。当然，世界其他国家也是一样。

我在许多不同的场合都说过这番话，现在我也收到了恐吓信。有些恐吓信写得确实很聪明。我最喜欢的一封信是对我某篇专栏文章的回应，那篇文章论述了一个更富裕、快速发展的印度对美国有利。这封信的开头照例是建议我的工作应该尽快外包给外国某个薪资低廉的工人，结语则写道："你为什么不和托马斯·弗里德曼（著有支持全球化的作品《世界是平的》）共处一室呢？世界不是平的，这只是你思维的局限！"还有一些信则更为直接，比如某封信的标题是"你真差劲！！！！！！！！！！！！！！！！！！！！！！"（没错，他就用了这么多感叹号。）

虽然面对这么多感叹号，但我还是要说，几乎所有理论和证据都表明，国际贸易的好处远远超过其成本。唐纳德·特朗普在竞选美国总统期间声称，国际贸易造成了大部分制造业岗位的流失，降低了许多美国人的生活水平。这一论点在某种程度上不无道理。与任何市场一样，贸易也会损害某些人的利益。我在前面提到过这一点，下面将再次提及。部分国家作为制造业强国崛起的同时，一些美国公司及其工人的利益受到了影响。任何秉持严谨态度的经济学家都会承认这一点，任何正派的政治家都会明白这一点，尤其是在那些制造业就业机会大量流失的地区。但是，认为贸易是造成美国大部分工作岗位流失的原因，或者认为贸易壁垒将使这些岗位回归并给美国人带来财富的观点，都是错误的。鲍尔州立大学商业与经济研究中心的一项研究显示，从 2000 年至 2010 年，在美国制造业流失的 560 万个工作岗位中，高达 85% 被技术取代，而不是被中国、越南或墨西哥的工人接替。自动化设备承担了以往由人工，尤其是低技能劳动力承担的任务。在这 10 年间，尽管就业率在下降，但美国制造业的产出翻了一番还多——不要忘记，美国是世界第二大出口国。布鲁金斯学会的一位贸易专家指出：“简言之，我们正用更少的人生产更多的产品。"[4]

贸易这一主题足以撑起一本书。有一些优秀著作涵盖了从世界贸易组织的管理架构到捕虾网对海龟生存影响的方方面面。我的同事道格拉斯·欧文所著的《贸易的冲突》便是一部关于美国贸易政策的作品，书中记录了美国历史上关于贸易问题的激烈政治较量（英文版全书共 832 页！）。然而，有关全球化成本与收益的基本理念简单明了。还没有哪个现代问题像它一样引发了如此多草率的思考。支持国际贸易的理由建立在最基础的经济学思想之上。

贸易使我们更加富有。贸易是经济学中最重要也是最不直观的概念之一。有人曾建议亚伯拉罕·林肯从英国购买廉价的铁轨来建设横贯大陆的铁路。他回答说：“在我看来，如果从英国购买铁轨，我们固然能得到铁轨，资金却流向了他们。但是，如果我们在本土生产铁轨，既能获得铁轨，又能保有资金。"[5] 要理解贸易的好处，我们必须找出林肯这一见解在经济上的偏差。让我重述一下他的观点，以便我们更清晰地识别其中的逻辑问题：如果我从肉贩那里买肉，那么我得到了肉，肉贩得到了金钱。但如果我在自家后院养一头牛，历时3年，然后自己宰杀，那么我得到了肉，同时保留了金钱。为什么我不在后院养牛？因为这会极度浪费我的时间，而这些时间本可用于从事其他更具生产力的活动。我们与他人进行交易，因为这样可以腾出时间和资源来做我们更擅长的事。

相较于美国，沙特阿拉伯可以以更低的成本生产石油，而美国可以比沙特阿拉伯以更低的成本生产玉米和大豆。玉米换石油就是绝对优势的一个例子。当不同国家擅长生产不同的东西时，它们可以专注于自己最擅长的领域，然后通过贸易享受到更多的东西。西雅图居民不应该自己种大米，他们应该制造飞机（波音）、开发软件（微软）、销售图书（亚马逊），并将水稻种植留给泰国或印度尼西亚的农民来做。同时，这些农民可以享受微软办公软件带来的好处，尽管他们没有生产这种软件所需的技术或技能。与个人一样，不同国家具有不同的自然优势。沙特阿拉伯种植蔬菜，就如同泰格·伍兹自己修车一样，都不是最优选择。

那么，那些没有明显自然或技术优势的国家呢？毕竟，国家的贫困往往源于较低的生产力水平。孟加拉国能为美国提供什么呢？事实证明，孟加拉国能为美国提供诸多商品，因为有一个概念叫作"比较优势"。孟加拉国的工人不一定要在生产力上超越美国工人，才能从贸易中获益。他们为美国人提供商品，这样美国人就能把时间花在美国人最擅长的事情上。举个例子，西雅图汇聚了许多工程师，他们拥有机械工程博士学位，对鞋子和衬衫制作的了解可能超过孟加拉国的任何人。那么，为什么美国人会选择购买由孟加拉国受教育程度较低的工人生产的衬衫和鞋子呢？因为这些西雅图的工程师还知道如何设计和制造商用飞机。事实上，这正是他们最擅长的领域，也就是说，制造喷气式飞机可以让他们的时间创造最大的价值。从孟加拉国进口衬衫使他们不必花时间自己制作衬衫，使他们能专注于此类高价值的创造活动，进而造福整个世界。

生产力使我们更富有，专业化提升了我们的效率，贸易帮助我们实现了专业分工。西雅图的工程师在飞机制造上的生产力远高于缝制衬衫。与其他领域相比，孟加拉国的纺织工人在制造衬衫和鞋子方面展现出了最高效率（这也是他们愿意在纺织厂工作的原因）。此刻，我正在写作。我的妻子正在经营一家软件咨询公司。一个名叫克莱门特的女士曾经帮我们照看孩子。我和妻子聘请克莱门特，并不是因为她比我和妻子更会带孩子（虽然有时我相信她技高一筹），而是因为她的帮助让我和妻子得以在白天从事更擅长的工作，这对我和妻子家是最好的安排，更不用说对克莱门特、本书的读者和我妻子的客户了。

贸易是使全球稀缺资源得到高效利用的最佳途径。

贸易会产生失败者。如果说贸易将竞争的红利带到地球的各个角落，那么创造性破坏的副作用也是如此。尝试向因工厂迁至越南而失业的缅因州制鞋工人阐明全球化的益处绝非易事。（别忘了，我曾为缅因州州长撰写演讲稿，有过这样的经历。）与技术进步一样，贸易同样会导致工作岗位流失，尤其是低技能工作岗位。如果缅因州工人每小时的薪酬为 14 美元，而越南工人每小时的薪酬仅为 1 美元，那么前者的生产率最好是后者的 14 倍。否则，追求利润最大化的公司就会选择越南工人。贫困国家也会面临工作岗位流失的情况。有些行业数十年来一直回避国际竞争，因此生产效率低下，没有创新活力。这些行业可能会被来自国外无情而高效的竞争击垮。1994 年，当可口可乐进入印度市场时，印度大拇指可乐生产商的处境可想而知。

从长远来看，贸易能促进经济增长，而经济增长又能吸纳失业工人。出口增长，消费者因购买廉价进口商品而财富增加。这两个因素在经济的其他领域催生了对新劳动力的需求。相较于美国经济创造新岗位的能力而言，贸易导致的工作岗位流失程度往往很低。一项针对《北美自由贸易协定》的研究得出结论，从1990年到1997年，由于与墨西哥的自由贸易，美国平均每年损失3.7万个工作岗位，而在同一时期，美国经济每月创造20万个工作岗位。[6] 尽管如此，"从长远来看"这一无情的表达，与"过渡成本"或"短期失业"一起，在表现个人经历的痛苦和生活的混乱时过于轻描淡写了。

从短期来看，缅因州的制鞋工人要偿还抵押贷款。遗憾的是，即使从长远看，他们的前景也不容乐观。失业工人往往存在技能问题。（如前所述，技术革新导致的裁员远超贸易因素。）如果某一产业集中在某一地域——现实往往如此，失业工人可能会眼睁睁地看着自己的社区和生活方式逐渐消逝。前文还提到，2016年美国总统大选期间，唐纳德·特朗普在与墨西哥贸易往来最为频繁的地区获得了最多支持。

《纽约时报》记录了牛顿福尔斯的情况，这是一个位于纽约州北部的社区，因为1894年成立的一家造纸厂逐渐发展起来。历经一个世纪后，这家造纸厂关闭了，部分原因是外国竞争日益激烈，其后果并不乐观：

> 自10月以来，即在拯救造纸厂的最后努力失败后，牛顿福尔斯已逐渐成为一个令人痛心的农村社会学案例：一个小镇濒临消亡，所剩无几的居民哀伤地看着自己的社区宛如一座被忽视的时钟，嘀嗒嘀嗒地、无可挽回地走向终结。[7]

诚然，贸易带来的经济效益大于其造成的损失，但获益的一方很少直接补偿受损的一方。而受损的一方往往损失惨重。对缅因州的一名制鞋工人而言，即便与越南的贸易将使整个美国变得更富有，这对他又算是什么安慰呢？他当下已经变得更穷，而且可能永远难以翻身。我也收到过这样的邮件。

事实上，我们又回到了本书开篇以及第 8 章关于市场经济的讨论。市场通过摧毁旧秩序来创造更高效的新秩序。这并不是一件令人愉快的事情，尤其是对那些适应了旧秩序的个人和企业而言。国际贸易让市场变得更大，更有竞争力，更具破坏性。马克·吐温预见了这一基本困境："我赞同进步，但我不喜欢变化。"

国际顾问、芝加哥大学布斯商学院教授马文·佐尼斯称，全球化的潜在利益"巨大"，尤其是对最贫困的人而言。他还指出："全球化颠覆了一切，其影响无处不在。它改变了既定的生活模式，无论是丈夫与妻子、父母与子女之间，或是男人与女人、年轻人与老年人之间，还是老板与工人、政府官员与民众之间，无一幸免。"[8] 政府可以采取措施来减轻这些冲击。政府可以对工人进行再培训，甚至重新安置他们。政府可以为因支柱产业消失而遭受损失的社区提供发展援助。政府可以确保学校传授的技能能使劳动者适应任何经济形势。简言之，政府能够确保获益者向蒙受损失者做出补偿（哪怕是间接的），至少分享获益者的部分收益。这不仅是明智的政治策略，也是正确的做法。

耶鲁大学政治学教授肯尼思·席夫和达特茅斯学院塔克商学院院长马修·斯劳特在《外交事务》上发表了一篇引人深思的文章。他们指出，美国应该采用"从根本上讲更进步的联邦税收制度"（例如，对富裕阶层征收更多税），这是抵御全球化进程中保护主义反扑的最佳途径。有趣的是，他们并不是穿着扎染衬衫的左翼激进分子；马修·斯劳特曾在乔治·沃克·布什政府任职。他们认为，由于太多的美国人未能感受到自身收入的显著增长，美国经济作为一个整体获得的丰硕成果正面临风险。席夫和斯劳特解释道：

> 美国的政策之所以越来越具有保护主义色彩，是因为公众的保护

主义情绪日益浓厚，后者发生的原因是美国民众收入停滞甚至下滑。全球经济一体化促进了美国和世界其他许多国家提高生产力和创造财富。然而，在很多国家，当然也包括美国，这种一体化带来的利益的分配并不均衡，这一事实正日益得到广泛的认同。民众在自问："全球化对我有益吗？"越来越多的人得出了这样的结论：全球化并未使我受益。

两位学者提出"一项全球化新政，旨在将参与世界经济与大规模的收入再分配联系起来"。请注意，这并非不切实际的嬉皮士的言论，而是来自极为务实的市场经济支持者。面对手持干草叉在利润丰厚的工厂外徘徊的愤怒工人，他们心里正在权衡：给这些人一些食物（或许还有电影票和啤酒），以免局势恶化，殃及自身。[9]美国总统特朗普对中国商品征收关税，以及早先退出《跨太平洋伙伴关系协定》，正是席夫和斯劳特预警的那种保护主义反扑的具体表现。

保护主义在短期内可以保住工作岗位，但从长远来看却会减缓经济增长。美国有能力保住缅因州制鞋工人的工作，美国有能力守护像牛顿福尔斯这样的地方，美国有能力让印第安纳州加里市的钢铁厂盈利。美国只需要将外来竞争拒之门外。美国可以在边境设置贸易壁垒，阻止创造性破坏。那么，美国为什么不这么做呢？保护主义的好处一目了然，人们能够明确指出哪些就业岗位将得到保留。然而，保护主义的代价却更加隐晦，人们很难指出那些未曾诞生的就业机会，那些本可以获得的更高收入。

为了了解贸易壁垒的代价，让我们思考一个奇怪的问题：如果禁止跨越密西西比河进行贸易，美国会变得更好吗？从保护主义的逻辑来看，答案似乎是肯定的。对生活在密西西比河东岸的人来说，这将催生新的工作机会，因为他们再也无法获得波音飞机或北加州葡萄酒等产品。但是，密西西比河东岸几乎所有的技术工人已经在工作了，而且相较于飞机制造或葡萄酒酿造，他们更擅长现在的工作。与此同时，西岸那些在飞机制造或葡萄酒生产上技艺娴熟的工人将不得不辞去工作，去制造那些通常在东岸生产的商品，而这并非他们擅长做的事。这样一来，阻止密西西比河两岸的贸易无异于逆转专业化的进程。人们将无法获得优质产品，被迫从事并不擅长的工作。简言之，人们会变得更贫困，因为人们的集体生产力会降低。这就是为什么经济学家不仅支持跨越密西西比河的贸易，也支持跨越大西洋和太平洋的贸易。全球贸易将促进专业化进程，保护主义则会阻止这一进程。

美国通过实施经济制裁来惩戒其他国家。在严厉的制裁措施下，几乎所有进出口均被叫停。《纽约时报》最近的一篇文章评论了制裁对加沙造成的破坏性影响。自哈马斯上台并拒绝放弃暴力以来，以色列限制物资及人员进出该地区，导致加沙"几乎完全与全球常规的贸易往来和旅行隔绝"。在伊拉克战争爆发之前，美国对伊拉克的制裁（尽管并不成功）导致 10 万到 50 万儿童不幸丧生，具体数字依信息来源而异。[10]

美国内战迷应该记得，北方采取的一项重要策略就是对南方实施海上封锁。为什么？因为这样一来，南方便无法利用其优势产品（棉花）与欧洲进行贸易，以获取其最需要的资源（制成品）。

那么，这里有一个问题：美国为什么要实施贸易制裁？这恰恰是任何形式的保护主义所做的事。反全球化抗议者能否解释一下，如果贫困国家减少与世界其他国家的贸易，它们会如何变得富有？切断贸易往来会让一个国家更贫穷，生产力更低，这就是为什么美国倾向于用这种方法对待敌人。此外，即便从短期来看，对廉价进口商品征收关税是否真能保住美国人的就业岗位，这一点也并不明确。《经济学人》总结道，特朗普政府对中国钢铁和铝征收关税，此举导致的就业岗位损失数量可能超过了挽救的数量，因为受到负面影响的美国国内产业（建筑业、石油和天然气开采业以及汽车制造业）雇用的劳动力数量要多于从事钢铁和铝生产的人数。[11]

贸易会降低消费者购买商品的成本，这等同于提高他们的收入。先抛开制鞋工人的话题，单从鞋子本身来考虑。耐克为什么在越南制造鞋子？因为相较于在美国，耐克在越南生产成本更低，这就意味着其他人可以买到更便宜的鞋子。在这场贸易辩论中，存在一个吊诡的现象，那些声称心系弱势群体的人忽视了一个事实，即廉价进口商品对低收入消费者（以及其他人）是有利的。廉价商品对美国人生活的影响，就如同收入增加一样，让美国人得以购买更多的东西。此逻辑同样适用于其他国家的消费者。

贸易壁垒相当于一种税收，尽管是隐形的。假设美国政府对在境内销售的每加仑橙汁额外征收 30 美分的税，这势必会引发反对政府干预的保守派人士的强烈不满。自由主义者也会提出异议，他们普遍不赞同对食品和衣物征税，因为这类税是递减的，也就是说，对弱势群体最为不利（从占收入一定百分比的角度看）。事实上，美国政府的确给每加仑橙汁的成本增加了 30 美分，尽管美国政府采用的方式并不像征税那样透明。美国政府对巴西橙子和橙汁征收高达 63% 的关税。巴西部分地区可谓种植橙子的理想之地，这也正是美国种植者关心的。因此，美国政府采取措施对国内种植者予以保护。据经济学家评估，对巴西橙子和橙汁征收的关税限制了进口供应，因此每加仑橙汁的价格增加了约 30 美分。大多数美国消费者并不知道，美国政府正从他们的口袋里掏钱，并将这笔钱送到佛罗里达州的橙子种植者手中。[12] 收据上并没有注明这一切。

降低贸易壁垒对消费者的影响类似于减税。世界贸易组织的前身是关税与贸易总协定。第二次世界大战后，关贸总协定成为推动各国通过谈判降低全球关税、拓宽贸易渠道的核心机制。在 1948 年至 1995 年的 8 轮关贸总协定谈判中，工业国家的平均关税税率从 40% 降至 4%。这大大降低了所有进口商品的"税"。同时，国内生产商不得不降低商品成本，提升产品质量，以保持产品竞争力。如今，你步入美国一家汽车销售展厅，与

1970年相比，你会发现两点改善。首先，有更多优秀的进口汽车可供选择。其次，底特律也做出了反应（虽然迟缓且不够彻底），生产更优质的汽车。无论是本田雅阁汽车还是福特金牛座汽车，都会提升人们的生活品质。如果没有竞争，福特金牛座汽车的质量不会像现在这样好。

贸易同样惠及了贫困国家。如果我们耐心地向西雅图、华盛顿、达沃斯或热那亚的抗议者解释贸易的好处，也许他们会放下手中的武器。当然，他们也许不会。反全球化抗议活动的主旨是，国际贸易是富裕国家强加给发展中国家的。如果贸易主要对美国有利，那么其他国家必然受损。本书讲到这里，我们应该认识到，零和思维在经济学中通常是错误的，上述观点也不例外。对在西雅图进行的世贸组织会谈的中断，发展中国家的代表表达了最多的不满。有些人认为，克林顿政府暗中策动了抗议活动，目的是破坏会谈，保护美国劳工组织等美国利益集团。事实上，世贸组织西雅图会谈失败后，联合国负责人科菲·安南指责发达国家设置贸易壁垒，将发展中国家排除在全球贸易福祉之外，并呼吁实施"全球新政"。[13] 世贸组织旨在减少全球贸易壁垒的多哈回合谈判之所以停滞不前，在很大程度上是因为一个由发展中国家组成的联盟要求美国和欧洲减少农业补贴和减少贸易壁垒，而迄今为止，富裕国家一直拒绝这样做。

贸易为贫困国家开辟了一条进入发达国家市场的通道。世界上大多数消费者（至少是有钱消费的消费者）都在发达国家。2000年，美国国会通过《非洲增长和机会法案》，允许非洲最贫穷的国家向美国出口纺织品，而且只征收很少的关税，甚至不征收关税。短短一年时间，马达加斯加对美纺织品出口增长了120%，马拉维增长了1 000%，尼日利亚增长了1 000%，南非增长了47%。正如一位评论家指出的那样："这是在为真实的人提供真正的工作机会。"[14]

贸易为贫困国家走向富裕铺平了道路。出口行业的工资往往高于其他经济领域，但这仅仅是个开始。出口行业新增工作岗位还通过增强劳动力市场的竞争性，提高其他行业的工资，甚至农村地区的收入也会增加。随着农民离开农村地区去寻找更好的工作机会，需要当地作物来养活的留居人口减少。还有一些重要的事情也在发生。外国公司引进资金、技术和新技能，这不仅能提高出口行业工人的生产效率，还能影响其他经济领域。工人们"在实践中学习"，然后带走所学的知识。

威廉·伊斯特利的著作《经济增长的迷雾》是一本很好的书，讲述了孟加拉国服装业的崛起，这一行业是偶然诞生的。20世纪70年代，韩国大宇公司是主要的纺织品生产商。面对美国和欧洲对韩国纺织品实施的进口配额制，一向追求利润最大化的大宇公司将部分业务转移到孟加拉国，以此绕过贸易限制。1979年，大宇公司与孟加拉国的德什服装公司签订了生产衬衫的合作协议。最重要的是，大宇公司把130名德什服装公司的员工带到韩国接受培训。换句话说，大宇公司对孟加拉国工人的人力资本进行了投资。与机器或金融资本不同，人力资本的独特之处在于它永远不会被剥夺。一旦这些孟加拉国工人掌握了制作衬衫的技能，就永远无法强迫他们忘记。他们也确实没有忘记。

大宇公司随后断绝了与孟加拉国合作伙伴的关系，但蓬勃发展的出口行业的种子已在这里播下。大宇公司培训的130名工人中，有115名在20世纪80年代离开大宇公司后创办了自己的服装出口公司。伊斯特利有理有据地指出，大宇公司的投资为现今价值30亿美元的孟加拉国服装出口行业奠定了重要基石。大家不要认为贸易壁垒是为了帮助最贫穷的人，或者共和党人相较于民主党人更不愿意保护特殊利益集团。实际上，里根政府在20世纪80年代对孟加拉国的纺织品实施了进口配额制。任何一个人都很难从经济学角度合理解释限制一个人均GDP仅为1 500美元的国家拓展其出口机会的理由。

众所周知，廉价出口曾帮助"亚洲四小龙"——新加坡、韩国、中国香港和中国台湾（以及在此之前的日本）——踏上繁荣之路。自1947

年从英国独立后的 40 年间，印度与世界隔绝，成为全球经济发展最为落后的国家之一。（遗憾的是，甘地和林肯一样，都是伟大的政治领袖，但在经济决策方面却不尽如人意。甘地提议在印度国旗上印上纺车，象征经济自给自足。）印度在 20 世纪 90 年代扭转方向，放松对国内经济的管制，并向全球开放，结果是经济蓬勃发展。中国也将出口作为经济增长的起点。事实上，在 1978 年至 1995 年期间，世界上经济增长最快的国家就是中国。为了正确评判这一发展成就，我们可以进行比较。英国在工业革命开始后用了 58 年才实现人均 GDP 翻一番，而中国每 10 年就能翻一番。在印度和中国，我们看到的是数以亿计的人摆脱贫困，越来越多的人成为中产阶层。身为《纽约时报》驻亚洲 10 多年的记者，纪思道和伍洁芳撰文称：

> 我们和其他记者都写过关于韩国童工问题及工作环境恶劣的文章。但现在回过头来看，我们的担忧是多余的。这些血汗工厂往往通过创造财富，解决了自身造成的问题。如果 20 世纪 80 年代美国人对这些令人恐怖的故事做出反应，限制进口这些血汗工厂生产的产品，韩国就不会像今天这样取得如此大的进步。[15]

这种情况并不罕见。科尔尼咨询公司研究了全球化对 34 个发达国家和发展中国家的影响。这项研究发现，在过去 20 年里，深度参与全球化的国家，其经济增长率比全球化参与程度较低的国家高 30%～50%。此外，这些走在全球化前沿的国家还享有更大的政治自由度，其联合国人类发展指数更高。据估算，得益于全球化的经济增长效应，大约 14 亿人口得以摆脱绝对贫困。然而，也有不好的一面。全球化参与程度越高的国家，其收入不平等、腐败和环境恶化的程度也越高。关于这一点，我稍后再谈。

然而，还有一种更简单的方法可以证明全球化的合理性。如果不推进贸易和经济一体化，我们应何去何从？哈佛大学经济学家杰弗里·萨克斯提出，那些反对扩大全球贸易的人必须回答一个问题：在现代史上，有没有哪个国家在闭关锁国、排斥全球经济一体化的情况下实现了成功发展？[16]

答案是没有。

这就是为什么托马斯·弗里德曼建议，反全球化联盟应该被称为"让穷人继续贫穷的联盟"。

贸易以自愿交换为基础。我们行事的目的是让自己过上更好的生活。在全球化的辩论中，这个显而易见的观点经常被忽略。麦当劳不会在曼谷开设分店，然后用枪逼迫人们前来用餐。人们之所以去那里吃饭，是因为他们想去。他们如果不想，就不必去。如果无人光顾，餐厅就会亏本关门。麦当劳会改变当地文化吗？答案是肯定的。很多年前，当我撰写肯德基在巴厘岛开设分店的文章时，引起我注意的正是这一点。我写道："印度尼西亚有自己的快餐包装传统，比肯德基的纸盒和泡沫塑料盘子更实用。印度尼西亚小吃摊上卖的饭菜被香蕉叶和报纸包裹。绿色的大叶子可以保温，不透油脂，还能被折叠起来。"

总体而言，全球范围内，香蕉叶似乎输给了纸盒。不久前，我和妻子参加了在墨西哥巴亚尔塔港举办的一次商务聚会。巴亚尔塔港是一座颇具魅力的城市，依山傍海，一直延伸至太平洋之滨。城市的焦点是一条与海岸线并行的长廊。在海滨长廊的中段，有一处向海洋凸出的地方，我认为此处堪称城中最具价值的地方，结果竟被一家猫头鹰餐厅占据。当我们一行人看到这家臭名昭著的美国餐厅时，有人抱怨道："这太不合适了。"

遍布全球各大城市的猫头鹰餐厅可能并不是亚当·斯密能预见的。芝加哥大学的马文·佐尼斯教授指出："美国大众文化的某些方面——诸如堕落和粗俗、暴力和性——确实令人反感。"[17]文化同质化的威胁——其中最严重的威胁来自美国——成为对全球化的常见批评。不过，这个问题又让我们回到了第 1 章提出的关键一点：由谁来决定？我不愿意在巴亚尔塔港看到猫头鹰餐厅，但正如我在前文指出的，我并非世界的主宰者。更重要的是，我不是巴亚尔塔港的居民，也没有作为墨西哥公民的投票权。同样，那些在西雅图、热那亚、匹兹堡（或其他类似地方）投掷石块的暴民也无权对此指手画脚。

是否存在正当理由限制快餐店等业态的扩散？是的，它们具有典型的外部性。快餐店会造成交通堵塞和垃圾堆积等问题。它们也可能不够美观，进而助长城市的无序扩张。（在我不遗余力地参与反对在富勒顿大道新建火车站的活动之前，我曾是致力于阻止麦当劳在街对面开设分店的一分子。）此类决定具有地方性，应该由可能受到其影响的人们（包括那些可能在麦当劳餐厅安全干净的环境中用餐的顾客，以及那些可能因水沟里有快餐包装而感到困扰的居民）做出。自由贸易符合我们最基本的自由价值观：我们有权做出事关自己的决定。

现在，麦当劳和星巴克遍布全球，这一点值得深思。

无论如何，文化同质化的论点或许并不成立。文化传播是相互的。我现在可以在网飞上观看伊朗电影。近期，美国国家公共广播电台推出了一档节目，聚焦于世界偏远地区的手工艺人和艺术家如何通过互联网销售作品。人们可以登录 Novica 网站，这是一个线上的国际艺术品和手工艺品集市。该网站的工作人员凯瑟琳·瑞安解释说："秘鲁有一个社区，那里的大多数艺术家都去煤矿工作了。现在，由于其中一位艺术家通过我们的网站取得了成功，他得以聘请众多家庭成员和邻居重操旧业——编织。他们不再是煤矿工人了。如今，他们延续着家族世代传承的手艺，编织美丽的挂毯。"[18]《完美的未来》（*A Future Perfect*）是一本有关全球化的图书，该书的作者约翰·米克尔思韦特和阿德里安·伍尔德里奇指出，在商业领域，像诺基亚这样昔日名不见经传的芬兰公司已经能够击败摩托罗拉这样的美国大型公司。

说到全球化的副作用，我们才刚刚开始有所了解。与亚洲血汗工厂相比，巴亚尔塔港的猫头鹰餐厅只能算是小问题。然而，两者背后的原则是相通的。耐克公司在越南的工厂并未强迫工人劳动，但为什么工人愿意接受每天一两美元的工资呢？因为这比他们拥有的任何其他选择都要好。国际经济研究所的数据显示，外国公司在低收入国家支付的平均工资，是这些国家制造业工人平均工资的两倍。

纪思道和伍洁芳描述了他们探访泰国工人蒙空·拉特拉孔的经历。蒙空15岁的女儿在曼谷的一家工厂工作，生产出口美国的服装。

> 她每天的工资是2美元，每周工作7天，一天工作9个小时。有几次，针头穿透她的手指，经理用绷带为她包扎，好让她回去工作。
> "太可怕了。"我们发出同情的低语。
> 蒙空抬起头，不解地看着我们。"工资还可以，"他说，"我希望她能保住这份工作。现在有很多关于工厂倒闭的传言。我女儿告诉我，有传言说她所在的工厂可能也会倒闭。我希望不要发生这样的事。万一工厂倒闭，我不知道到时候她该怎么办。"[19]

反全球化抗议蕴含着这样的信息：发达国家知道什么对贫困国家的人民最有利，包括他们应该在哪里工作，甚至应该在什么样的餐馆吃饭。正如《经济学人》指出的："这些质疑者不信任政府、政界人士、国际机构和市场。因此，他们最终任命自己为审判官，不仅推翻政府和市场的决策，而且还否定最受影响的工人的自愿选择。他们似乎承担了太多的责任。"[20]

在贫困国家，工人的比较优势体现为劳动力成本廉价。这就是他们能提供的一切。与美国工人相比，他们并未展现出更高的生产效率，没有更高的受教育程度，无法获得更好的技术。按照西方标准，他们的工资很低，因为按照西方标准，他们完成的工作很少。外国公司如果被迫大幅提高工资，在发展中国家建厂就不再有任何优势。企业会用机器取代工人，或者搬到具备高生产率工人，相应地，工资水平自然也更高的地方。如果血汗工厂能按照西方标准支付可观的工资，它们就不会存在。为了每天赚几美元，人们愿意在恶劣的条件下长时间工作，这并非光鲜之事，但我们不要混淆因果关系。并非血汗工厂造成了贫困国家工人的低薪现状，而是这些国家为工人提供的其他选择太少。抗议者不妨向医院投掷石块和瓶子，因为那里也有很多人在受苦。

认为拒绝购买血汗工厂工人制造的产品，就能改善他们的生活条件，这种观点也不合理。即便是最初级的工业化也能开启一个让贫困国家富裕起来的进程。20世纪80年代，纪思道和伍洁芳来到亚洲。"和大多数西方人一样，我们到达后对血汗工厂感到愤怒。"他们在14年后回忆道，"但随着时间的推移，我们逐渐接受了大多数亚洲人支持的观点，即反对血汗工厂的运动有可能适得其反，伤害它原本想要帮助的人。因为在血汗工厂污秽的外表下，是工业革命开始重塑亚洲的明显迹象。"他们描述了血汗工厂的恶劣条件，工人们没有上厕所的时间，接触危险的化学物质，被迫每周工作7天。之后，他们总结道："如果美国消费者通过抵制某些玩具或服装表达抗议，那么亚洲工人们一定会大吃一惊。对于最贫困的亚洲人来说，帮助他们最简单的方式就是购买更多血汗工厂生产的商品，而不是更少。"[21]

你不相信？保罗·克鲁格曼提供了一个好心办坏事的悲惨例子：

> 1993年，当有人发现孟加拉国的童工为沃尔玛生产服装时，参议员汤姆·哈金提议，通过立法禁止从雇用未成年工人的国家进口服装。其直接结果是，孟加拉国的纺织厂停止雇用童工。但是，孩子们回到学校了吗？他们回到幸福的家庭中了吗？根据乐施会的调查，情况并非如此。乐施会发现，被解雇的童工最终只能从事更糟糕的工

作,或者流落街头,还有许多童工被迫卖淫。[22]

太糟糕了。

人们的偏好会随着收入的变化而变化,尤其是在环境方面。穷人与富人关心的东西不同。按照全球标准,贫穷的定义并不是在你真正想要宝马汽车的时候却不得不选择福特嘉年华汽车。贫穷是指因为买不起5美元一顶的蚊帐,而眼睁睁看着自己的孩子死于疟疾。在世界上的某些地方,5美元是5天的收入。按照同样的标准,阅读此书的人都是经济宽裕之人。在探讨全球化议题时,提及环境问题往往是终止讨论的最快方法。不过,让我们通过一个简单的练习,看看为什么把某些人对环境的偏好强加给世界其他地方大错特错。该练习如下:邀请4个朋友说出全球最亟须解决的环境问题。

可以笃定的是,其中至少有两个人会说全球变暖,而没有一个人会提到水污染。然而,由于无法获得足够的安全饮用水——一个很容易通过提高生活水平来解决的问题——每年有200万人丧生,另有5亿人身患重病。全球变暖是一个严重的问题吗?没错。可如果你所在城市的儿童经常死于腹泻,全球变暖还会是你最关心的问题吗?不会。关于贸易和环境的第一个谬论便是,贫困国家应该与发达国家遵守同样的环境标准。(关于工作场所安全性的争议几乎如出一辙。)生产活动势必会产生废弃物。我还记得,在环境经济学的第一节课上,客座教授、美国未来资源研究所前负责人保罗·波特尼指出,生存的必然后果之一就是制造废弃物。我们面临的挑战是权衡产品创造的收益与产品的生产成本,包括污染成本。生活舒适的曼哈顿居民与尼泊尔乡村努力吃饱的民众对这些成本和收益的看法可能不同。鉴于跨越政治边界的环境问题将一如既往地通过多边协定和国际组织解决,因此,影响尼泊尔环境的贸易决策应该在尼泊尔做出。

断言"经济发展本质上对环境不利"这一观点或许本身就是错误的。

从短期来看，任何经济活动都会产生废弃物。人们生产得越多，污染就越严重。然而，随着人们变得越来越富裕，人们会更加关注环境问题，这也是不争的事实。此处还有一个问题来考考大家。伦敦拥有最详尽的长期污染数据，请问这座城市的空气质量在哪一年达到了有史以来的最差水平？为了让题目更加简单，我缩小一下选项范围：1890年、1920年、1975年、2015年。正确答案是1890年。事实上，如今伦敦的空气质量比1585年以来的任何时候都要好。（用明火做饭可没什么"清洁"可言。）实际地说，环境质量是一种奢侈品，这意味着人们越富裕，就越重视环境质量。这就是全球化的强大优势之一：贸易推动国家走向富裕，富裕的国家更加关注环境质量，并拥有更多的资源去治理污染问题。经济学家认为，多种类型的污染会在国家发展的初始阶段变得严重（当每个家庭都购买摩托车时），随后在发展的高级阶段得到减轻（当国家禁止使用含铅汽油并要求其民众使用效率更高的发动机时）。

贸易的批评者声称，赋予各国独立决定环境政策的权力将引发"逐底竞争"，贫困国家将会不惜牺牲环境来争夺商业机会。然而，实际情况却并非如此。世界银行经过6年的研究得出结论："污染避难所，即那些本应成为高污染工业永久聚集地的发展中国家，并未如预期般涌现。相反，较贫穷的国家和社区正主动采取行动减少污染，因为他们认识到，控制污染的益处远远超过成本。"[23]

气候变化是一个更棘手的问题，因为碳排放量会随着经济增长而攀升，至少短期内发展中国家的情况是这样的。中国和印度等经济快速增长的国家对能源有巨大的需求，为了满足这一需求，这些国家大都转向使用碳基燃料。中国严重依赖煤炭，而燃烧煤炭会产生大量二氧化碳。贸易使这些国家更加富裕。随着这些国家积累财富，能源消耗增加了。随着能源消耗增多，二氧化碳排放量增加了。这就产生了问题。那么，最好的解决办法是什么？

假如你认为应该减少贸易,那么请允许我基于同一个问题,提出一个略有不同的版本。中国和印度正致力于让更多国民接受大学教育(也在大力推进基础教育的普及)。教育让中国和印度变得更富有。随着中国和印度越来越富裕,其消耗的能源越来越多……你明白这背后的含义了吗?我们应该禁止教育吗?

答案是否定的。解决二氧化碳排放量过多的办法是促进印度、中国、美国和其他国家的经济增长,采用尽量减少环境破坏的方式。最好的办法是在全球范围内征收统一的碳税,减少使用对环境污染严重的燃料——宜早不宜迟,因为印度和中国正在做出发展决策,比如建设发电站,而这些决定的后果将影响未来50年。

宣称维持人们的贫穷状态对地球有益,无论是在经济层面还是在道德层面,都是站不住脚的。

贫困是个棘手的问题。在我撰写一篇关于城市教育的报道时,芝加哥罗伯特·泰勒之家住宅区附近某个高中的校长对我说过这句话。他说的是教育那些在贫困环境中长大的孩子面临的挑战。这句话反映的也可能是世界现状。世界上很多地方——那些我们很少想到,更不必说想前往的地方——非常贫穷。我们应该引领它们走向富裕。经济学告诉我们,贸易是实现这一目标的重要途径。保罗·克鲁格曼写道:

> 如果你购买第三世界国家生产的产品,生产这些产品的工人,其工资按照西方标准来说低得可怜,而且他们的工作条件可能十分恶劣。至少在某些时候,对此无动于衷的人可谓没有良心。但这并不意味着抗议全球化的人是对的。恰恰相反,任何简单地将抵制全球贸易视作解决全球贫困问题良方的人,不是没有头脑,就是选择不动脑子。反全球化运动的历史已清楚表明,它伤害的正是它声称要保护的人民和事业。[24]

全球贸易日益发展的趋势常常被视为一股不可阻挡的力量，其实不然。我们之前曾沿着这条路前行，但世界贸易体系却因战争和政治而支离破碎。19 世纪末 20 世纪初是全球化发展最迅猛的一段时期。《完美的未来》一书作者约翰·米克尔思韦特和阿德里安·伍尔德里奇指出："回望 100 年前，你会发现，从诸多经济标准来看，当时的全球化程度比今天更高。你可以不带护照旅行，黄金充当着全球货币的角色，汽车、火车、船舶和电话等技术极大缩小了世界各地和各国人民之间的距离。"遗憾的是，他们同时指出："这样美好的现实在索姆河战役后化为泡影。"[25]

政治边界依然重要。各国政府可以像以前一样对全球化关闭大门。这对富裕国家和贫困国家而言，都是一种遗憾。

13

发展经济学
国家的贫富

让我们来看看 25 岁男子纳松·津巴的生活。他与妻女居住在马拉维。毫无疑问,津巴很勤劳。正如《经济学人》描述的那样,他亲力亲为,自己建造房屋:

> 他挖了些泥土,将其塑造成长方体,然后在太阳下晒干。他还自己拌和水泥,依然以泥土为原料。他砍伐树枝当作房梁,用剑麻或茅草铺设屋顶。在整个建造过程中,唯一的工业元素就是斧头上的金属刀片。津巴凭借自己的双手,不仅为家人种植粮食,还搭建起一间阴暗狭窄、冬天寒冷、夏天潮湿的房子。只有在热带风暴从屋顶刮过时,他和他的家人才得以享受自然赐予的"自来水"。[1]

尽管日常劳碌不已,津巴依然很穷。2000 年,他的现金收入仅为约 40 美元。这并非个例。在 2001 年这个故事被撰写时,马拉维的人均 GDP 还不到 200 美元。即使在 2017 年,马拉维的整体经济规模也只有大约 89.4 亿美元,约为美国佛蒙特州经济产出的 2/3。为了避免有人天真地认为马拉维的生活简单惬意,需指出的是,马拉维 17% 的幼儿营养不良,而马拉维儿童在 5 岁前夭折的概率是瑞典儿童的 18 倍。

联合国粮食及农业组织的数据显示，2013 年，全球有 8.15 亿人吃不饱饭，其中绝大多数人生活在发展中国家。这怎么可能呢？在人类能够分裂原子、登陆月球、解码人类基因组的今天，为什么还有 7.67 亿人每天的生活费不足 1.9 美元？[2]

简言之，国家经济未能满足他们的期望。从根本上说，财富创造是一个投入资源（包括人力资源）并生产有价值产品的过程。贫穷的经济体无法做到这一点。世界银行经济学家威廉·伊斯特利在其关于经济发展的优秀著作《经济增长的迷雾》中，描述了巴基斯坦拉合尔街上的一幕：

> 古城的集市上人头攒动，狭窄的小巷中人群熙熙攘攘，车辆因人流几乎无法通行。此地，买卖交织，炊烟与饭香四溢。每条街道、小巷都店铺林立，顾客盈门，一派繁忙景象展现了私营经济的活力。[3]

每个国家都有资源，只要其国民拥有智慧，辛勤工作。大多数国家，包括地球上一些最为贫穷的国家，都拥有很多资源。在全球脱贫方面，传来了好消息。联合国 2000 年颁布的千年发展目标之一是在 2015 年前将世界贫困人口比例减半。这一目标在 2010 年便已完成，整整提前了 5 年。无论是从全球贫困人口的比例还是从全球贫困人口的绝对数量上看，全球贫困程度都大大降低，这在很大程度上归功于印度和中国贫困人口的显著减少。基于不同缘由，印度和中国这两个世界上人口最多的国家在 20 世纪的最后几十年里加速融入全球经济体系。（要了解这两个国家是如何减少贫困的，请参阅第 12 章。）

然而，也有不好的消息。尽管人们在消除贫困方面取得了诸多进展，但经济学家并没有让贫困国家走向富裕的秘诀。诚然，我们见证了一些发展奇迹，比如印度和中国在大约 30 年的时间里，保持了超过 8% 的年经济增长率。但是，我们并没有一个行之有效的增长模式，可以像某种发展特许权一样在一个又一个国家推广。

此外，我们确实对富裕国家富裕的原因有很好的了解。如果我们能系统地归纳出成功经济体的政策共性，那么我们就可以把注意力转向诺贝尔经济学奖得主道格拉斯·诺斯提出的常识性问题："为什么贫困国家不直接实施能促进国家富裕的政策呢？"[4]

以下列举的是一些政策实例，在某些情况下，发展经济学家认为地理禀赋会影响国家的贫富。

有效的政府制度。一个国家要发展和繁荣，就需要法律、执法体系、法院、基本的基础设施、能够征税的政府，以及民众对这一切的积极认同。这些制度为经济的顺利运行铺设了轨道，它们必须保持基本的廉洁。腐败并不像人们有时认为的那样，只是造成了不便。它是一颗毒瘤，会扭曲资源配置，扼杀创新，阻碍外资流入。正如《纽约时报》外交专栏作家托马斯·弗里德曼所指出的，尽管美国人对政府的态度可能徘徊在冷漠与敌视之间，大多数其他国家的民众却渴望拥有这样的政府：

> 两周前，我在南京大学参加了一个研讨会。我现在仍能回想起一位年轻研究生的问题："如何才能根除所有腐败？"你知道，如果能够拥有像华盛顿那样的首都，具备相对清廉且高效的机构，某些国家的民众愿意付出多大代价？你知道我们无须贿赂即可获得最简单的许可证，这在全球范围内多么罕见吗？[5]

政府制度与经济增长之间的关系引发了一项巧妙而有趣的研究。经济学家达龙·阿西莫格鲁、西蒙·约翰逊和詹姆斯·罗宾逊提出了一个假设：曾是殖民地的发展中国家在经济上的成功，受到了殖民时期留存下来的制度质量的影响。[6]欧洲列强在世界不同地区采取了不同的殖民政策，这取决于不同地区环境的适宜程度。在美国等欧洲人能够轻松安家落户的地方，殖民者建立的制度对当地的经济增长产生了积极而持久的影响。在欧洲人因疾病死亡率高而无法轻易定居的地方，殖民者只专注于尽快将尽可能多的财富掠夺回国，他们在殖民地建立了研究人员所说的"榨取型制度"。

这项研究考察了 64 个前殖民地，结果发现这些地区当前的财富差异，多达 3/4 可以用政府制度的质量差异来解释，而政府制度的质量至少在一定程度上可以用最初的殖民定居模式来解释。殖民者的来源（英国、法国、比利时等）影响甚微（来自英国的殖民者的表现看起来要好一些，因为他们倾向于在更适合定居的地方建立殖民地）。

从根本上说，善治很重要。世界银行根据问责制、监管负担、法治、贪污（腐败）等六大治理措施对 150 个国家进行了评估。更好的治理与更好的发展成果之间存在着明确的因果关系，这些成果体现在人均收入更高、婴儿死亡率更低和民众识字率更高等方面。[7] 美国民众无须对美国国税局抱有深切的喜爱，但至少应该给予它哪怕是基本的尊重。

产权。 私有财产似乎是富人专有的，但事实上，它对贫困群体有至关重要的影响。在发展中国家，非正式产权的例子俯拾皆是，体现为建在公共土地或政府所有地块上的住房或企业，例如许多大城市郊区的棚户区，这些建筑常常被外界所忽视。尽管家庭与创业者对这些"资产"倾注了大量资本，但它们与发达国家的同类资产存在一个关键区别：业主对房产没有合法所有权。他们不能将其合法地进行出租、分割、出售或传给家人。也许最重要的是，他们不能用这些资产作为抵押品来筹集资金。

秘鲁经济学家赫尔南多·德·索托提出了一个极具说服力的观点，这些非正式的产权安排不应被忽视。根据他的估算，发展中国家贫困人口持有却不具备法律所有权的资产的价值超过 9 万亿美元。这些资产是大量白白闲置的潜在抵押品，他称之为"僵化资本"。更直观地讲，这一数额相当于过去 30 年里富裕国家向发展中国家提供的发展援助金额的 93 倍。

《经济学人》讲述了一对以屠宰山羊为生的马拉维夫妇的故事。由于生意不错，他们想扩大规模。然而，这一计划需要投资 250 美元，这笔钱比该国当年人均年收入还多 50 美元。这对夫妇"拥有"的房产的价值实则高于其所需资金。那么，他们能将这片土地和建在土地上的平房抵押来贷款吗？不能。房屋建在没有正式产权的"传统"土地上。夫妻俩虽持有一份由当地酋长签署的合同，但在法庭上却没有效力。《经济学人》继续指出：

> 马拉维大约有 2/3 的土地以这种方式被持有。人们通常在祖辈耕耘过的土地上继续劳作。如果发生边界争端，由酋长裁决。如果哪个家庭严重违反了部落规定，酋长可能收回其持有的土地，将土地重新分配给其他人。[8]

非正式产权就像物物交换一样，在简单的农业社会中行之有效，但对于更复杂的经济模式来说存在缺陷。贫困于穷国而言已是沉疴重负，雪上加霜的是，它们最宝贵的资产也未能发挥出应有的生产潜力。

产权还有一个不太明显的好处：它能够减少人们用于保护资产的时间，使人们得以投身于更具生产力的事务中。1996 年至 2003 年，秘鲁政府向 120 万个城市非法占地家庭发放了产权证，这使他们在法律意义上拥有之前非正式占用的房产。哈佛大学经济学家埃丽卡·菲尔德认为，产权使居民能够在正规劳动力市场上投入更长的工作时间。她推断，产权赋予了人们更多的灵活性，以往他们为了守护房产不得不留守家中，或在家里经营临时生意。菲尔德还提出了一个重要观点：大多数旨在帮助贫困人口的计划会减少他们工作的积极性。（这就是"撒玛利亚人困境"：如果我减轻了你的困苦，那么你自我奋斗的动力也会随之减弱。）提供正式产权则恰恰相反，能起到鼓励劳动的作用。[9]

避免过度监管。政府有很多职责要履行，但也有更多不应插手的事务。市场必须挑起重担。我们来看看《俄罗斯联邦民法典》第575条和第615条。如果你在莫斯科开了一家公司，开展哪怕是安装自动售货机这样简单的业务，那么这些规定将非常重要。第575条禁止公司免费赠送任何东西，其中包括公司在安装自动售货机时给可口可乐提供的安置空间。同时，第615条禁止在未经房东同意的情况下转租房产，而自动售货机占用的那点儿空间，可能会被视作转租。此外，税务机关禁止商业企业（如自动售货机）在没有收银机的情况下运营。由于使用自动售货机销售软饮料属于零售贸易，因此需要对其进行各种消防、卫生和安全检查。[10]

过度监管与腐败如影随形。政府官僚设置障碍，以便向那些想要越过或规避这些障碍的人索取贿赂。秘鲁经济学家赫尔南多·德·索托还做过一项引人注目的研究。他和团队成员记录了他们在利马郊区合法开设一个服装摊位的过程。他们发誓不行贿，以此保证他们的研究能反映出遵守法律的全部成本。（最后，他们被索贿10次，为防止项目彻底停滞，他们支付了其中2次。）为了从7个不同政府机构获得11个不同的许可证，团队每天工作6个小时，持续工作了42个星期。除去时间成本，他们的努力共耗费1 231美元，这一数字相当于秘鲁最低月薪的31倍，而这仅仅是为了开设个体店铺。[11]

第4章概述了政府应恪守基本职能的所有理由。哈佛大学经济学家罗伯特·巴罗开展了一项经典研究。他考察了大约100个国家30年来的经济增长情况，发现政府消费——除教育和国防外的政府总支出——与人均GDP增长呈负相关。他的结论是，此类支出（以及所需的税收）不可能提高生产率，因此弊大于利。"亚洲四小龙"是经济发展联盟中的全明星队，它们的经济崛起得益于约占GDP 20%的政府支出。在世界其他地方，不均衡的高税率不仅扭曲了经济，还为贪污和腐败提供了机会。许多贫困国家的政府若能采取简单易行的低税收政策，可能反而会增加税收收入。

互联网在提高各国政府支出的透明度方面有着巨大的潜力，尤其是在贫困国家。在互联网上公布中央政府为当地某个具体项目（比如建设道路或诊所）划拨的资金数额，只需这种简单的操作，公民就能比较他们应该得到的和实际得到的是否存在差异。"政府为建设社区中心拨款5 000美元？这看起来不像一个造价5 000美元的社区中心该有的样子。咱们得去找市长讨个说法。"

人力资本。人力资本是个人生产力的基石，而生产力决定着我们的生活水平。正如诺贝尔经济学奖获得者加里·贝克尔指出的，所有经历收入持续增长的国家，其劳动力接受教育和培训的水平都有大幅提升。（我们有充分的理由相信是教育促进了经济增长，而不是反过来。）贝克尔写道："'亚洲四小龙'正是靠训练有素、受过良好教育、勤奋工作和认真负责的劳动力实现迅猛发展的。"[12]

在贫困国家，人力资本可以发挥我们期待的一切积极作用，甚至更多。教育能改善公共卫生状况（这也是一种人力资本）。发展中国家面临的一些最严重的公共卫生问题，其实解决起来相对简单（烧开水、建厕所、使用避孕套等）。发展中国家的女性受教育程度越高，婴儿死亡率越低。此外，人力资本能够促进贫国采用来自发达国家的先进技术。长期以来，发展研究领域的一大乐观展望在于，从理论上讲，贫困国家能够借助富裕国家的创新技术来缩小彼此的差距。技术一经问世，几乎可以无偿与贫困国家共享。加纳人民不需要发明个人电脑即可享受其带来的好处，但他们确实需要知道如何使用电脑。

接下来，我们来看看更多不好的消息。在前文中，我描绘了这样一种经济：技术工人通过创造新的工作或更好地完成既有工作来促进经济增长。对个人和整体经济而言，技能才是最重要的。现在依然如此，但当我们把目光投向发展中国家时，我们就会发现一个问题：技术工人通常需要其他技术工人的配合才能取得成功。一个专业的心脏外科医生要想取得成功，就必须有设备齐全的医院、训练有素的护士、提供医药物资的公司，以及能负担得起心脏手术费用的人群。贫困国家因此可能会陷入人力资本陷阱。如果技术工人稀缺，其他人努力获取技能的动力就会减弱。而那些掌握了技能的人发现，他们的专长在技术工人比例较高的地区或国家更有价值，这就是我们熟悉的"人才外流"。正如世界银行经济学家威廉·伊斯特利所写的那样，结果可能是一个恶性循环："倘若一国一开始具备一定技能基础，其技能水平将日渐精进。反之，若起初技能匮乏，该国将长期陷于技能不足的境地。"[13]

顺便提一句，这种现象在美国乡村也很常见。早年间，我为《经济学人》写过一篇报道，我和同事称之为"艾奥瓦州萎缩之谜"。[14]正如这个暂定标题暗示的那样，与美国其他地区相比，艾奥瓦州的部分地区以及中西部其他广袤的乡村地带正面临人口减少问题。值得注意的是，艾奥瓦州99个县中有44个县2000年的人口数量少于1900年。人口减少的部分原因是农业生产力的提高，艾奥瓦州的农业生产力太高，以至于部分农民失业。不过，还有其他原因。经济学家发现，拥有相似技能和经验的人在城市地区赚取的工资要比在其他地方高得多。为什么会这样？一个合乎逻辑的解释是，在大城市，具有专业技能的人更有价值，因为那里有大量具有互补技能的人才。（想想硅谷或曼哈顿的心脏手术中心。）美国乡村面临的人力资本问题相较于发展中国家十分轻微。与技术、基础设施或药品不同，发达国家无法向贫困国家输出大量人力资本。发达国家无法向非洲贫困国家空运一万个大学学位。只要贫困国家的民众面临的机会有限，他们投资人力资本的动力就会减弱。

如何破解这一困局？在谈到贸易的重要性时，请记得这个问题。

地理位置。有一个数据很引人注目：在世界银行界定的30个富裕国家和地区中，只有中国香港和新加坡这两个地方位于北回归线（穿过墨西哥、北非及印度）和南回归线（穿过巴西、南非北端及澳大利亚）之间。地理位置似乎被认为是无关紧要的，但其实对发达国家来说是一项意外红利。发展问题专家杰弗里·萨克斯撰写了一篇开创性的论文，其中提出气候能在很大程度上解释全球收入的分布。他写道："考虑到世界各地在政治、经济和社会历史方面的多样性，几乎所有热带地区在 21 世纪初仍然处于欠发达状态，这一定不是巧合。"[15] 美国和整个欧洲位于热带地区之外，中美洲、南美洲、非洲和东南亚的大部分地区则位于热带地区。

热带在度假时很棒，但为何对其他事情来说那么糟糕呢？萨克斯认为，答案是高温多雨不利于农作物生长，还容易导致疾病传播。因此，富裕国家的两大进步——粮食生产效率的提升与公共卫生的改善——无法在热带地区复制。为什么芝加哥居民不会患疟疾？因为寒冷的冬天遏制了蚊虫繁殖，而非科学家战胜了疟疾。所以在热带地区，我们又发现了一个贫困陷阱：大量人口受困在低效的农业劳作之中。面对贫瘠的土壤、不稳定的降雨和长期的虫害，他们的收成（决定了他们的生计）难以得到改善。

在非洲，一种尤为恼人的昆虫可能抑制了该地区沿袭世界其他地区的增长轨迹，这种昆虫就是采采蝇。这种昆虫以吸食人类和动物的血液为生。在人类身上，它会传播引发昏睡病的寄生虫。对山羊和牛等常见家畜来说，采采蝇的叮咬更可怕，会导致它们丧命。斯坦福大学经济学家（及医学专家）玛塞拉·阿尔桑提出了一个假设，采采蝇的存在会增加饲养牲畜的难度，从而阻碍农业的发展。果不其然，她发现在采采蝇猖獗的地区，当地人在前殖民时期饲养家畜的可能性小得多。在非洲以外气候相似但没有采采蝇的地区，她没有发现这种历史性的牲畜匮乏现象，这表明正是这种叮咬性昆虫阻碍了非洲农民的前进步伐。[16]

显然，国家不可能搬到有更适宜气候的地方。萨克斯提出了两个解决方案。首先，我们应该鼓励更多针对热带地区独特生态环境的技术创新。遗憾的是，科学家就像银行劫匪一样，趋向于资金丰厚之处。制药公司通过为发达国家的消费者研发特效药来赚取利润。在1975年至1997年获得专利的1 233种新药中，仅有13种是治疗热带疾病的。[17]但即便如此，这些新药的研发目的并非源于对热带地区的关注；其中9种药物源自美国军方为越南战争所做的研究，或者源自为牲畜和宠物市场所做的研究。如何才能让私营企业像关注宠物狗的阿尔茨海默病（辉瑞公司已有相关产品）一样关注昏睡病（目前尚无大型药企对此进行研究）？答案在于改变激励机制。2005年，英国首相戈登·布朗采纳了经济学家长期以来一直在探讨的一个构想：选择一种主要困扰世界贫困地区的疾病，并向第一家研发出符合预定标准（诸如有效、儿童适用、不需冷藏等）疫苗的公司提供巨额现金奖励。布朗的计划实际上更为周密。他建议富裕国家的政府预先承诺，以既定价格购买一定剂量的"优胜"疫苗。贫困人群将得到救命的药物，制药公司将获得证明疫苗研究合理性的必要条件，即投资回报，就像研发富裕国家的消费者会购买的药品一样。（这一理念实则早有先例。1714年，一支船队迷失方向，撞上海岸岩石沉没，2 000名水手溺水身亡。英国政府悬赏两万英镑，寻找能够研制出海上经度测量仪器的人。这一奖金促成了航海天文钟的发明。）[18]

萨克斯指出，热带地区贫困国家还有一条希望之路，通过向世界其他地区开放经济，摆脱自给性农业的困境。他阐述道："如果国家能够通过非农业部门（比如大幅扩大制成品出口）实现收入增长，热带地区的负担就可以减轻。"[19]这让我们再次回到了熟悉的主题——贸易。

贸易开放。在前文中，我用了整整一章来阐述贸易在理论上的诸多益处，此处仅需强调，近数十年来，许多贫困国家（还有部分富裕国家）的政府未能汲取这些教训。保护主义的错误逻辑极具诱惑力——幻想将外国商品拒之门外会让国家变得更富裕。"自给自足"和"国家主导"等战略一度成为印度和非洲大部分地区后殖民政权的标志。贸易壁垒可以"孵化"国内产业，使其发展壮大到足以面对国际竞争。经济学告诉我们，处于保护伞下的企业不会茁壮成长，反而会变得缺乏活力。政治学告诉我们，一个产业一旦被"孵化"，就会一直处于被保护的状态。用一位经济学家的话说，结果"基本上等于自我施加的经济放逐"[20]。

事实证明，这样做的代价是巨大的。大多数证据表明，开放经济体比封闭经济体发展得更快。在极具影响力的研究中，哥伦比亚大学地球研究所所长杰弗里·萨克斯和哈佛大学国际发展中心研究员安德鲁·华纳，比较了以高关税和其他贸易限制界定的封闭经济体与开放经济体的经济表现。在20世纪七八十年代，在贫困国家中，封闭经济体的人均GDP年增长率为0.7%，而开放经济体的人均GDP年增长率为4.5%。最有趣的是，当原本封闭的经济体开放后，人均GDP每年的增长率都会提高一个百分点以上。当然，一些著名经济学家对这项研究提出了异议，理由是（除其他争议外）贸易封闭的经济体往往还存在许多其他问题。是贸易受限，还是广泛的宏观经济失调导致这些国家经济增长缓慢？换言之，贸易是推动经济增长的原因，还是经济增长已然发生时的伴生现象？毕竟，在经济长期增长期间，电视机的销量会急剧上升，但人们多看电视并不会使其国家变得更富有。

1999年，权威经济学期刊《美国经济评论》刊登了一篇论文，题为《贸易会促进增长吗？》。这篇论文的作者对上述问题给出了答案。在其他条件相同的情况下，那些贸易活动更频繁的国家，人均收入更高。[21]哈佛大学经济学家杰弗里·弗兰克尔和加州大学伯克利分校经济学家戴维·罗默得出结论："我们的研究结果证明了贸易及贸易促进政策的重要性。"

研究人员还有很多问题要争论，这正是他们的职责所在。与此同时，我们有充分的理论依据相信，贸易会提高各国的福祉，确凿的经验证据表明，贸易是近几十年来区分赢家和输家的一个因素。富裕国家必须尽到自己的责任，让本国经济对贫困国家的出口商品敞开大门。萨克斯呼吁制定"新非洲契约"。他写道："富裕国家目前采用的模式——向处于热带的非洲地区提供财政援助，同时阻止非洲出口纺织品、鞋类、皮革制品和其他劳动密集型产品——可能比玩世不恭还要糟糕。事实上，这种模式可能会从根本上破坏非洲经济发展的可能性。"[22]

负责任的财政和货币政策。政府和个人一样，如果在无法提高未来生产力的项目上持续超额支出，就将陷入严重的困境。至少，庞大的预算赤字要求政府大举借贷，这就从私人借贷者手中夺走了资本，而私人借贷者可能会更有效地利用这些资本。长期的赤字支出也可能预示未来的其他问题：更高的税收（偿还债务）、通货膨胀（侵蚀债务价值），甚至违约（放弃偿还债务）。

如果某国政府从其他国家大量借贷以支撑挥霍无度的开支，所有这些问题就会变得更复杂。如果外国投资者失去信心，纷纷撤资（胆怯的全球投资者通常都会这样做），用于填补赤字的资金来源就会枯竭，或者融资成本就会高得难以承受。简言之，派对宣告结束。政府处于违约边缘，墨西哥和土耳其等国的前车之鉴历历在目。（顺便说一句，有人对美国是否也将面临这种情况存在一丝隐忧。）

关于货币政策，第10章明确指出了派对失控的危险。但是，这一幕屡屡上演。阿根廷政府是实施不负责任的货币政策的典型代表。从1960年到1994年，阿根廷的年均通货膨胀率为127%。形象地说，如果一个阿根廷投资者在1960年拥有相当于10亿美元的存款，且全部以阿根廷比索形式存储至1994年，这些钱的购买力最终将缩水至1美分的1/13。经济学家威廉·伊斯特利指出："试图在高通胀期间实现正常经济增长，无异于奢望在奥运短跑比赛中单脚跳跃夺冠。"

自然资源没有你想象中的那么重要。以色列虽然没有石油，却比几乎所有拥有大量石油储备的中东邻国富裕得多。2017年，以色列的人均GDP高达约4万美元，而石油资源丰富的伊朗人均GDP仅为约5 800美元。同样，日本和瑞士等资源贫乏的国家的富裕程度超过资源丰富的俄罗斯。[23] 或者想想安哥拉。这个蕴藏丰富石油资源的国家1975年脱离葡萄牙，在独立后的数十年里，该国每年从石油产业获得约35亿美元的收入。[24] 对于一个独立没有多久的国家来说，这些资源无疑意味着一笔可观的财富。只不过，大部分石油收益都被用于资助一场持续了30年的内战，这场内战使安哥拉遭受了严重的破坏。在此期间，安哥拉是世界上因地雷爆炸致残的公民比例最高的国家（133人中有1人）。安哥拉1/3的儿童在5岁前夭折，国民预期寿命仅为42岁。尽管地下蕴藏着丰富的石油，但安哥拉首都罗安达仍有大片地区没有电力、自来水、下水道，也没有垃圾收集系统。[25] 安哥拉现在处于和平状态。石油依旧占安哥拉GDP的大约50%，但其人均GDP在2017年仅为约2 437美元。

这并不是为了说明某个观点而精心挑选的个别事例。经济学家认为，丰富的自然资源实际上可能会阻碍发展。在其他条件相同的情况下，发现世界上最大的锌矿是一件再好不过的事情。但实际情况并非如此。资源丰富的国家会因为出现这类情况而发生变化，而变化的结果可能弊大于利。一项针对97个国家20年来经济表现的研究发现，自然资源较少的国家的经济增长反而较快。在经济增长最快的18个国家中，只有两个国家拥有丰富的可开采地下资源。为什么？

一个经济体会因拥有矿产而改变。首先，它会将资源引向矿业，而不是对长期经济增长更有利的其他行业，比如制造业和贸易行业。举个例子，"亚洲四小龙"资源贫乏，它们的繁荣之路始于出口劳动密集型产品，随后发展为出口技术密集型产品。在这一过程中，这些国家或地区逐渐富裕起来。其次，资源丰富的经济体更容易受到商品价格大幅波动的影响。当石油价格从每桶90美元跌至每桶15美元时，一个依赖石油收入的国家将经历一段艰难时期。与此同时，随着世界其他国家开始购买该国的钻石、铝土、石油或天然气，对该国货币的需求会增加。这将导致该国货币升值，我们已经知道，这将使该国的其他出口商品（比如制成品）更加昂贵。

20世纪50年代，荷兰在北海发现了丰富的天然气资源，经济学家观察到这一发现对荷兰经济的影响，开始将自然资源的丰富性反而拖累经济发展的非典型现象称为"荷兰病"。天然气出口量的激增推高了荷兰盾的价值（因为世界其他国家需要更多的荷兰盾来购买荷兰天然气），这一变动使荷兰其他出口商陷入困境。同时，荷兰政府利用天然气收入扩大社会支出，从而提高了荷兰企业的社会保障缴款，荷兰企业的生产成本因而上升。长期以来，荷兰一直是一个贸易大国，其出口额占GDP的50%以上。到了20世纪70年代，作为荷兰传统经济命脉的其他出口行业的竞争力已大大降低。一家商业刊物指出："天然气资源的发现大大扭曲了经济的运作机制，对一个贸易大国来说，这可谓是喜忧参半。"[26]

最后，或许也是最为重要的一点是，各国本可以利用自然资源带来的收益改善民众的生活，但它们并没有这样做。有些资金本应被投入能够获得巨大回报的公共事业中，比如普及教育，提升公众健康水平，改善环境卫生，提高免疫接种率，建设基础设施，但结局往往是这些资金都被浪费掉了。在世界银行的援助下，乍得修建了一条途经喀麦隆并通向海洋的石油管道，乍得总统伊德里斯·代比却将第一笔450万美元的石油收入用于采购武器对抗叛军。[27]

民主。 就贫困国家的经济增长而言，确保火车准点运行是否比言论自由和政治代表权等看似美好的权利更重要？诚然，有些国家在缺乏民主治理的情况下取得了显著增长。然而，民主也是对恶劣经济政策（比如公然没收财富和财产）的一种制衡。阿马蒂亚·森是哈佛大学经济学和哲学教授，瑞典皇家科学院于1998年授予其诺贝尔经济学奖，以表彰他为贫困与福利研究做出的多项贡献，尤其是他对饥荒的研究。阿马蒂亚·森的主要发现引人深思：世界上最严重的饥荒并不是农作物歉收造成的，而是错误的政治制度造成的，这种制度阻碍了市场的自我纠正。由于政府禁止进口商品，禁止价格上涨，不允许农民种植替代作物，或者以某种其他方式干扰市场自我纠正的固有能力,相对较小的农业波动演变为灾难。他写道:"饥荒从未出现在那些定期举行选举,有反对党发表批评意见,允许报纸自由报道并质疑政府政策的明智性而不用接受广泛审查的独立国家。"[28] 印度自1947年独立以来从未发生过饥荒。

经济学家罗伯特·巴罗针对大约100个国家数十年来的经济增长进行了开创性的研究,他发现基本民主制度与较高的经济增长率相关。然而,民主程度较高的国家,其增长率略低。这一发现与我们对利益团体如何推动某些并不总是对整体经济有利的政策的实施的理解是一致的。

新加坡已经成为世界上最富有的国家之一,其政府被某些机构评价为"部分自由"。我曾多次与印度的政策制定者交谈,对该国的民主程度印象深刻。你需要清空一个有一万人的村庄来修建新机场吗?在印度,决定可能花数十年才能做出,因为其中涉及烦琐的政治和司法程序。我对民主与经济发展之间的关系深感兴趣,将在后记中再次探讨这个问题。

战争是不利的。 下面这个事实的确震撼人心:极度贫困的国家卷入武装冲突的比例依旧高得惊人。牛津大学非洲经济研究中心负责人、《最底层的十亿人》一书作者保罗·科利尔指出,在全球最贫困的10亿人口中,接近3/4的人要么正陷入内战,要么最近刚刚经历过内战。人们在战争中很难经营生意或接受教育。(显然,因果关系是双向的:战争对国家造成破坏,而处于混乱状态的国家更有可能陷入内战。)此外,自然资源也会起到推波助澜的作用,因为它们可以为购买武器提供资金,因此成为各个阵营争夺的对象。(科利尔创造了"钻石是游击队最好的朋友"这一令人感到悲哀的妙语。)[29] 重要的一点是,安全是实现经济繁荣诸多前提条件中的首要条件。2004年,《经济学人》发表了一篇探讨索马里商业环境的文章,这个饱受内战摧残长达13年的国家,其商业运营面临着严峻挑战。报道指出:"在索马里,经营企业有两种方式。你可以付钱给当地军阀,并希望他能约束部下不要杀害你的员工,但他并不一定值得信赖;或者你可以让他滚蛋，自己雇用民兵。"[30]

女性的力量。设想有两个农民，各自拥有1 000英亩土地。其中一个人年年耕种所有土地，而另一个总是闲置一半。谁的产出更多？这不是什么脑筋急转弯。充分利用所有土地的那位农民会有更多的收获。而这与女性有什么关系呢？比尔·盖茨在沙特阿拉伯向一群按性别分隔开来的听众讲述科技进步时，构建了这一联系。《纽约时报》杂志刊发了一篇论述女性在经济发展中的作用的文章，其中记录了这件事：

> 4/5的听众是男性，坐在左边。剩下的1/5是女性，身着黑色的长袍和面纱，坐在右边。两边用隔板隔开。在问答环节接近尾声时，一名听众提及沙特阿拉伯立志于2010年跻身世界十大科技强国，并询问这一目标是否现实。"如果不能充分利用国内一半人口的才能，"盖茨说，"想接近十强是极其困难的。"[31]

沙特阿拉伯人对此不应该感到惊讶。《阿拉伯人类发展报告》早在数年前就得出了同样的基本结论（报告篇幅更长）。在2002年的报告中，数位著名阿拉伯学者试图解释组成阿拉伯国家联盟的22个国家为何经济增长缓慢。在过去的20年里，实际人均收入年增长率仅为0.5%。除撒哈拉以南非洲外，此增速低于世界上任何其他地区。学者们指出了三大关键问题，其中之一便是"女性地位"。（另外两个是缺乏政治自由和人力资本。）《经济学人》对研究结果进行了报道："在阿拉伯世界，每两个女性中就有一个既不识字也不会写字，她们参与国家政治经济生活的程度为全球最低。"[32] 对女孩和妇女进行投资，就像开垦那1 000英亩土地的另一半。女性力量还蕴含着另一层微妙（且略带趣味）的意义。在发展中国家（或许还有其他地方），女性会更明智地使用手中的钱。随着女性越来越富裕，她们会把更多的钱花在食物、医疗和住房上。而男人越有钱，越会把更多的钱花在购买烟酒上。这是不争的事实。在非洲科特迪瓦，经济学家曾经做过一个关于此现象的巧妙小型实验。当地的男性与女性历来种植不同种类的作物。有些年份，男性种植的经济作物丰收；在其他年份，女性种植的经济作物的收成更好。麻省理工学院经济学家埃斯特·迪弗洛发现，当男性种植的作物丰收的那一年，家庭在购买烟酒上花的钱会更多；而当女性赚到钱的那一年，家庭在购买食物上花的钱会更多。[33] 政府负责经济发展的官员认识到，如果把现金交给女性户主，更多正面效应会产生。

专家还能列举出许多影响发展进程的重要因素，比如储蓄率、投资率、生育率、种族纷争、殖民历史、文化因素等。所有这些因素共同引出了一个问题：如果我们对什么是好的政策已有深刻的认知，为何脱贫之路还如此崎岖艰难呢？答案在于，阐述乔丹·斯皮思为何成为伟大的高尔夫球手，与实际像他那样打出好球，这两者之间存在差异。解释富裕国家成功的原因是一回事，制定改变发展中国家的战略则是另一回事。试举一些简单的例子：如果民众识字并受过教育，建立有效的政府制度就会容易一些，但优质的公共教育需要有效的政府制度。同样，公共卫生至关重要，但如果大量资金因官员腐败而流失，建立医疗诊所就很难。类似的情形不一而足。

关于富裕国家如何能提高世界其他地区的生活水平，专家存在广泛的分歧。杰弗里·萨克斯站在一端。你或许已经从本章引用的一些研究中猜到了，萨克斯认为，贫困国家陷入了贫困陷阱，只有发达国家的资金才能拯救它们。发达国家如果倾注更多关怀与资源，就能启动贫困国家的发展进程，就像推动山顶的巨石开始滚动。举例来说，萨克斯认为，全球富裕国家应该在非洲开展一项全面的艾滋病防治计划。在他看来，每个美国人将为此类计划贡献约 10 美元，相当于买一张电影票再加上一桶爆米花的钱。[34] 到目前为止，美国在这方面的投入要少得多。事实上，美国的对外援助预算总额仅占美国 GDP 的 0.1%，这远低于美国的实际能力，也只是欧洲提供的援助金额的 1/3。萨克斯早在 9·11 事件之前就警告说，我们应该加大对发展中国家的投资，"这不仅是因为人道主义，还因为局势不稳的偏远国家会成为引发全球其他地区动荡的前哨基地"[35]。

本书也广泛引用了威廉·伊斯特利的著作，他站在了另一端。伊斯特利认为，整个发展援助进程已经失灵。他的观点可以用一个经典的笑话来概括，这个笑话讲的是那些过去盛行一时而最终衰败的发展战略：

> 一个农民发现自己养的鸡很多都死了，于是向牧师寻求建议。牧师建议农民为鸡祈祷，但鸡还是不断死去。牧师又建议为鸡播放音乐，但死鸡的数量仍然在增加。牧师又想了想，建议把鸡舍重新漆成鲜艳的颜色。最后，所有鸡都死了。"真是遗憾，"牧师对农民说，"我还有很多好主意没有来得及尝试呢。"[36]

伊斯特利对此应深有体会。他在世界银行工作了数十年，他的工作正如"拯救垂死的鸡"。他在《白人的负担》和其他著作中指出，传统的援助项目缺乏灵活性且效果不佳。其结果无论是在微观层面（援助机构发放的蚊帐最终被用作渔网或婚礼面纱），还是在宏观层面（援助机构无法证明其援助改善了受援助国家的状况）都很糟糕。相反，我们关注的是投入多少，即援助机构的慷慨程度，伊斯特利将此类比为凭借预算规模来评估一部好莱坞电影。

伊斯特利指出，传统的发展援助举措一直以来都是错误的，因为我们尚未掌握行之有效的方法。[37] 他在《美国经济评论》上写道：

> 经济学家有理由相信，自由市场和良好制度的某种结合在推动发展方面有成功的先例（例如，这与腐败官僚对经济的高压控制形成对比）。然而，我们不知道如何从现状迈向这一理想状态；不知道哪些

具体行动能够促进自由市场和良好制度的建立；不知道如何将所有细微要素整合起来。也就是说，我们不知道如何实现发展。[38]

伊斯特利认为，我们不应该放弃帮助贫困国家的人民。相反，我们应该开展规模小和针对性强的项目，并确保这些举措能够带来可量化的积极成果。他写道："援助应该尽量为贫困个体创造更多的机会，而不是试图改变贫困的社会。"

公平地说，贫困国家发展道路上的主要绊脚石并非富裕国家的糟糕建议。促进经济增长的最佳理念非常简单，然而，正如本章指出的那样，发展中国家在经济上的很多做法相当于吸烟、吃芝士汉堡和开车不系安全带。哈佛大学国际发展中心针对1965年至1990年间全球增长模式的研究发现，东亚的巨大成功与南亚、撒哈拉以南非洲及拉丁美洲的较差表现之间，存在显著差异，而这些差异在很大程度上可归咎于政府政策。在这一方面，外国援助与任何其他福利政策一样面临挑战。正如穷人一样，贫困国家往往有不良习惯。单纯提供援助可能会延续这些需要改变的行为。有一项研究得出了一个意料之中的结论：在良好政策已然就位的前提下，外国援助会对经济增长产生积极影响；反之，若良好政策缺位，外国援助对经济增长的影响则微乎其微。研究人员建议，援助应以良好的政策为基础，这不仅能提升援助的效果，也能激励各国政府实施更好的政策。[39]（类似的标准也被建议用于减免重债穷国的债务。）当然，在理论上对亟须帮助的国家置之不理（拒绝救助陷入危机的国家），比在实践上这样做要容易得多。2005年，世界银行发布了《20世纪90年代的经济增长：10年改革经验》，这份文件或许可称为一次官方的自我审视。与今天相比，1990年的政策制定者更坚信，他们知道如何破解全球难题。哈佛大学发展经济学家丹尼·罗德里克描述了该报告的基调，其中似乎包含了威廉·伊斯特利的怀疑精神，但又没有放弃杰弗里·萨克斯的决心："报告中并没有关于什么可行、什么不可行的自信论断，也没有供决策者采纳的蓝图。其重点是强调谦逊的态度、政策多样性、有选择性的适度改革、开展实验。"[40]

最后，全球大部分地区之所以贫穷，是因为富裕国家未曾提供足够的帮助。我明白，先是指出发展援助项目的失败，继而又呼吁增加援助投入，就像尤吉·贝拉批评某餐馆的食物难吃且分量不足一样。不过，当想改变现状的政治意愿足够强大时，真正的转变必将发生。这一力量超越了经济学本身。

后　记
2050年生活的8个问题

Naked Economics
Undressing The Dismal Science

经济学有助于我们理解并改善不完美的世界。不过，归根结底，经济学只能提供一套工具。我们必须决定如何使用这些工具。经济学并不能预定未来的图景，就如同物理定律并不能使探月之旅成为必然一样。物理学使探索月球成为可能，而人类选择踏上这段探索的旅程——这一抉择在很大程度上投入了本可以用在其他领域的资源。当约翰·K.肯尼迪宣告美国将把人类送上月球时，他并没有改变物理定律。他只是设定了一个目标，而实现这个目标需要精深的科学。经济学也不例外。我们如果要最为充分地利用这些工具，就应该思考我们的目标是什么。我们必须决定哪些是优先事项，我们愿意做出何种权衡，我们愿意或不愿意接受什么样的结果。用经济史学家、诺贝尔经济学奖获得者罗伯特·福格尔的话来说，我们必须首先定义什么是"美好生活"，然后利用经济学帮助我们实现这一目标。以下8个关于2050年生活的问题值得我们深思，这并非为了预测未来，而是为了警示我们，今日做出的决策将影响我们未来的生活方式。

需要工作多长时间才能赚到购买一条面包所需的钱？这是生产率问题。从物质角度看，这几乎是最重要的问题。我们所讨论的其他一切，包括制度、产权、投资、人力资本，大体上都是实现提升物质生活水平这一目标（以及其他目标）的途径。如果未来40年生产率水平每年增长1%，那么到2050年，我们的生活水平将提高约50%。如果生产率水平以每年2%的速度增长，那么我们的生活水平到2050年将提高一倍多——前提是我们继续像现在这样努力工作。事实上，这一讨论进而引出了一个我认为更为有趣的附属问题：多有钱才算富足？

美国人比大多数发达国家的民众更为富裕，美国人也更努力工作，休假更少，退休更晚。这种情况会改变吗？劳动经济学中有一种说法，叫作"后弯劳动供给曲线"。幸运的是，这一概念的内涵比其名称更易懂、更有趣。经济理论预测，随着工资的增长，人们的工作时间会越来越长，然而到达某一临界点后，人们就会开始减少工作时间。此时，时间的价值开始超越金钱。经济学家只是不太确定这条曲线从何处开始向后弯曲，以及弯曲的幅度有多大。

生产力的提升给了人们选择。人们可以维持原有的工作强度，生产更多的产品；人们也可以减少工作保持原来的产量；或者在两者间取得某种平衡。假设美国人的生产力继续稳步提高，到2050年，美国人是否会选择每周工作60小时，并因此（从物质意义上来说）过上富裕的生活？还是在某个时刻美国人决定每周仅工作25个小时，然后在公园聆听古典音乐，实现工作与生活的平衡？不久前，我与一位大型投资机构的资产组合经理共进晚餐，他坚信美国人总有一天会醒悟过来，意识到自己工作太辛苦了。颇具讽刺意味的是，他自己并不打算减少工作量，而是计划投资生产休闲产品的公司。

有多少人睡在瓦克大道？ 这是一个关于蛋糕分配的问题。2000年，《经济学人》委托我撰写一篇关于美国贫困问题的报道。当时，美国经济仍在蓬勃发展，我想找到某种方式来展现美国贫富悬殊的现状。就在办公楼的大门外，我找到了灵感：

> 漫步在芝加哥的瓦克大道，你能立刻感受到美国蓬勃发展的经济。年轻的专业人士大步流星，边走边对着手机大声发号施令。人流如织，购物者纷纷涌入密歇根大道上的高档店铺。远方的地平线上一

座巍峨的新建豪华公寓拔地而起,公寓周遭塔吊林立。目之所及,一切都充满了活力,闪耀着光芒,呈现出一派繁荣。

然而,瓦克大道也有不那么迷人的一面,那就是大道的下方。下瓦克道是一条地下服务道路,与上方靓丽的瓦克大道并行,专供货运车辆在城市腹地穿梭。这里也是这座城市的无家可归者最喜欢的避难所,他们中的许多人以纸板为壁,在水泥柱间搭起栖身之所。上面的璀璨世界看不到他们的身影,也基本不会想到他们。瓦克大道如此,美国也是如此。[1]

美国人愿意向最需要关怀的群体承诺什么?发达国家的市场经济是一个连续体,一端是美国,另一端是更具家长制色彩的欧洲经济体,比如法国和瑞典。欧洲的市场经济比较温和,但这是以付出一定代价为前提的。欧洲国家对劳动者的保护力度普遍更大,保障体系也更牢固。欧洲国家的法律规定了优渥的社会福利,享有医疗保健服务是公民与生俱来的权利。这从多个维度塑造了一个更具同情心的社会。欧洲的贫困率,尤其是儿童贫困率,远远低于美国。其收入不平等水平也较低。

不过,这种制度也会导致失业率上升,创新和创造新增就业岗位的步伐放缓。劳动力与繁重的强制性福利挂钩,结果导致雇工成本高昂。由于不能轻易解雇员工,企业在聘用他们时就更谨慎。与此同时,丰厚的失业和福利待遇也降低了劳动者接受工作邀约的积极性。结果就是经济学家所说的"劳动力市场僵化"。在经济常态下,欧洲的失业率常常远超美国,尤其是青年失业率。

美国的体系孕育了一个更富裕、更有活力、更具创业精神的经济体,但是它也更残酷,更不平等。这种制度有利于做大经济蛋糕,并允许胜利者享有丰厚的份额。相比之下,欧洲的体系更能保证每个人至少分到一些蛋糕。市场经济的模式多种多样。人们会选择哪一种呢?

人们是否会以富有想象力的方式利用市场来解决社会问题？要做成一件事，最简单有效的方法就是给相关人士一个想要做成此事的理由。所有人对此都点头认可，仿佛这是世间最不言自明的真理。然而，政府官员制定的政策却往往背道而驰。以美国为例，美国的整个公立学校系统，仍然没有真正做到在学生表现出色时奖励教师和校长（或在学生表现不佳时惩罚教师和校长）。美国人口口声声说教育很重要，但却设置重重障碍，使得有才之人难以便捷、快速地成为教师（尽管有证据表明，现行的培训收效甚微）。在工资上，优秀教师与表现平平的教师并无显著差异。

我们人为地降低驾车出行的成本，实际上是在促进从城市无序扩张到全球变暖等一系列问题的出现。政府的大部分税收来自工作、储蓄及投资等生产性活动，但若能引入更多的"绿色税收"税种，比如对二氧化碳排放征税，不仅能增加财政收入，还能节约资源。

如果激励措施得当，我们就可以利用市场做各种各样的事情。以罕见病为例。患重病很糟糕，如果再加上"罕见"二字，那么这严峻程度可想而知。曾几何时，大约有 5 000 种疾病因极为罕见而被制药企业边缘化，因为即使研发出治疗药物，企业也没有希望收回研发成本。[2] 1983 年，美国国会通过了《孤儿药法案》，旨在通过激励措施提高研发此类药物的利润：提供研究资助，减免税收，并赋予罕见病的治疗药物——所谓的"孤儿药"——为期 7 年的独家销售和定价权。在该法案颁布前 10 年，只有不到 10 种孤儿药上市。自该法案颁布以来，已有大约 200 种此类药物得以问世。

像罐头和瓶子押金这般简单的方式，也不失为良策。在美国，实施押金制度的州相较于未实行的州，其可回收垃圾的回收率要高得多，这并不出乎意料。而且，实施押金制度的州的垃圾和废弃物也更少。如果垃圾填埋场空间十分紧张（大多数地方都是如此），人们难道不应该根据产生垃圾的多少来计算生活垃圾处理费用吗？你觉得这样做会对消费品包装数量产生什么影响？

市场本身并不能解决社会问题（否则它们就不是社会问题了）。但是，如果人们设计出包含适当激励机制的方案，那么解决问题的过程会是自然而然的。

2050年还会有商业广场吗？没有任何规定说，我们必须接受市场抛给我们的一切。《纽约时报》专栏作家安东尼·刘易斯对意大利托斯卡纳大区和翁布里亚大区的美景（"银色的橄榄树林、向日葵田、葡萄园、石屋和谷仓"）表达了敬意，并感叹在一个农业企业化的时代，这样的小农场并不经济。尽管如此，刘易斯认为，无论如何人们都应该保护这些农场。他写道："意大利向我们证明，生活——文明的生活——比无序的市场竞争更重要。人性、文化、美学和社区的价值，或许偏离了市场理论的无情逻辑。"[3] 经济学中没有任何证据能够说明他错了。人们完全可以建立共识，共同保护一种生活方式，或者某种在审美上令人赏心悦目的事物，即使这意味着更高的税收、更贵的食物或更慢的经济增长。对经济学家和刘易斯来说，生活的意义在于效用最大化，而不是收入最大化。有时，效用意味着保护一片橄榄林或一座古老的葡萄园——只是因为我们喜欢它们的样子。随着我们越来越富有，我们往往更愿意把美学价值置于金钱利益之上。美国人可能会在美国乡村投入资源，因为它对美国国民身份认同非常重要。美国人可能会补贴佛蒙特州的小农场，因为它们很美，而不是因为这样可以降低牛奶的价格。这样的例子不胜枚举。

在提出这一点的同时，我们必须保持谨慎。首先，我们必须始终明确干预市场的代价，无论这些代价以什么样的形式出现。我们要知道干预的结果与不要干预的市场状态的差异，以及由谁来承担这些后果。其次，我们应该关注，这些成本是不是大多落在最大受益者的身上。最后，也是最重要的一点，我们应该确保某个群体（比如那些认为商业广场区不甚美观的人）不会利用政治和监管程序，将自己的审美偏好强加给另一个群体（那些拥有商业广场产权以及钟情于廉价便捷购物体验的人）。尽管如此，我们还是可以憧憬一个没有单排商业街区的世界。

我们真的搞明白货币政策了吗？早在2002年，我就在本书第一版中提出了这个问题。以下是部分答案："日本经济——20世纪80年代的奇迹——仍然顽固地抵制传统的货币和财政解决方案，这引发了《华尔街日报》所称的'这个时代最重要的经济辩论之一'[4]。类似的事情可能在美国这里上演吗？"

答案是肯定的，类似的情况从2007年开始出现。这并不是说我有先见之明（因为我也曾多次预测芝加哥小熊队将赢得世界大赛）。[①]这确实证明，美国尚未征服经济周期（那种引发周期性衰退的经济起伏）。美国以为自己已经将其掌控，但金融危机差点儿让美国偏离既定轨道，其间无数无辜者深受其害。

伯南克和美联储在诸多方面似乎决策得当。他们有没有做一些美国人尚未知晓的错事呢？时间会告诉我们答案。别忘了，艾伦·格林斯潘曾被誉为天才（成功控制通货膨胀），直至其光环褪色（因为宽松的货币政策助长了资产泡沫）。

金融危机无疑揭示了美国在监管方面面临的严峻考验。如何有效管控相互依存的金融体系的"系统性风险"？资本主义的基本法则严厉而清晰：犯下重大错误的企业理应被市场淘汰。在雷曼兄弟的案例中，美国遵循了这一原则，却几乎令整个经济体系随之坠入深渊。现实世界中的金融架构远比教科书里的模型复杂，它不是简单的优胜劣汰，而是如同一群登山者共同被拴在悬崖边缘。如何确保市场机制在惩戒不当行为的同时，避免集体坠入深渊？更宏观地看，美国能否找到良策，以平滑全球经济的荣枯周期，减轻其剧烈波动的影响？

---

① 小熊队已经夺冠！

30年后,"非洲老虎"一词指的是野生动物,还是实现成功发展的非洲国家?你可以试着找一个八九岁的孩童,向他解释为什么世界上很多人过着舒适甚至奢侈的生活,地球上其他地方却有数百万人饿死,数十亿人勉强糊口。在某个时刻,你会发现很难甚至无法做出解释。显然,我们没有推动经济发展的灵丹妙药。我们也没有治疗癌症的灵丹妙药,但我们并没有放弃。到2050年,全球贫困人口会明显减少吗?答案并非显而易见。我们可以想象一个类似东亚的情景,各国在短短几十年内便实现转型。我们也可以想象一个类似撒哈拉以南非洲的情景,那里的国家几十年来步履蹒跚,经济发展几乎停滞不前。前者将引领数十亿人摆脱贫困和苦难,后者则不会。

当我们问及30年后贫困国家是否仍然会贫穷时,这个问题显得遥远而抽象,似乎答案将由未来的星象排列决定。不过,让我们把这个问题拆解一下。当我们询问富裕国家和贫困国家之间的区别时,全球贫困问题就显得易于解决了。发展中国家的政府会建立并维持市场经济制度吗?它们是否会发展出口产业,以摆脱自给自足的农业经济的枷锁,美国是否会向发展中国家产品开放其巨大的市场?富裕国家会利用自己的技术和资源来防治困扰发展中国家的疾病,特别是艾滋病吗?在印度农村出生的女婴,其家庭会有动力为她的人力资本投资吗?

美国的财政状况能否恢复正常? 美国是全球最大的债务国。美国欠中国超过一万亿美元。过去10年来,美国不得不大举借债来填补支出。令人担忧的是,随着"婴儿潮"一代退休并开始申请社会保障和医疗保险,美国政府将面临更加沉重的社会支出压力。冷战结束后的"和平红利"犹如昙花一现,因此在可预见的未来,美国似乎仍将面临庞大的国防预算。金融危机造成了巨大的财政损耗;在税收减少的同时,美国政府支出却在增加。经济复苏本应是财政恢复正常的良机,但美国却采取了大幅度的减税措施,这让美国本已庞大的国债又增加了约一万亿美元。数学就是数学。我看到的每一项合理计算都表明,美国的财政之路是不可持续的。

那么,美国该怎么办呢?美国社会对高税率的态度已经不仅是不满,而是明显的敌视。如果美国愿意将政府规模缩减到美国能够负担得起的程度,问题或许将迎刃而解。但是,美国至今尚未迈出这一步。

想一想这意味着什么。展望未来,美国必须以某种方式筹集资金,确保国家财政足以:(1)覆盖美国人选择建立的政府的支出(美国人当前未能充分做到这一点);(2)支付过去累积债务的利息;(3)应对人口老龄化和高昂福利承诺产生的新增开支。

这需要严肃的政治领导力,需要美国人认识到维持现状不是一种选择。西蒙·约翰逊作为国际货币基金组织的前首席经济学家,在应对金融危机方面有着丰富的经验,他曾指出:"无论是对个人、企业还是对国家而言,过度借贷的结果都很糟糕。"[5] 在 21 世纪的头 10 年里,有三方大举借贷:消费者、金融机构和美国政府。迄今为止,有两方已经为高杠杆付出了巨大代价。那么,是否还会有灾难降临?

专制或寡头国家能否跻身世界富裕国家行列,甚至在全球经济中占据主导地位?还是说政治变革是经济发展的先决条件? 其实,这些问题不是我提出的,而是源自 2011 年《华尔街日报》一位专栏作家。[6] 1989 年柏林墙倒塌时,人们的假设是两种制度已经崛起:市场经济和自由民主。人们认为,这两种制度是密不可分的:一种保障了民众的自由,另一种是建立在商品、服务、劳动力和信息自由流通基础上的经济制度。

这几个问题只是我个人的思考,我希望此刻的你,心中已萌生出更多的问题。经济学的非凡之处在于,一旦你接触到这些重要思想,你就会发现它们无处不在。颇具讽刺意味的是,在经济学基础课程课堂上,学生们常常要忍受沉闷晦涩的讲座,殊不知经济学现象在他们的生活中不断上演。经济学为我们洞悉财富、贫困、性别关系、环境、歧视、政治提供了深刻见解——而这些领域只不过是冰山一角。这样一门学科怎能不引人入胜呢?

致　谢

Naked Economics
Undressing The Dismal Science

　　本书的顺利出版得益于几拨人的帮助，整个过程宛如一场接力赛，每一个环节都有新的参与者加入，助力我不断向前冲刺，直至终点。首先，蒂凡尼·理查兹坚信，一本通俗易懂的经济学图书定会在市场上大受欢迎。正是她的鼓励为本书的诞生注入了强大的动力，使其成功踏上起跑线。随后，塔比莎·格里芬将本书介绍给了诺顿出版社。对此，我将永怀感激之情。

　　随着第二阶段的启动，我有幸再次得到杰出团队的支持。在蒂凡尼和塔比莎寻找其他机会时，我们遇到了蒂娜·贝内特，她完美扮演了一名经纪人的角色：睿智、乐于助人、总是对新想法感兴趣。同时，我也非常幸运，邀请到了德雷克·麦克菲里担任本书的编辑。谁能想到一个人竟然能够同时经营公司，编辑图书，与诺贝尔奖得主交流？但是，他做到了。他的经验和判断力让我受益匪浅。伊芙·拉佐维茨是本书第一版能够准时出版的关键人物，而且她处理得细致周到。杰夫·施里夫以其和蔼但严格的风格，负责了第二版的编辑工作。如果没有他们的支持（与设定的截止日期），本书可能仍是一本未完成的草稿，潦草地记录在便笺本上。现在，纳特·丹尼特接棒，他以卓越的能力完成了第三版的编辑工作。

玛丽·埃伦·穆尔和丹妮尔·库塔索夫在研究方面提供了出色的帮助。他们帮我找到了我忽略的事实、数据和趣闻逸事。此外，三位杰出的经济学家在百忙之中抽出时间审阅了本书的初版，并提供了宝贵的建议。他们是伯顿·G.马尔基尔、罗伯特·威利斯和肯尼斯·罗格夫。他们都是经济学界的巨匠，各自有着繁忙的日程。罗伯特·约翰逊非常热心地阅读了第二版新增的国际经济学章节。我很感谢他愿意分享他在这方面的专业知识。

我衷心感谢我之前在《经济学人》的编辑。约翰·米克尔思韦特的慷慨支持让我得以专注于完成本书的第一版，他还在我完成作品后提供宝贵的反馈。还要感谢安·罗为本书精心构思了副标题。约翰和安在忙于编辑世界顶级出版物的同时，还能兼顾家庭和个人写作，这对于我来说是一种鼓舞。

最近，芝加哥大学哈里斯公共政策学院和达特茅斯学院为我提供了一个知识分子之家，在这里我有幸教导优秀的学生，并投身像撰写本书这样的工作。在哈里斯学院，前任院长苏珊·迈耶以其无比的热情支持我不断探索，如何使重要的学术思想更容易为普通大众所接受。在达特茅斯学院，布鲁斯·萨塞尔多特不仅是我学术上的好搭档，还是我滑水的同行者。

我还要感谢一些人。本书描述的绝大多数思想并非源自我本人，我只是一位翻译者，作品的价值来自原著的光辉。就本书而言，原著是那些伟大思想家数百年来的心血结晶。我希望本书能反映出我对这些成果的极大尊重。

最后，我要感谢那些激发我对书中主题产生兴趣的人。我曾说，经济学课程往往枯燥乏味，这是不争的事实。但这门学科也确实可以在合适的人手中焕发生机，我很幸运能和他们中的许多人一起工作和学习：加里·贝克尔、罗伯特·威利斯、肯尼斯·罗格夫、罗伯特·威利格、克里斯蒂娜·帕克森、邓肯·斯尼达尔、艾伦·克鲁格、保罗·波特尼、萨姆·佩尔兹曼、唐库西、保罗·沃尔克。

我希望本书能将他们的知识和热情传递给更多的读者和学生。

注 释

Naked Economics
Undressing The Dismal Science

引 言

1. Thomas Friedman, "Senseless in Seattle," *New York Times*, December 1, 1999.
2. Claudia Goldin and Cecilia Rouse, "Orchestrating Impartiality: The Impact of 'Blind' Auditions on Female Musicians," *American Economic Review*, September 2000.
3. Charles Himmelberg, Christopher Mayer, and Todd Sinai, "Assessing High House Prices: Bubbles, Fundamentals and Misperceptions," *Journal of Economic Perspectives*, vol. 19, no. 4 (Fall 2005).
4. David Brooks, "An Economy of Faith and Trust," *New York Times*, January 16, 2009.

第 1 章

1. M. Douglas Ivester, Remarks to the Economic Club of Chicago, February 25, 1999.
2. Stephen Moore and Julian Simon, *The Greatest Century That Ever Was: 25 Miraculous Trends of the Past 100 Years*, Cato Institute Policy Analysis, No. 364 (Washington, D.C.: Cato Institute, December 15, 1999).
3. Cara Buckley, "A Man Down, a Train Arriving, and a Stranger Makes a Choice," *New York Times*, January 3, 2007.
4. "The Joy of Giving," *The Economist*, October 12, 2006.
5. Meg Sullivan, "Your Brain Might Be Hard-Wired for Altruism," UCLA Newsroom, March 18, 2016.

6. Michael Grossman, "Health Economics," *NBER Reporter*, Winter 1998/99.
7. "America Then and Now: It's All in the Numbers," *New York Times*, December 31, 2000.
8. "Relieving O'Hare," *The Economist*, January 10, 1998.
9. June 21, 2001, p. A1.
10. David Kushner, "The Latest Way to Get Cocaine Out of Colombia? Underwater," *New York Times Sunday Magazine*, April 26, 2009.
11. Tamar Audi, "Drug Tunnels Have Feds Digging for Answers," *Wall Street Journal*, February 1, 2013.
12. Fernanda Santos, "Border's New Sentinels Are Robots, Penetrating Deepest Routes," *New York Times*, February 23, 2014.
13. Taylor Hom, "Drug Smugglers Shoot Drugs Across Border with Canon," Good Morning America/Yahoo News, December 12, 2012.
14. Michael Cooper, "Transit Use Hit Five-Decade High in 2008 as Gas Prices Rose," *New York Times*, March 9, 2009.
15. Fernando A. Wilson, Jim Stimpson, and Peter E. Hilsenrath, "Gasoline Prices and Their Relationship to Rising Motorcycle Fatalities, 1990–2007," *American Journal of Public Health*, vol. 99, no. 10 (October 2009).
16. Jaime Sneider, "Good Propaganda, Bad Economics," *New York Times*, May 16, 2000, p. A31.
17. Richard H. Thaler and Cass R. Sunstein, *Nudge: Improving Decisions about Health, Wealth, and Happiness* (New Haven, Conn.: Yale University Press, 2008).
18. Richard Thaler, Speech at the Nobel Banquet, December 10, 2017.
19. Press release from The Royal Swedish Academy of Sciences, October 9, 2002.
20. Jonathan Gruber, "Smoking's 'Internalities,'" *Regulation*, vol. 25, no. 4 (Winter 2002/2003).
21. Annamaria Lusardi, "The Importance of Financial Literacy," *NBER Reporter: Research Summary*, no. 2 (2009).
22. Thomas Gilovich, Robert Vallone, and Amos Tversky, "The Hot Hand in Basketball: On

the Misperception of Random Sequences," *Cognitive Psychology* 17 (1985).

第 2 章

1. Costa Rican Embassy, Washington, D.C.
2. Ian Fisher, "Victims of War: The Jungle Gorillas, and Tourism," *New York Times*, March 31, 1999.
3. Richard Coniff, "A Rhino Trophy Hunt That's Good for Rhinos," *New York Times*, January 21, 2014.
4. Daniel Yergin and Joseph Stanislaw, *The Commanding Heights* (New York: Simon & Schuster, 1998), pp. 216–17.
5. "Satchel, Uniform, Bonus," *The Economist*, May 20, 2010.
6. Uri Gneezy and Aldo Rustichini, "A Fine is a Price," *Journal of Legal Studies*, vol. XXIX (January 2000).
7. David Stout, "Child Safety Seats to Be Required for Commercial Planes," *New York Times*, December 16, 1999, p. A20.
8. Julia Preston, "Mexico's Political Inversion: The City That Can't Fix the Air," *New York Times*, February 4, 1996, Sect. 4, p. 4.
9. Ibid.; Lucas W. Davis, "The Effect of Driving Restrictions on Air Quality in Mexico City," *Journal of Political Economy*, vol. 116, no. 1 (February 2008).
10. "Avoiding Gridlock," *The Economist*, February 17, 2003.
11. "Ken's Coup," *The Economist*, March 20, 2003.
12. "How to Pay Bosses," *The Economist*, November 16, 2002.
13. Floyd Norris, "Stock Options: Do They Make Bosses Cheat?" *New York Times*, August 5, 2005.
14. Simon Johnson, "The Quiet Coup," *The Atlantic*, May 2009.
15. John Tierney, "A Tale of Two Fisheries," *New York Times Magazine*, August 27, 2000, p. 38.
16. "A Rising Tide," *The Economist*, September 20, 2008.
17. Dirk Johnson, "Leaving the Farm for the Other Real World," *New York Times*, November 7, 1999, p. 3.

18. Virginia Postrel, "The U.S. Tax System Is Discouraging Married Women from Working," *New York Times*, November 2, 2000, p. C2.
19. Friedrich Schneider and Dominik H. Enste, "Shadow Economies: Size, Causes, and Consequences," *Journal of Economic Literature*, March 2000.

第 3 章

1. Donald G. McNeil, Jr., "A Fouled City Puts Its Foot Down, but Carefully," *New York Times*, November 9, 1999.
2. "Mum's the Word," *The Economist*, December 5, 1998.
3. "Czechs Puff Away to the Benefit of State Coffers," United Press International, July 17, 2001.
4. Robert Frank, "Feeling Crash-Resistant in an SUV," *New York Times*, May 16, 2000.
5. Katharine Q. Seelye, "Utility Buys Town It Choked, Lock, Stock and Blue Plume," *New York Times*, May 13, 2002.
6. "Here's Hoping: A Survey of Nigeria," *The Economist*, January 15, 2000.
7. Jeffrey Gettleman, "Pact Would Force Out Joseph Kabila from Congo. If, of Course, He Agrees," *New York Times*, January 3, 2017.
8. The World Bank, 2016.
9. Barbara Crossette, "U.N. Says Bad Government Is Often the Cause of Poverty," *New York Times*, April 5, 2000, p. A11.
10. John G. Fernald, "Roads to Prosperity? Assessing the Link Between Public Capital and Productivity," *American Economics Review*, vol. 89, no. 3 (June 1999), pp. 619–38.
11. Jerry L. Jordan, "How to Keep Growing 'New Economies,'" *Economic Commentary*, Federal Reserve Bank of Cleveland, August 15, 2000.
12. Barry Bearak, "In India, the Wheels of Justice Hardly Move," *New York Times*, June 1, 2000.
13. Thomas L. Friedman, "I Love D.C.," *New York Times*, November 7, 2000, p. A29.
14. Amartya Sen, *Development as Freedom* (New York: Alfred A. Knopf, 1999).
15. Giacomo Balbinotto Neto, Ana Katarina Campelo, and Everton Nunes da Silva, "The Impact of Presumed Consent Law on Organ Donation: An Empirical Analysis from

Quantile Regression for Longitudinal Data," Berkeley Program in Law & Economics, Paper 050107–2 (2007).

第 4 章

1. John Markoff, "CIA Tries Foray into Capitalism," *New York Times*, September 29, 1999.
2. March 6, 2001.
3. Jackie Calmes and Louise Story, "In Washington, One Bank Chief Still Holds Sway," *New York Times*, January 19, 2009.
4. Milton Friedman, *Capitalism and Freedom* (Chicago: University of Chicago Press, 1982).
5. Celia W. Dugger, "A Cruel Choice in New Delhi: Jobs vs. a Safer Environment," *New York Times*, November 24, 2000.
6. "A Useful Poison," *The Economist*, December 14, 2000.
7. "Fighting Malaria," *The Economist*, May 1, 2003.
8. "A Useful Poison," *The Economist*, December 14, 2000.
9. Gary Becker and Guity Nashat Becker, *The Economics of Life* (New York: McGraw-Hill, 1996).
10. Les Christie, "'Deadliest Catch' Not So Deadly Anymore," CNN Money, July 27, 2012.
11. Simeon Djankov, Rafael La Porta, Florencio Lopez-de-Silanes, and Andrei Shleifer, *The Regulation of Entry*, NBER Working Paper No. W7892 (National Bureau of Economic Research, September 2000).
12. Geeta Anand, "India's Colleges Battle a Thicket of Red Tape," *Wall Street Journal*, November 13, 2008.
13. Stephen Castle, "Europe Relaxes Rules on Sale of Ugly Fruits and Vegetables," *New York Times*, November 13, 2008.
14. Nicholas Lemann, "The Quiet Man: How Dick Cheney Rose to Power," *The New Yorker*, May 7, 2001.
15. Bruce Bartlett, "How Supply-Side Economics Trickled Down," *New York Times*, April 6, 2007.
16. Greg Mankiw's blog, March 11, 2007.

17. Dylan Matthews, "Trump's Team Says the Tax Bill Will Pay for Itself. It Won't," Vox, November 30, 2017.
18. IGM Forum, "Tax Reform," November 21, 2017: http://www.igmchicago.org/surveys/tax-reform-2.
19. Dylan Matthews, "Trump's Team Says the Tax Bill Will Pay for Itself. It Won't," Vox, November 30, 2017.
20. Rebecca M. Blank, "Fighting Poverty: Lessons from Recent U.S. History," *Journal of Economic Perspectives*, vol. 14, no. 2 (Spring 2000).
21. Jerry L. Jordan, "How to Keep Growing 'New Economies,'" *Economic Commentary*, Federal Reserve Bank of Cleveland, August 15, 2000.

第 5 章

1. Jordan Weissman, "Oregon's Very Radical and Very Terrible Plan to Make College 'Tuition-Free,'" *The Atlantic*, July 11, 2013.
2. Gary Becker, *The Economics of Discrimination* (Chicago: University of Chicago Press, 1971).
3. Harry Holzer, Steven Raphael, and Michael Stoll, "Perceived Criminality, Criminal Background Checks, and the Racial Hiring Practices of Employers," *Journal of Law and Economics*, vol. XLIX (October 2006).
4. David Leonhardt, "In Health Reform, a Cancer Offers an Acid Test," *New York Times*, July 8, 2009.
5. "Testing Times," *The Economist*, October 19, 2000.
6. "Outsourcing: Separate and Lift," *The Economist*, September 20, 1997.
7. Geoffrey A. Fowler, "Kind of Blue: In Asia, Elite Offices Show Off with Icy Temperatures," *Wall Street Journal*, August 24, 2005.
8. Alan B. Krueger, "Children Smart Enough to Get into Elite Schools May Not Need to Bother," *New York Times*, April 27, 2000, p. C2.
9. All of the racial profiling examples come from a provocative article on the subject: Jeffrey Goldberg, "The Color of Suspicion," *New York Times Magazine*, June 20, 1999.

第 6 章

1. Brier Dudley, "Gates Wants to Expand Mega-House," *Seattle Times*, February 28, 2001.
2. "The Rich Get Richer: A Survey of India's Economy," *The Economist*, June 2, 2001.
3. Evelyn Nieves, "Homeless Defy Cities' Drives to Move Them," *New York Times*, December 7, 1999.
4. "From Boots to Electronics: Shutting Military Bases," *The Economist*, June 21, 1997.
5. T. Paul Schultz, "Health and Schooling Investments in Africa," *Journal of Economic Perspectives*, vol. 13, no. 3 (Summer 1999), pp. 67–88.
6. Gary Becker, "Economic Evidence on the Value of Education," Remarks to executives of the Lotus Development Corporation, January 1999.
7. Gary S. Becker, Ryerson Lecture at the University of Chicago, as reprinted in Becker, *Human Capital* (Chicago: University of Chicago Press, 1993), p. 21.
8. 所有数据来自美国劳工统计局。
9. Becker, *Human Capital*, p. 23.
10. Roger Lowenstein, "The Inequality Conundrum," *New York Times Sunday Magazine*, June 10, 2007.
11. Brookings Papers on Economic Activity, Media Release: "Wealth and Income Inequality Rising Less Rapidly than Estimated by Piketty, Others, New Brookings Research Finds," Spring 2016.
12. Dora Costa, "The Wage and the Length of the Work Day: From the 1890s to 1991," *Journal of Labor Economics*, January 2000.
13. 所有关于收入不平等的信息，包括 H. L. 门肯的引语，均来自 Robert H. Frank, "Why Living in a Rich Society Makes Us Feel Poor," *New York Times Magazine*, October 15, 2000。
14. Philippe Aghion, Eve Caroli, and Cecilia Garcia-Penalosa, "Inequality and Economic Growth: The Perspective of the New Growth Theories," *Journal of Economic Literature*, vol. 37 (December 1999), pp. 1615–60.
15. Marvin Zonis, Remarks Presented at the University of Chicago Business Forecast Luncheon, December 6, 2000.

第 7 章

1. Johanna Berkman, "Harvard's Hoard," *New York Times Magazine*, June 24, 2001.
2. Richard Bradley, "Drew Gilpin Faust and the Incredible Shrinking Harvard," *Boston Magazine*, June 18, 2009.
3. "For Those in Peril," *The Economist*, April 22, 2006.
4. Darren Rovell, Sports Biz, CNBC, September 15, 2009.
5. Joseph Treaster, "Even Nature Can Be Turned into a Security; High Yield and Big Risk with Catastrophe Bonds," *New York Times*, August 6, 1997.
6. "Fighting Disease with Finance," *The Economist*, July 29, 2017.
7. Simon Johnson, "The Quiet Coup," *The Atlantic*, May 2009.
8. Jeff Sommer, "The Not-So-Predictable King of Predictable Markets," *New York Times*, October 26, 2013.
9. Aye M. Soe and Ryan Poirier. "SPIVA U.S. Scorecard," S&P Dow Jones Indices.
10. Jeff Sommer. "How Many Mutual Funds Routinely Rout the Market? Zero," *New York Times*, March 14, 2015.
11. "A Very Rational Award," *The Economist*, October 19, 2013.
12. Jane Spencer, "Lessons from the Brain-Damaged Investor," *Wall Street Journal*, July 21, 2005.
13. Peter Coy, "Can You Really Beat the Market?" *Business Week*, May 31, 1999.
14. Burton G. Malkiel, "The Price Is (Usually) Right," *Wall Street Journal*, June 10, 2009.
15. Emily Price, "Warren Buffett Just Won a $1 Million Bet," *Fortune*, December 30, 2017.
16. Jon E. Hilsenrath, "As Two Economists Debate Markets, the Tide Shifts," *Wall Street Journal*, October 18, 2004.
17. Jesse Eisinger, "Finding the Human Factor in Bank Risk," *New York Times*, April 3, 2013.
18. Ruth Simon, "Bonds Let You Sleep at Night but at a Price," *Wall Street Journal*, September 8, 1998.
19. Matthew Kaminski, "The Age of Diminishing Endowments," *Wall Street Journal*, June 6–7, 2009.

第 8 章

1. http://www.igmchicago.org/surveys/china-us-trade.
2. Robert Davis, "Museum Garage Is a Fine Cut; It May Be Pork, but City Hungry," *Chicago Tribune*, May 5, 1994.
3. Jason Hill, Erik Nelson, David Tilman, Stephen Polasky, and Douglas Tiffany, "Environmental, Economic, and Energetic Costs and Benefits of Biodiesel and Ethanol Biofuels," *Proceedings of the National Academy of Sciences*, vol. 103, no. 30 (July 25, 2006).
4. Nicholas Kristof, "Ethanol, for All Its Critics, Fuels Farmer Support and Iowa's Role in Presidential Races," *New York Times*, January 21, 2000.
5. Timothy Cama, "Trump Calls for Higher Ethanol Mandate," *The Hill*, January 19, 2016.
6. Robert Gordon, Thomas Kane, and Douglas O. Staiger, "Identifying Effective Teachers Using Performance on the Job," The Hamilton Project Policy Brief No. 2006–01, April 2006.
7. Roger Ferguson, Jr., "Economic Policy for Our Era: The Ohio Experience," *Economic Commentary*, Federal Reserve Bank of Cleveland, May 15, 2000.
8. Joe Klein, "Eight Years: Bill Clinton Looks Back on His Presidency," *The New Yorker*, October 16, 2000, p. 201.
9. Andrea Cerrato, Francesco Ruggieri, and Federico Maria Ferrara, "Trump Won in Counties That Lost Jobs to China and Mexico," *Washington Post*, December 2, 2016.
10. Elizabeth Kolbert, "Back to School," *The New Yorker*, March 5, 2001.

第 9 章

1. Michael Cox and Richard Alm, *Time Well Spent: The Declining Real Cost of Living in America*, Federal Reserve Bank of Dallas, 1997 Annual Report.
2. Oded Galor and David N. Weil, "Population, Technology, and Growth: From Malthusian Stagnation to the Demographic Transition and Beyond," *American Economic Review*, vol. 20, no. 4 (September 2000).
3. Miriam Jordan, "Leprosy Remains a Foe in Country Winning the Fight Against AIDS,"

Wall Street Journal, August 20, 2001.

4. Jane Spencer, "Why Beijing Is Trying to Tally the Hidden Costs of Pollution as China's Economy Booms," *Wall Street Journal*, October 2, 2006.
5. David Leonhardt, "If Richer Isn't Happier, What Is?" *New York Times*, May 19, 2001.
6. Daniel Kahneman, Alan B. Krueger, David Schkade, Norbert Schwarz, and Arthur Stone, "Toward National Well-Being Accounts," *American Economic Review*, vol. 94, no. 2 (May 2004).
7. "Economics Discovers Its Feelings," *The Economist*, December 23, 2006.
8. Alexander Stille, "A Happiness Index with a Long Reach: Beyond GNP to Subtler Measures," *New York Times*, May 20, 2000, p. A17.
9. Edward Hadas and Richard Beales, "Sarkozy Imagines: No GDP," *Wall Street Journal*, January 10, 2008; David Jolly, "G.D.P. Seen as Inadequate Measure of Economic Health," *New York Times*, September 15, 2009.
10. Emma Vandore, "France: GDP Stays, Happiness Too Hard to Pin Down," Associated Press, November 17, 2009.
11. David Gonzalez, "A Coffee Crisis' Devastating Domino Effect in Nicaragua," *New York Times*, August 29, 2001.
12. Christina D. Romer, "Back from the Brink," speech delivered at the Federal Reserve Bank of Chicago, September 24, 2009.
13. James B. Stewart, "Eight Days: The Battle to Save the American Financial System," *The New Yorker*, September 21, 2009.
14. Rebecca Kern, "Girl Scout Cookie Sales Crumble," *USA Today*, February 20, 2009.
15. "Hard Times," *The Economist*, September 10, 2009.
16. Christina D. Romer, "The Economic Crisis: Causes, Policies, and Outlook," testimony before the Joint Economic Committee, April 30, 2009.
17. Bruce Bartlett, "What Tax Cuts Can't Do," *New York Times*, December 20, 2000.
18. Romer, Chicago Federal Reserve speech.
19. Jim Tankersley, "Trump Hates the Trade Deficit. Most Economists Don't," *New York Times*, March 5, 2018.

20. Jagadeesh Gokhale, "Are We Saving Enough?" *Economic Commentary*, Federal Reserve Bank of Cleveland, July 2000.
21. "What a Peculiar Cycle," *The Economist*, March 10, 2001.
22. James W. Paulsen, *Economic and Market Perspective*, Wells Capital Management, October 1999.

第 10 章

1. R. A. Mundell, "A Reconsideration of the Twentieth Century," *American Economic Review*, vol. 90, no. 3 (June 2000), pp. 327–40.
2. Justin Scheck, "Mackerel Economics in Prison Leads to Appreciation for Oily Filets," *Wall Street Journal*, October 2, 2008.
3. David Berreby, "All About Currency Printers: The Companies That Make Money from Making Money," *New York Times*, August 23, 1992.
4. Paul Krugman, "Fear Itself," *New York Times Magazine*, September 30, 2001.
5. Stephanie Strom, "Deflation Shackles Japan, Blocking Hope of Recovery," *New York Times*, March 12, 2001.
6. N. Gregory Mankiw, *Principles of Economics* (Fort Worth, Tex.: Dryden Press, 1998), p. 606.
7. Stephen G. Cecchetti, "Crisis and Responses: The Federal Reserve in the Early Stages of the Financial Crisis," *Journal of Economic Perspectives*, vol. 23, no. 1 (Winter 2009).
8. "The Very Model of a Central Banker," *The Economist*, August 27, 2009.

第 11 章

1. Thomas Jaffe and Dyan Machan, "How the Market Overwhelmed the Central Banks," *Forbes*, November 9, 1992.
2. Anatole Kaletsky, "How Mr. Soros Made a Billion by Betting Against the Pound," *The Times of London*, October 26, 1992.
3. "Big Mac Currencies," *The Economist*, April 25, 2002.
4. Sylvia Nasar, "Weak Dollar Makes U.S. World's Bargain Bazaar," *New York Times*, September 28, 1992.

5. Ian Rowley, "Why Japan Hasn't Stopped the Yen's Rise," *Business Week* (online), January 15, 2009.
6. Paul Krugman, "Misguided Monetary Mentalities," *New York Times*, October 12, 2009.
7. Maurice Obstfeld and Kenneth Rogoff, "The Mirage of Fixed Exchange Rates," National Bureau of Economic Research Working Paper W5191, July 1995.
8. Anthony Ramirez, "Pepsi Will Be Bartered for Ships and Vodka in Deal With Soviets," *New York Times*, April 9, 1990.
9. Peter Gumble, "Iceland: The Country That Became a Hedge Fund," CNN Money.com, December 4, 2008.
10. "Cracks in the Crust," *The Economist*, December 11, 2008.
11. Associated Press, as reported by Yahoo! Finance. "Iceland Says Goodbye to the Big Mac," October 26, 2009.
12. "No Pain, No Gain," *The Economist*, December 13, 2003.
13. James Fallows, "The $1.4 Trillion Question," *The Atlantic*, January/February 2008.
14. Ibid.
15. "Reforming the Sisters," *The Economist*, February 17, 2001.
16. Ibid.

第12章

1. Paul Krugman, "The Magic Mountain," *New York Times*, January 23, 2001.
2. Charles Wheelan, "Fast Food, Balinese Style," *Valley News*, January 25, 1989, p. 18.
3. "The Battle in Seattle," *The Economist*, November 27, 1999.
4. Federica Cocco, "Most US Manufacturing Jobs Lost to Technology, Not Trade," *Financial Times*, December 2, 2016.
5. "Economic Nationalism: Bashing Foreigners in Iowa," *The Economist*, September 21, 1991.
6. Mary E. Burfisher, Sherman Robinson, and Karen Thierfelder, "The Impact of NAFTA on the United States," *Journal of Economic Perspectives*, vol. 15, no. 1 (Winter 2001).
7. Dan Barry, "A Mill Closes, and a Hamlet Fades to Black," *New York Times*, February 16, 2001.

8. Marvin Zonis, "Globalization," *National Strategy Forum Review: Strategic Outlook 2001*, National Strategy Forum, Spring 2001.
9. Kenneth F. Scheve and Matthew J. Slaughter, "A New Deal for Globalization," *Foreign Affairs*, July/August 2007.
10. David Cortright and George A. Lopez, eds., *The Sanctions Decade: Assessing UN Strategies in the 1990s* (Boulder, Colo.: Lynne Rienner, 2000).
11. "Donald Trump Mulls Restrictions on Steel and Aluminum Imports," *The Economist*, February 22, 2018.
12. Anthony DePalma and Simon Romero, "Orange Juice Tariff Hinders Trade Pact for U.S. and Brazil," *New York Times*, April 24, 2000, p. A1.
13. "UN Chief Blames Rich Nations for Failure of Trade Talks," *New York Times*, February 13, 2000, p. 12.
14. Thomas Friedman, "Protesting for Whom?" *New York Times*, April 24, 2001.
15. Nicholas D. Kristof and Sheryl WuDunn, "Two Cheers for Sweatshops," *New York Times Magazine*, September 24, 2000, pp. 70–71.
16. Thomas Friedman, "Parsing the Protests," *New York Times*, April 14, 2000, p. 31.
17. Zonis, "Globalization."
18. "Web Sites Provide Opportunity for Artisans Around the World to Sell Their Wares Thus Increasing Living Standards," National Public Radio, September 11, 2000.
19. Kristof and WuDunn, "Two Cheers for Sweatshops."
20. "A Survey of Globalization," *The Economist*, September 29, 2001.
21. Kristof and WuDunn, "Two Cheers for Sweatshops."
22. Paul Krugman, "Hearts and Heads," *New York Times*, April 22, 2001.
23. "Economic Man, Cleaner Planet," *The Economist*, September 29, 2001.
24. Krugman, "Hearts and Heads."
25. John Micklethwait and Adrian Wooldridge, "Why the Globalization Backlash Is Stupid," *Foreign Policy*, September/October 2001.

第13章

1. "No Title," *The Economist*, March 31, 2001.

2. The World Bank, *Poverty and Shared Prosperity 2016: Taking on Inequality*, (Washington, D.C.: World Bank Publications, 2016).
3. William Easterly, *The Elusive Quest for Growth* (Cambridge, Mass.: MIT Press, 2001), p. 285.
4. *World Development Report 2002: Building Institutions for Markets*, World Bank, Oxford University Press, p. 3.
5. Thomas L. Friedman, "I Love D.C.," *New York Times*, November 7, 2000, p. A29.
6. Daron Acemoglu, Simon Johnson, and James Robinson, *The Colonial Origins of Comparative Development: An Empirical Investigation*, NBER Working Paper No. W7771 (National Bureau of Economic Research, June 2000).
7. Daniel Kaufmann, Aart Kraay, and Pablo Zoido-Lobatón, *Governance Matters* (Washington, D.C.: World Bank, October 1999).
8. "No Title," *The Economist*, March 31, 2001.
9. Erica Field, "Entitled to Work: Urban Property Rights and Labor Supply in Peru," undated manuscript.
10. "A Coke and a Frown," *The Economist*, October 7, 2000, p. 73.
11. "No Title," *The Economist*, March 31, 2001.
12. Gary S. Becker, *Human Capital*, p. 24.
13. Easterly, *The Elusive Quest for Growth*, p. 160.
14. "Fare Thee Well, Iowa," *The Economist*, August 18, 2001.
15. Jeffrey Sachs, *Tropical Underdevelopment*, NBER Working Paper No. W8119 (National Bureau of Economic Research, February 2001).
16. "In the Ointment," *The Economist*, January 15, 2015.
17. Donald G. McNeil, "Drug Companies and Third World: A Case Study in Neglect," *New York Times*, May 21, 2000.
18. Rachel Glennerster and Michael Kremer, "A Better Way to Spur Medical Research and Development," *Regulation*, vol. 23, no. 2.
19. Jeffrey Sachs, "Nature, Nurture, and Growth," *The Economist*, June 14, 1997.
20. Jeffrey Sachs, "Growth in Africa: It Can Be Done," *The Economist*, June 29, 1996.

21. Jeffrey A. Frankel and David Romer, "Does Trade Cause Growth?" *American Economic Review*, vol. 89, no. 3 (June 1999), pp. 379–99.
22. Sachs, "Growth in Africa."
23. Jeffrey D. Sachs and Andrew M. Warner, "The Big Push: Natural Resource Booms and Growth," *Journal of Development Economics*, June 1999, as cited in *Economic Intuition*, Montreal, Fall 1999.
24. "Tracking Angola's Oil Money," *The Economist*, January 13, 2000, p. 48.
25. Blaine Harden, "Angolan Paradox: Oil Wealth Only Adds to Misery," *New York Times*, April 9, 2000.
26. "Open to the Winds: A Nation of Traders," *The Economist*, September 12, 1987.
27. Norimitsu Onishi and Neela Banerjee, "Chad's Wait for Its Oil Riches May Be Long," *New York Times*, May 16, 2001.
28. Amartya Sen, *Development as Freedom* (New York: Alfred A. Knopf, 1999), p. 152.
29. Paul Collier, *The Bottom Billion: Why the Poorest Countries Are Failing and What Can Be Done About It* (New York: Oxford University Press), 2007.
30. "Coka and Al-Qaeda," *The Economist*, April 3, 2004.
31. Nicholas D. Kristof and Sheryl WuDunn, "The Women's Crusade," *New York Times Magazine*, August 23, 2009.
32. "Self-Doomed to Failure," *The Economist*, July 6, 2002.
33. Kristof and WuDunn, "The Women's Crusade."
34. Jeffrey Sachs, "The Best Possible Investment in Africa," *New York Times*, February 10, 2001.
35. "What's Good for the Poor Is Good for America," *The Economist*, July 14, 2001.
36. Jeffrey Sachs, "Growth in Africa: It Can Be Done," *The Economist*, June 29, 1996.
37. William Easterly, *The White Man's Burden* (New York: Penguin, 2007).
38. William Easterly, "Was Development Assistance a Mistake," *American Economic Review*, vol. 97, no. 2 (May 2007).
39. Craig Burnside and David Dollar, "Aid, Policies, and Growth," *American Economic Review*, vol. 90, no. 4 (September 2000), pp. 847–68.

40. Dani Rodrik, "Goodbye Washington Consensus, Hello Washington Confusion? A Review of the World Bank's *Economic Growth in the 1990s: Learning from a Decade of Reform*," *Journal of Economic Literature*, vol. XLIV (December 2006).

后记

1. "Out of Sight, Out of Mind," *The Economist*, May 18, 2001.
2. Denise Grady, "In Quest to Cure Rare Diseases, Some Get Left Out," *New York Times*, November 16, 1999.
3. Anthony Lewis, "A Civilized Society," *New York Times*, September 8, 2001.
4. Phred Dvorak, "A Puzzle for Japan: Rock-Bottom Rates, but Few Borrowers," *Wall Street Journal*, October 25, 2001.
5. Simon Johnson, "The Quiet Coup," *The Atlantic*, May 2009.
6. Mark Whitehouse, "Politics Plays Part in Achieving Rich-Nation Status," *Wall Street Journal*, May 16, 2011.